U0506635

湖北省博物馆藏简牍丛书

望山楚简 普及本

罗恰 编著

上海古籍出版社

图书在版编目(CIP)数据

望山楚简普及本 / 罗恰著. —上海：上海古籍出
版社，2022.11
（湖北省博物馆藏简牍丛书）
ISBN 978-7-5732-0455-4

Ⅰ.①望… Ⅱ.①罗… Ⅲ.①竹简文−介绍−中国−
楚国(?−前 223) Ⅳ.①K877.5

中国版本图书馆 CIP 数据核字(2022)第 191000 号

湖北省博物馆藏简牍丛书

望山楚简普及本

罗 恰 编著

上海古籍出版社出版发行
（上海市闵行区号景路 159 弄 1−5 号 A 座 5F　邮政编码 201101）
(1) 网址：www.guji.com.cn
(2) E-mail：guji1@guji.com.cn
(3) 易文网网址：www.ewen.co
上海惠敦印务科技有限公司印刷
开本 700×1000　1/16　印张 16.75　插页 6　字数 225,000
2022 年 11 月第 1 版　2022 年 11 月第 1 次印刷
印数：1—2,300
ISBN 978-7-5732-0455-4
H·253　定价：68.00 元
如有质量问题，请与承印公司联系

《湖北省博物馆藏简牍丛书》编委会

主　编
方　勤

副主编
王先福　何　广　罗运兵

项目协调
凡国栋

简24　　　　　简26-27　　　　　简61　　　　　简109

望山楚简彩图（放大）

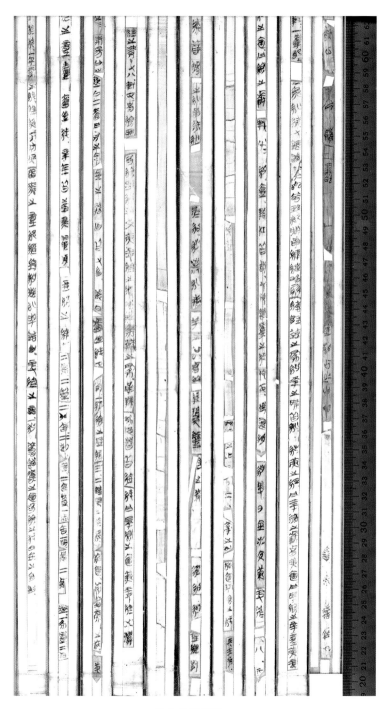

望山楚简概览一

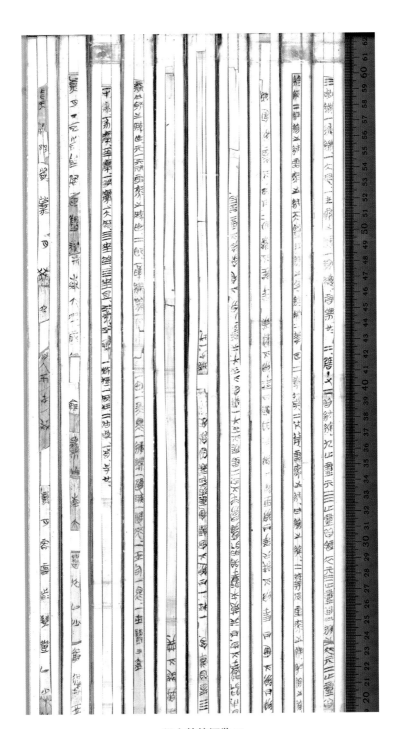

望山楚简概览二

越王勾践剑

彩绘木雕小座屏

错金银铁带钩

湖北省博物馆藏简牍丛书

总　序

　　2018 年 4 月 27 日下午,国家主席习近平同来华进行非正式会晤的印度总理莫迪在湖北省博物馆参观精品文物展。两国领导人一同欣赏具有悠久历史的中华文明,特别是荆楚文化,并就加强中印两个文明古国交流互鉴、推动不同文明和谐共处和对话交换意见。他们看了越王勾践剑、曾侯乙编钟等享誉中外的文物,惊叹其精湛的青铜技艺,同时也观摩了距今两千多年的云梦秦简。习近平总书记后来说,在湖北省博物馆里转一转,自豪感又增长了。

　　2018 年 11 月 14 日,国家副主席王岐山考察湖北省博物馆,了解文物保护和文化传承情况,特意强调要加强出土简牍的整理、研究和宣传工作。

　　湖北省博物馆作为国家级重点博物馆,藏品宏富、包罗万象,尤以馆藏的十余批简牍为业界瞩目。如所周知,在纸张普遍使用之前的中国古代,简牍曾经长期是最主要的书写载体。《尚书·多士》“惟殷先人,有册有典”的记载说明,早在商代就已经有了简册的使用。简牍是学界对考古出土的这类书写在竹质或木质材料上文献的统称,是中华优秀传统文化最重要的文字载体,是古人智慧的结晶。湖北省博物馆藏简牍中,出土于举世闻名的曾侯乙墓的竹简 240 枚,有 6 000 多个文字,记载了曾侯乙下葬时的陪葬物品清单,这也是目前所知年代最早的出土简牍。出土于云梦睡虎地 11 号秦墓的竹简 1 155 枚,内容包括《叶书》《语书》《为吏之道》

《日书》《封诊式》《法律答问》《秦律十八种》《效律》《秦律杂抄》等,是第一次通过考古出土大批量的秦代简牍,被学界誉为"秦国社会的一面镜子"。此外,湖北省博物馆还藏有湖北省境内多地出土的包山楚简、郭店楚简、望山楚简、九店楚简、龙岗秦简、周家寨汉简、凤凰山汉简、光化汉简、毛家园汉简、孔家坡汉简等,所有简牍均为我省考古工作者通过科学考古发掘清理出土。

湖北省博物馆藏简牍均出土于墓葬,历经地下水千年浸泡,本体糟朽,出土时看似一堆烂泥,出土后也会因为环境变化而很快地氧化变黑。这就需要文物保护专业人员从事简牍的提取、剥离、清洗、加固、脱色、脱水等复原工作,湖北省博物馆有一支从事简牍清理、保护的专业队伍,拥有化腐朽为神奇的高超技艺,承担着全国各地出土简牍的清理保护任务。

在简牍的整理、研究工作上,湖北省博物馆早期主要通过与专业机构、专业人员合作等方式,及时开展相关出土简牍的整理、研究工作。如曾侯乙墓竹简、望山楚简、睡虎地秦简的释文和注释均出自名家之手。近年来,湖北省博物馆还与武汉大学简帛研究中心合作共同推出《楚地出土战国简册合集》《秦简牍合集》等大型工具书,持续开展馆藏简牍的再整理、再研究工作。

2021 年 11 月,习近平总书记在主持中央全面深化改革委员会第二十二次会议时强调,要加强文物保护利用和文化遗产保护传承,提高文物研究阐释和展示传播水平,让文物真正活起来。湖北省博物馆藏的简牍文献用古文字书写,专业学者阅读尚且有一定的难度,对于社会大众来说更是难上加难。但是社会大众对简牍抱有极大的热情,对中华优秀传统文化表现出浓厚的兴趣。2018 年,睡虎地秦简作为湖北省博物馆藏品代表,入选中央电视台"国家宝藏"栏目,并参加故宫国宝文物特展,充分显示了社会大众对简牍的浓厚兴趣。

如何实现简牍的普及,让古奥难读的简帛古籍发挥其时代价值,是摆在我们面前的一道难题。为此,湖北省博物馆从 2019 年就开始策划"湖北省博物馆藏简牍丛书"项目,计划组织专业人员用读者喜闻乐见的方式、尽量通俗的语言编辑出版一套以馆藏简牍为主题的普及性专业著作。该丛书的初衷是希望从普及的角度出发,为广大文史爱好者提供一套关于湖北省博物馆藏简牍的简明读本,让社会大众能够读懂深藏博物馆的简牍文物。同时也希望通过这一尝试开启简牍类出土文献注译的新范式,为学术普及注入新的活力。

　　本丛书的作者以湖北省博物馆从事简牍研究的专业人员为主,同时邀请部分高校和科研机构的简牍研究者参与。丛书的框架设计、发凡起例、通稿、审定等工作主要由凡国栋同志负责。上海古籍出版社在丛书的出版过程中给予了大力支持和帮助。由于我们经验不足,丛书中必然存在这样那样的问题,欢迎读者批评指正!

方　勤

凡　例

1. 全书采用简体，必要时用繁体。

2. 正文包括释文、注释、译文、延展阅读、参考文献等项。

3. 释文主要参考武汉大学简帛研究中心重新整理本。内容相联的简文，释文连写。分段、分章者另起。篇幅过长的部分，尽量根据文意划分为若干段落。

4. 释文中简牍编号用阿拉伯数字加【　】表示。

5. 异体字、假借字随文用（　）注出，讹字用〈　〉表示，根据残画和文意可以确认的字写在〔　〕内，根据文意或他本可以补充的文字写在〖　〗内，笔画不清或已经残缺的字用□表示，一个□对应一个字，字数无法确认的用……表示，竹简残断用⊿表示。

6. 注释从简，有定论的直接用定论，没有定论的用"一说""或说"等列出几条解释。

7. 残简过多的段落，不另附译文。

8. 延展阅读部分知识性和可读性结合，主要侧重疑难字词的释读；重要古文字字形的简要分析、解释；需要特别说明的考古、历史、文化信息等三个方面，必要时可配图说明。

9. 限于本书的性质和篇幅，引用他人成果不一一标明，详见后面的参考文献。

10. 本书所引各类文献截至 2020 年 12 月 31 日。

目　　录

望山一号墓简册（卜筮祷词、签牌）

望山二号墓简册(遣策)

导　读

一、望山楚墓的基本情况

　　望山墓地是楚郢都纪南故城外重要的楚国墓地之一,位于原江陵县裁缝乡(今荆州市荆州区马山镇裁缝村)境内。其东南距荆州城约 18 公里,距纪南城约 7 公里;东北距纪山的中心——纪山寺约 9 公里,处于八岭山东北麓一片较为平坦的岗地上。望山一号墓在荆(荆州)川(川心店)公路旁漳河水库二干渠渠道线上,二号墓在其东北 500 余米处。

　　1965 年冬,湖北省荆州地区漳河水库(今属荆门市)修建渠道工程,湖北省文物管理委员会、湖北省文化局文物工作队、湖北省博物馆的文物考古工作者配合工程进行文物勘探,在第二干渠所经江陵县(今荆州市荆州区)境内的纪山西麓和八岭山东麓一带工程范围内,发现有封土堆的大中型墓葬 25 座,无封土堆的小型墓葬 30 多座。根据"重点保护,重点发掘;既对基本建设有利,又对文物保护有利"的方针,对望山墓地作了发掘清理。

　　望山一号墓是一座平面呈长方形、有封土、带墓道的竖穴土坑木椁墓,葬具为一椁二棺。椁室分为头箱、边箱和棺室三部分。墓葬时代在战国中期。该墓未被盗掘,出土器物 700 余件,其中包括著名的越王勾践剑。头箱有一个漆木文具盒,内盛锛、磨石、刻刀等文具。另外边箱和内棺各出土一件铜削。竹简出自边箱东部,内容主要是卜筮祭祷记录。

　　望山二号墓与一号墓形制相同,也是一座中型、有封土、带墓道的竖穴土坑木椁墓,葬具为一椁三棺,椁室也由头箱、边箱和棺室组成。墓内人骨架保存较好,为女性,年龄超过 50 岁。墓葬时代也在战国中期,但晚于一号墓。该墓早年被盗,出土器物 600 余件。竹简出自边箱东部,内容为遣策。

二、随葬器物

望山一号墓随葬器物十分丰富,共计 783 件。按其质料,可分为陶、铜、漆、木、竹、铁、铅、锡、玉、石、骨、皮、丝织物,以及动物遗骸与植物等。其中以铜器和漆木器最多,陶器次之。按其性质,可分为礼器、实用器和明器三大类,以明器最少。按其用途,可分为生活用具、文书工具与竹简、车马具、兵器、乐器、服饰器及其他。随葬器物分别放置于头箱、边箱和内棺等三处。

望山二号墓虽然被盗,随葬器物仍较为丰富,出土遗物共计 617 件,按其质料可分为陶器、铜器、漆木器、玉石器以及竹简等类。随葬器物主要放置于头箱和边箱,少量置于棺内。

(一) 越王勾践剑

越王勾践剑出土于望山一号墓,置于内棺中墓主骨架左侧。剑首向外翻卷成圆盘形,首内铸有 11 圈同心圆。圆茎空心,近首处略粗大,近格处细小。广格,格的正面用蓝色琉璃、背面用绿松石镶嵌成几何花纹。剑身较宽,中脊起棱,无从,两锷垂末微弧。整个剑身的两面均满饰黑色的菱形花纹。剑身近锋处是外弧的,而在剑身两侧又有一个弧形,这种曲线增加了造型的美感。在剑茎近首处还夹有两块弧形木片,但未见缠缚的丝线。剑身长 45.6 厘米、全长 55.6 厘米、宽 4.6 厘米、格 5 厘米、茎长 7.9 厘米、首茎 4.3 厘米。勾践剑出土时,插于黑漆木鞘中,保存非常完好,刃薄而锋利,曾一次划破 20 多张纸,令人惊叹,充分反映了我国古代铸剑工匠的高超技术。越王勾践剑近格处有两行八字鸟虫书铭文:"越王勾践,自作用剑。"为何勾践的自用剑不是在越地出土,而是埋藏在楚墓中,令人疑惑。学界对此有不同看法,有说是战利品,是楚灭越后流入楚国;有说是馈赠品,可能是楚越联姻的媵器,也可能是楚越外交结盟的赠礼等,迄今未有定论。

(二) 彩绘木雕小座屏

望山一号墓边箱近西边的中部有一件彩绘木雕小座屏,由座屏和雕屏两部分构成。座屏的两端着地,中部悬空,屏座上置一雕屏,雕屏的四周围成长方框,内由雕刻的动物组成连续性图案。长 51.8 厘米、座宽 12 厘米、屏宽 3 厘米、通高 15 厘米。座屏采用透雕和浮雕镂刻的手法,雕刻了凤、鸟、鹿、蛙、小蛇、大蟒等 55 个动物形象。它们互相穿插,繁而不乱,组成对称而生动的立体图案。全器先涂黑漆,然后根据不同动物的不同部位,绘以红、黄、蓝、灰等色,绚丽夺目,极富情趣,是我国先秦时期彩绘与木雕艺术的一件杰作。这件小座屏实际上是一件瑟座,其主要功能是放在瑟首之下抬高瑟首,以便于弹奏。

(三) 错金银铁带钩

望山一号墓棺内还有一件错金银铁带钩,全器弧长 46.2 厘米、宽 6.5 厘米、厚 0.5 厘米。这样宽大而制作精美的错金银铁带钩,为迄今所仅见。整件器物扁平,腹宽薄而呈弧形,背面有两个圆形的凸钮,钩作龙首形。龙首用金片和金丝嵌龙的眼、耳、鼻、嘴。龙颈两侧用金丝嵌饰卷云纹,颈背用金片和金丝镶饰圆卷纹等纹样。腹上四周用金丝镶嵌,并从中部分成两组基本对称的图案,即用金片嵌成凤纹,又用金片和金丝镶饰凤鸟周围的卷云纹,使凤鸟如飞似动,非常美观。在每个凤纹之间,又用银片错出变形鸟纹的图案,使整个画面复杂多变而又有规律,金光灿烂,银光闪烁。背面也用金丝嵌边一周,中部无花纹。两个凸出的圆钮上,用金丝镶有圆圈纹,用银丝嵌成云纹图案,尾端用两道银丝将画面分成四个大菱形纹与六个大三角形纹,并在大菱形纹与三角形纹里用金片、金丝与银片、银丝错成圆卷纹等图案。头端用一道金丝分成六个不等边的四角形,又用金片与金丝嵌出圆卷纹等纹样。带钩的三个侧面均用金丝错成卷云纹等图案。带钩属于服饰器,是具有装饰性的金属器具,所以一般比较精致。用铁来制作带钩的原因是当时铁比较少,人们对其重视,认为比铜珍贵。带钩的实物在楚墓中发现较多,一般小型楚墓中都曾出土过,说明楚国的带钩使用十分普遍。

（四）嵌错龙凤纹铜樽

嵌错龙凤纹铜樽出土于望山二号墓,它与铜鼎、敦、壶等礼器一起,放置于椁室的头箱内。全器通高 17.1 厘米、口径 24.7 厘米,保存完整。该器盖为斜直壁平顶,顶中部突起呈饼形,盖沿垂直并内折成子口以套合于器口内,盖边有对称分布的四个鸟形立环钮。大口,口沿微微内敛。腹为圆筒形,上大下小,腹壁斜直,腹上部有两个铺首衔环,平底,下接三个兽面矮蹄形足。盖和器身满布纤细繁缛的花纹,盖钮、铺首、足上部的花纹为铸制而成,纹样为卷云纹、兽面纹。盖面与腹部表面则为嵌错花纹,镶嵌料为粉剂加漆,凹槽粗的为铸制,细的为錾刻,刻纹细如毫发。出土时器呈黑灰色,嵌错部分略显灰白色。此器兼有盛酒和温酒两种用途,其上满布龙凤纹图案,龙游凤飞、绚丽纤柔、极尽婉转婀娜之姿,是迄今发现的楚国酒具中极为精美的一件,反映了楚国青铜器纹饰制造技艺的精湛。

（五）精美的丝织品

望山楚墓出土了一批丝织品和刺绣,从仅存较好的大块面实物和残片分析,丝织品中有纱、纨、绢、锦、绳、缨等品种,刺绣品有绢地绣和锦地绣两种。望山一号墓出土的石字菱纹锦绣和对兽纹彩绦锦是东周墓中出土的新品种。这批织绣品,为研究我国古代的丝织刺绣史提供了极为珍贵的实物资料。

石字菱纹锦绣出土时包裹在铜镜外面,保存基本完好。绣地为石字菱纹锦。花纹的单元图案是由大菱形套扣小菱形,酷似“石”字,故称为石字纹锦。在石字菱纹锦地上使用后世称为钉线绣的技法,突出于石字纹锦面上的钉制绣线,上下左右排列的波浪形位置和距离,峰谷相对精确,反映了当时楚国刺绣的高超技巧。这件锦绣珍品,将我国锦上刺绣的历史提前了1 700多年,充分说明了在先秦史籍中常常并称"锦绣"是有实物依据的。

对兽纹彩绦锦残缺较甚,织锦的图案相同,由棕色和浅棕色两种彩线组成双色暗花锦。织物由双色甲、乙两种组织形成花纹的纵条彩锦。由棕色和浅棕色较接近的两种彩色经线轮流浮起显花,构成了鲜见的阴阳文的对兽图案,具有其他楚墓所未见的独特风格。

(六)竹简

望山一号墓竹简置于边箱东部,出土时呈深褐色。由于椁室里积水的浮动与漆木器等器物的叠压,竹简出土时已经残断,无一完整,散存于破碎器物残渣中。竹简的编绳均已腐烂,原来编联的顺序已不清楚。最长的简长39.5厘米,最短的仅有1厘米左右,宽约1厘米。经过整理者的拼接之后,共计207枚,最长的为52.1厘米左右。竹简均有三角形的小契口,用以固定编联竹简的丝线。出土时,不少三角形小契口上还残存丝线,丝线上下的文字间距较大,而与同简其他文字的间距疏密不同,因而这批竹简应是在简文书写之前编联成册的。

竹简上的文字都墨书于篾黄上,篾青面未见,出土时大部分文字尚较清楚。每简的字数多寡不同,最多的达30字,最少的仅有1字。这些简文的书写笔法不一致,应成于众手。这是我国首次发现的关于卜筮祭祷的简文,为研究墓主身份、入葬时间,以及当时楚国习俗等提供了重要的文字资料。

望山二号墓竹简位于边箱上层,呈深褐色,出土时已经散乱、残断。经过拼接,共有66枚,其中5枚简保存较好,无虫蛀朽坏的迹象。简的右边靠近两端有2个三角形契口,为编联竹简时系绳之处。完整简最长的有64.1厘米,残简最短的不到1厘米,宽0.6—0.7厘米。竹简的文字大部分清晰,墨书于篾黄一面。文字中间有句读符号。每简字距较密,最多的一支简写有73字。

这批竹简所记载的各类器物名称达320种之多,其中以丝织品的名称最多。所记载的器物数量有的与出土实物相符,有的不符。简文所载的许多器物名称及其描述内容未曾见于典籍,因此,这批竹简为研究楚国乃至战国时期的社会经济文化情况提供了重要的文字资料。

三、墓主身份

望山一号墓的墓主人姓名,墓中出土竹简记载为"悼固"。"悼"即"悼",知墓主乃楚悼王的后代,属王族成员。1978 年在江陵天星观一号楚墓出土了两组竹简,其中一组是为墓主卜筮祭祷的记录,墓主番(潘)勑虽然位至邸阳君,但在祭祀祖先时只祭祀先君章公和惠公等,没有祭祀楚国先王。这不仅说明在楚国,只有王族的人在祭祀祖先时才能祭祀楚国先王,而且还为悼固是楚国王族提供了佐证。

据简文记载,悼固"未有爵位",但能够"出入侍王",说明悼固是楚王亲近的侍者,关系应该十分密切。曾有学者认为墓主悼固是史书记载的楚灭越的头号功臣邵滑(文献记载中又作昭滑、卓滑、淖滑、悼愲、召滑),但据墓主职位、经历、年龄、生活年代以及墓葬规模、随葬器物分析,二者当非一人。2009 年 10 月—2010 年 1 月,湖北省文物考古研究所对荆门市沙洋县严仓墓地进行了抢救性发掘,其中一号墓出土 700 多枚竹简,内容是卜筮祭祷记录,事主只有一个人,即"大司马悼愲"。学者据以确定,悼愲就是严仓一号墓的墓主,与望山一号墓墓主悼固并非一人。

根据墓葬规模及随葬器物,推测墓主生前的社会地位大致相当于下大夫一级。

与其他楚墓比较,江陵天星观一号墓的墓主番(潘)勑为邸阳君,系楚之封君;荆门包山二号墓的墓主邵尨,为上大夫;江陵马山一号墓的墓主,为士阶层中等级较高者,即元士。望山一号墓是座中型楚墓,无论其墓葬规模或随葬器物等,都与包山二号墓和马山一号墓有明显差异,介于这两座墓之间,因而其墓主身份也应介于两墓的墓主身份(即上大夫与元士)

之间,所以将悼固的身份推测为下大夫,是较为合适的。

望山二号墓所出竹简未记墓主信息,棺板上虽有烙印文字,却并非墓主的私印。因此,墓主的姓名已难以考证,只能从墓葬形制、随葬器物以及遣策记载和烙印文字,大致推测墓主生前的身份。

这座墓的墓葬规模与望山一号墓大致相同,有封土堆、斜坡墓道、墓坑里有土阶、椁室分三个室等。但墓坑与棺室比一号墓略小,而二重(三层)棺比一号墓多一层,即一椁三棺,相当于楚国的上卿之制,如江陵天星观一号墓就使用一椁三棺。天星观一号墓墓主是一个封君,其地位相当于卿的身份,属于高级贵族。而望山二号墓虽使用了高级贵族之棺制,除其墓葬规格略小外,从以下几方面看,它的身份显然低于高级贵族,而又高于下层贵族:一是礼器中没有随葬只有高级贵族墓才有的铜器;二是墓中出土的竹简中记入葬有羽翣四件,据《礼记·礼器》,各级贵族用翣制度是天子八翣、诸侯六翣、大夫四翣。从用翣制度看,此墓使用大夫之制,证明此墓主身份相当于大夫级别;三是棺椁木板上的烙印文字,有"卲吕竹于"和"于王既正"字样,证明此墓墓主当亦为王室成员。赗赠者中有长王孙、奉易公等王族及其他高级贵族,证明她本人及她丈夫的社会地位不低。综合来看,墓主身份也应为下大夫。

四、望山楚简的书法艺术特征

楚简留下了先秦时期的经典墨迹,由无名书手群体的共同创造,其文字具有典型的地方特色,起收笔锋运用的变化不大,笔画呈弧形且倾斜,富有动感;字形多取扁势、侧势,有一种自然随意的效果。由于形制独特,简面窄小,字形不大,故楚简的书写以运指为主,其起、运、收动作幅度不大,但率性洒脱,在运笔时自觉地注意线条的长短粗细变化以及点画节奏和笔势的韵律感,气质高雅。

望山楚简文字在笔法上,起笔自然平入,少有露锋入笔者,有时有切入,并伴随轻按动作。行笔以中锋平动为主,运笔平稳,速度适中;以圆转为主,转折处无折笔,无明显提按动作,接笔时常有错位现象。收笔时空回较为含蓄,偶有自然提笔逸出之笔。笔画细劲,少有粗细变化,运笔并不刻意求变,平中无奇,笔法相对简单。

结字布局上,字内空间匀称、内敛。字形圆中见方,依笔画多少而自然形成大小变化。笔画往往视多寡而自然安排,形态呈无规律的多边形外缘轮廓。字势多往右上欹侧,呈左低右高之势。笔画之间略无连带,但注重笔势笔意连贯。横画中有较多平行笔画。字间距保持在一字左右,疏密适宜,排列自然停匀。简面文字居中书写,左右较少及边,轴线居中。简面节奏感主要通过字形大小调节,一简之上笔画走势有规律,少冲突,气息贯通。

望山楚简从其篆形结体分析,与其他楚简比较,跟包山楚简十分相似;从线条运动审视,横向上斜的笔势显然是楚人的流行风尚,字距宽疏不定,体现了自由风格。用笔连贯性强、速度快、律动感强,点画自然,线条纤美,造形灵巧完美,充满了楚文化的秀丽与灵性。结构上以平直笔画对原取纵势的篆书进行简化,并且出现了某些隶书点画形态的雏形。

五、望山楚简的学术研究价值

望山一、二号墓出土的竹简,是湖北境内第一次发现的战国时期楚国竹简,也是我国东周时期楚简的一次重要发现。望山一号墓竹简简文一千余字,望山二号墓竹简简文近千字,均具有重要的学术价值。

望山一号墓出土的简文内容为墓主悼固卜筮祭祷的记录,[①]在楚简中尚属首见。从简文看,墓主当时患有心病,不能饮食,还有足骨疾、首疾、胸胁疾等。这批竹简所记卜筮祭祷之辞的格式比较清楚,先记卜筮的时间、贞人,后记卜筮的工具,再记所问事项(即命辞)与卜筮的结果,最后

---

①　陈伟先生称为"卜筮祷词简"或"卜筮祷词记录"。见陈伟:《包山楚简初探》,武汉大学出版社,1996年,第150—151页。

还记录为墓主求福去疾的许多祭祷的措施。简文中多处记有墓主悼固的名字,还有悼固祭祀楚简王、声王和悼王等先王,以及东宅公、王孙枭等先君的记录。这对于考证墓主和年代,都有重要的学术价值。比如简文上有"楚先"的称谓,并出现有"老僮(童)""祝曆(融)""娓(鬻)舍(熊)"等祭祷对象,还有祭祷楚简王、声王、悼王的内容。这些记载内容与传世文献或其他出土材料相联系,对于楚史研究意义重大。

在中国古代的占卜体系中,龟卜和筮占来源于用"动物之灵"或"植物之灵"作媒介物去沟通天人的原始崇拜习俗。这两种占卜起源都很古老,以现在的考古发现看,至少可以追溯到商代。严格来说,龟卜还是广义骨卜中的一种。若是论到骨卜的起源,那还要早得多,可追溯到新石器时代。如我国北方龙山文化的遗址便往往出土卜骨。1962 年内蒙古巴林左旗富河沟门出土的卜骨(鹿肩胛骨),年代可以早到约 5 300 年前。在古代占卜中,蓍、龟或卜、筮常被相提并论,在实际占卜中,二者常交替使用。关于卜与筮的关系,文献讲得较多,古人有"筮短龟长"(《左传·僖公四年》)、"大事则卜,小事则筮"(《礼记·表记》郑玄注)等说法。现在从考古发现看,筮法晚于骨卜,但与龟卜约略同时。《周礼·春官·筮人》有"凡国之大事,先筮而后卜"之说。

楚简是研究楚文化极其珍贵的材料,而卜筮简又是楚简中尤为重要的部分。卜筮祭祷在先秦是非常重要的活动,殷周时代的甲骨文,大部分都是占卜问事所记录的文辞,因此有人干脆称甲骨文为卜辞。经过一百多年的研究,"甲骨学"早就成为一门独立的学科。楚简中的卜筮祭祷内容是战国时期的占卜记录,但形式与殷周时代的占卜记录仍保持着很多一致性,对研究古代占卜有重要价值。早期占卜,过去较为注重的是"卜"。而楚卜筮祭祷简以卜为主,兼记卜、筮,使我们对东周龟卜有了更直接的认识。简文中提到的多种卜龟,也是重要知识。殷墟卜辞所记卜龟只有两种,与之相比,楚卜筮祭祷简所记要丰富得多。

楚卜筮祭祷简的发现，为我们进一步了解古人占卜文化提供了新的材料。卜筮简与甲骨卜辞一脉相承，了解了卜筮简，便能更好更全面地了解中国古代的筮占文化。卜筮简的研究价值是多方面的：首先它是研究先秦术数、医学疾病、宗礼制度、享祭制度等领域的第一手材料，对重新构建天神、地祇系统及楚先祖世系的再探源有着不可估量的作用；其次，它是楚文化的重要组成部分，研究楚文化就不得不研究楚卜筮祭祷简；再次，与古书相佐证，对于补充、修订传世文献提供了第一手资料；第四，对于古文字学研究有着重要价值。楚卜筮祭祷简蕴含了许多值得深入研究的课题，其更深层的价值有待我们进一步发掘。

望山二号墓出土的简文内容为遣策。遣策主要记录随葬礼器、乐器、水器、车马器、武器、饮食器、服饰、布帛、家具、食品及日常生活杂器的物名和数量。遣策是时人以时文记时器，乃实录，所记器物又多能与墓中随葬器物相对应，可谓名实相应，使我们对这些名物的称谓、形制、功用甚至器物组合有了丰富的认识，为我们解读古文献中的名物提供了最原始的第一手资料，所以遣策在名物训诂方面有其独特的优势，是十分难得的名物资料。

如遣策中记载了丰富的纺织品资料，除去锦、缯、缟、纺等现代人不陌生的品种外，还有诸如"芒""霝光""番芋"等引人遐思的称谓，或许是依据纹饰样式命名的。有的在织品前冠以颜色或花纹，如"素王锦""丹重緅""紫黄纺"；有的冠以地域，如缟有"秦缟""楚缟""宋缟"，霝光有"卫霝光""宋霝光"等。2010年湖北荆门严仓一号楚墓出土的遣策，还详细记载了各种丝质物的长度和宽度。由其种类之繁多可以想见当时纺织业兴盛，技术达到相当高度，织品五彩斑斓，不同地域相互流通，各具特色。纺织品易腐朽、不易保存，先秦文献的记载又非常有限，因此对先秦纺织技术史的研究来说，楚遣策的价值不容小觑。

虽然在湖南和湖北等地曾有不少楚墓出土遣策，但望山二号墓出土的这组竹简的随葬器物名称较多，对于考定当时楚国的器物名称与研究墓主所属等级的丧葬制度,都有较高价值。比如通过对遣策所载名物与墓葬器物对比分析,可以推知望山遣策所记的"汤鼎"实际上就对应墓葬发掘报告中所说的"E 型陶鼎",这是古楚地习见的一种小口鼎。通过遣策的记载,还可以知道汤鼎一般和迠缶搭配使用。

望山一号墓简册

第一节 竹简概述

一号墓竹简出自边箱东部,叠压在器物下,残断较甚,出土时呈深褐色。残简最长者为 39.5 厘米,最短者仅 1 厘米多,一般在 10 厘米以下,宽约 1 厘米,厚 0.1 厘米左右,制作较精致,简侧多有三角形契口用以固定编绳。文字书于篾黄面,出土时大多清晰,每简字数多寡及字距疏密不等,多者三十余字,少者仅一字,一般为五至十五字之间。简文凡 1 093 字,书写工整,似出于多人之手。经拼接,竹简最长者达 52.1 厘米,共编 207 号。竹简内容主要为墓主的卜筮祭祷记录,其格式通常先记卜筮时间,再记卜筮工具、所问事项、卜筮结果,最后载墓主为求福去疾的祭祷措施。据简文分析,墓主是楚悼王的曾孙悼固,所祭先王为史书所载楚简王、楚声王、楚悼王。简文显示墓主患有心疾、首疾、胸疾及足骨病等,祭祷活动主要是为墓主治病驱祟。卜筮内容有三:一、关于出入侍王;二、关于墓主仕进;三、关于疾病吉凶。所见贞人及卜筮工具甚多。

简文所记卜筮时间只有少量完整的某年某月某日,大多数未记年名,而只记月名、日名或仅记日名。现存简文分属两年所记。这批楚简是首次出土的有关楚国的卜筮祭祷资料,对研究楚国风俗具有重要的参考价值。

《文物》1966 年第 5 期刊登了湖北省文化局文物工作队撰写的《湖北江陵三座楚墓出土大批重要文物》,发表了部分竹简照片的摹本。中山大学古文字研究室楚简整理小组最早整理这批资料,其成果见油印本《战国楚简研究(三)》(中山大学古文字研究室楚简整理小组1977)。湖北省文物考古研究所、北京大学中文系合作编著的《望山楚简》,1995年由中华书局出版,书中附有墓葬及简牍情况概述,发表全部竹简照片、摹本,以及朱德熙、裘锡圭、李家浩所作的释文与考释。同一年,齐鲁书社出版商承祚所撰《战国楚竹简汇编》,也包括照片、摹本和考释,所附《字表》收录了望山简等楚简文字。湖北省文物考古研究所编著的《江陵望山沙冢楚墓》,1996年由文物出版社出版,刊载有竹简照片和朱德熙、裘锡圭、李家浩(下文称"整理者")的释文、考释,照片较为清楚,释文有个别改动。张光裕、袁国华合撰《望山楚简校录附文字编》,2004年由台北艺文印书馆出版。程燕著《望山楚简文字编》,2007年由中华书局出版,入编字形均源自《望山楚简》摹本。与望山简相关的文字编还有滕壬生《楚系简帛文字编》、何琳仪《战国古文字典》、汤余惠《战国文字编》以及李守奎《楚文字编》等。2003—2004年,武汉大学"楚简综合整理与研究"课题组对湖北省博物馆保存的竹简拍摄了红外线与数码照片,撰写了项目最终成果《楚地出土战国简册[十四种]》,改释或新释了多处简文,2009年由经济科学出版社出版;该书2016年收入《荆楚文库》,由武汉大学出版社出版。2019年11月,《楚地出土战国简册合集(四)　望山楚墓竹简·曹家岗楚墓竹简》出版,书中图版绝大部分采自由红外线照相机拍摄的红外影像,释文与注释部分则吸收学界最新有关研究成果,作了修改增订。

　　本书释文沿用整理者在《江陵望山沙冢楚墓》中使用的简号和顺序。23、24号简,按照整理者的意见作连读处理。55号简析为A、B二片。205号残片重出,今剔去。原与竹简混同的2枚签牌(146号、201号)另列。

第二节　释文、注释、译文及延展阅读

一、卜　筮　祷　祠

【释文】

齐客张果餇（问）［王］于蔵郢之蔵（岁）献马之月乙栖（酉）之日，[1]軛（范）膡（获）志吕（以）恂豪（家）为恐（悼）固贞：[2]既恂（寒）
▢[3]【1】

献马之月乙栖（酉）之日，苛庆▢[4]【2】

▢吕（以）［少］（小）简（筹）为恐（悼）固贞：[5]既▢【3】

膚（献）马之月乙▢[6]【4】

郮（巴）客困刍餇（问）王于蔵［郢之岁］▢[7]【5】

［郮（巴）］客困［刍］餇（问）王于［蔵郢之岁夏］层（夷）之月癸亥之日▢[8]【6】

［郮（巴）客困］刍餇（问）王于蔵郢之蔵（岁）酓（荆）层（夷）之月癸未之日，[9]郣（归）駍（豹）吕（以）相豪（家）▢[10]【7】

［郮（巴）客困］刍餇（问）王蔵郢之蔵（岁）黄（爨）月癸丑［之日］
▢[11]【8】

臰（爨）月酉（丙）昚（辰）之日，登（邓）造吕（以）少（小）敡（筹）为恐（悼）固贞：[12]既痤，[13]吕（以）惡（闷）心，[14]不内（入）飤（食），

尚毋为大蚤(尤)。[15]占之：丞(恒)[贞吉]▨[16]【9】

【注释】

[1] 齐客张果齝(问)[王]于菽郢之䓁(岁)，整理者：以事纪年。楚国多采用"以事纪年"的方式记录年代。齐客应是齐国的使者。学者推定为公元前 332 年。（刘信芳 1997A）一说为公元前 322 年。（李学勤 2008）

张果，疑即文献中的张丑。（刘彬徽 1991、刘信芳 1997A）

齝，整理者：《说文》认为是"闻"字古文。多读为聘问之"问"。

王，整理者补。

菽，整理者疑"菽郢"指江陵之郢。"菽郢"最早见于鄂君启节。学者异说颇多。一说释为"葴"，读为"郊"。（何琳仪 1988、1998）或说释为"菽"，读为"湫"。（刘信芳 2003）"菽郢"的地望还有待进一步研究。

"献"上一字，整理者隶作"䇂"，读为"岁"。字从月，是楚系文字的特殊写法。（饶宗颐、曾宪通 1985）

献马之月，整理者：相当于夏历九月。献马为秦历年终之月，当夏历九月。（曾宪通 1981）

[2] 軛(范)腹(获)志，人名，亦见于天星观一号墓竹简。"軛"与"范"通，"腹"与"获"通。"获志"为古人习语，意为得志、得以遂愿。（武汉大学简帛研究中心、湖北省文物考古研究所、黄冈市博物馆 2019）

伧豪(家)，整理者：当是占卜用的工具。指玄色之龟。（于成龙 2004）"豪"读为"家"，楚文字习见。"伧豪(家)"是什么样的占卜工具，还有待进一步研究。

恖(悼)固，"悼"字简文作"恖"。悼氏出自楚悼王。此前有学者认为恖固是《韩非子·内储说下》所言之邵滑（文献记载中又作昭滑、召滑、卓滑、淖滑、悼愲），为楚灭越的功臣。（商承祚 1995）2009 年 10 月—2010年 1 月，湖北省文物考古研究所对荆门市沙洋县严仓墓地进行了抢救性发掘，据出土竹简记载，悼愲是严仓一号墓的墓主，而望山一号墓墓主恖

(悼)固与悼愲不是同一人。(李天虹 2014)

[3]　怆,此处疑用为寒。43 号简"☐ 既仓(寒)然(热)吕(以)☐",从辞例看,"怆(寒)"下应接"然(热)"字。出土楚简中,多使用"仓"及从"仓"之字(如"沧""苍""怆"等)来表示"寒"这个词。

[4]　庆,据红外影像改释。(陈伟等 2009)苟庆,贞人名。江陵秦家嘴十三号楚墓 8 号简,九十九号楚墓 1、5 号简也出现此贞人名。(滕壬生 1995)

[5]　简,整理者疑是"筹"字异体。

[6]　膚,读作"献"。(何琳仪 1998)

"乙"字下,商承祚补"酉之日"。(商承祚 1995)

[7]　郙,国名。"郙"又见于包山 61 号、226 号简,简文作"大司马悼愲将楚邦之师徒以救郙之岁"。郙就是巴国。(李学勤 2006)安徽大学藏战国楚简《诗经》40 号简亦见此字,简文作"一发五郙",整理者说:《毛诗》作"壹发五犯"。"郙""犯"古音皆属帮纽鱼部,音同可通。包山楚简"郙",李学勤读作"巴",可从。(安徽大学汉字发展与应用研究中心 2019)

困刍,人名。

郢之岁,整理者补。

[郙(巴)客]困[刍]郿(问)王于[莪郢之岁],学者推定为公元前 331 年(楚威王九年)。(刘信芳 1997A)一说为公元前 321 年。(李学勤 2008)

[8]　诸缺字,整理者补。"屏(夷)"上一字,整理者拟补为"荆",今据武汉大学藏楚简改补为"夏"。(武汉大学简帛研究中心、湖北省文物考古研究所、黄冈市博物馆 2019)商承祚将 205 号残片缀合于本简"王于"二字右侧。(商承祚 1995)残片倒过来看,正是 6 号简"王于"二字右侧。商氏缀合甚是。《江陵望山沙冢楚墓》与《望山楚简》6 号简图版均包含此残片,而残片重出(《望山楚简》为 204 号)。(武汉大学简帛研究中心、湖北省文物考古研究所、黄冈市博物馆 2019)

[9] 郋（巴）客困，整理者补。

甜（荆）尻（夷），整理者：即秦简的"刑尸"，甜（荆）尻（夷）之月为夏历正月。楚简"甜尻之月"在楚历当为正月，入秦后改属四月。（曾宪通1981）一说为楚历四月、夏历正月。（何琳仪1998）楚历诸月在一年中的顺序是甜尻居先，或者说甜尻即是岁首。（陈伟1996）

[10] 郎（归）貚（豹），人名。整理者：《汗简》齿部"豹"作"貚"，《隶释》所录三体石经残字《春秋·宣公三年》"叔孙豹"之"豹"亦作"貚"，《汗简笺正》以为借"貚"为"豹"。归豹见于望山一号墓与秦家嘴两批简内，是职业化的贞人。（于成龙2004）

相，张光裕、袁国华改释。（袁国华2003A，张光裕、袁国华2004）相豕是龟类卜筮工具。（于成龙2004）一说释作"枻"，枻豕可能是小木桩状的占卜工具。《集韵·祭韵》："枻，小杙。"（黄文杰2004）

[11] 诸缺字，整理者补。

黄月，9号、10号简作臭月，整理者：相当于秦简的爨月，即夏历八月。

[12] 登道，人名。"登"疑当读为"邓"。疑为贞人名。（商承祚1995）

敚，整理者读为"筹"。少敚是著类卜筮工具。（于成龙2004）

[13] 痤，整理者：《广雅·释诂》："痤，痈也。"一说疑当释为"危"。《素问·三部九候论》"少气不足以息者危"，王冰注："危者，言其近死犹有生者也。"（武汉大学简帛研究中心、湖北省文物考古研究所、黄冈市博物馆2019）

[14] 悫，疑是"悗"字的异体。《黄帝内经太素·调食》杨上善注："悗，音闷。"《素问·生气通天论》王冰注："甘多食之，令人心闷。"据杨上善、王冰注，"悗"通"闷"。（湖北省文物考古研究所、北京大学中文系2000）作为单字还见于包山文书简、九店简（M621）和上博《容成氏》篇等。新蔡简里有与望山简辞例相同，用作"悗"的字（甲三266、277）。（李天虹2005）

[15] 尚,庶几。文献所见古代卜筮辞,多有以"尚"冠首的语句。(李学勤 1989)

蚤,整理者疑当读为"慅",忧也。一说可隶为"蚤",从"又"得声,可直接读为"忧",作"疾病"解。"尚毋为大忧"即"还不是大病"之意。(张静 2002)或说以"又"为声符,读为"尤"。同类用法古书常见,旧注多训为"过"。"尚毋为大尤"与《周易》中"无尤"相合。"为大尤"的说法见于《左传·襄公二十二年》:"敝邑欲从执事,而惧为大尤。""离骚"本即"离蚤(尤)"。(陈剑 2004)

[16] 占,《说文》:"视兆问也。"

贞吉,整理者补。简文"占之"以下是占卦以后判断吉凶之辞。《周易》爻辞有"永贞",高亨《周易古经今注》:"贞问长期之休咎谓之永贞。"恒贞当与永贞同义。一说"贞吉"就是正吉,与单言"贞"或"吉"大致相同。(邴尚白 1999)或说包山祭祀简所见言"恒贞"者凡十八次,……从包山简中我们可得到一点认识,贞字不能像许慎所说是一单纯的"卜问"(许云:"贞,卜问也。"),而应该从郑玄之说:"贞之为问,问于正,必先正之,乃从问焉。"方为合理。(饶宗颐 1998)或说所谓"恒贞吉",其实就是常常正命而行则吉。(王化平 2018)另有学者认为"恒"在此疑当用为"极",是"甚""最"一类意思。极贞吉,犹言极正吉。与包山 198 号简"甚吉"类似。(武汉大学简帛研究中心、湖北省文物考古研究所、黄冈市博物馆 2019)

【译文】

齐国使者张果到萩郢聘问楚王那一年的献马月的乙酉日,范获志用怆家为悼固贞问:既寒☒【1】

献马月的乙酉日,苛庆☒【2】

☒用小筹为悼固贞问:既☒【3】

献马月的乙☒【4】

巴国使者困刍到萩郢聘问楚王那一年☒【5】

巴国使者困刍到栽郢聘问楚王那一年的夏夷月的癸亥日☐【6】

巴国使者困刍到栽郢聘问楚王那一年的荆夷月的癸未日,归豹用相家☐【7】

巴国使者困刍到栽郢聘问楚王那一年的爨月的癸丑日☐【8】

爨月的丙辰日,邓道用小筹为悼固贞问:得了痛病,心里烦闷,吃不下东西,希望不会成为大问题吧? 占辞说:恒贞吉。【9】

【延展阅读】

一、楚人的大事纪年法

我国先秦时期没有统一的历法,当时所采用的纪时方式多样,其中纪年方式大概可分为三种:

第一种方式是序数纪年法,即以王在位的年次纪年。这是史家使用的传统纪年法,其历史十分悠久,商周金文就有记载,一直到战国都很普遍。以楚国为例,《史记·楚世家》等史书就是这么记录的,出土文物中也有这样的例子。如楚王酓章钟、镈,其铭文首记"唯王五十又六祀……","祀"就是"年",即指楚惠王五十六年(公元前433年)。又如曾姬无恤壶,其铭文首句"唯王二十又六年……",经考证指楚宣王二十六年(公元前344年)。

第二种方式是天象纪年法,以"岁星纪年"和"太岁纪年"最为典型。在上古时期,人们以岁星(即木星)每年运行一个星次来纪年,把周天分为12份,依次为星纪、玄枵、诹訾、降娄、大梁、实沈、鹑首、鹑火、鹑尾、寿星、大火、析木,称为十二次。岁星纪年,其格式是"岁在某某"。用这种方法来纪年的例子如《左传·襄公三十年》:"岁在降娄。"《左传·襄公二十八年》:"岁在星纪。"《国语·周语》:"昔武王伐纣,岁在鹑火。"《国语·晋语四》:"君之行也,岁在大火。"

太岁又称岁阴或太阴,是我国古代天文学家虚拟的一颗与岁星运行方向相反的星,它自东向西十二年运行一周天,每年行经一个星次,运行到某星次范围,就用"太岁在某某"来纪年。《尔雅·释天》:"太岁在甲曰阏逢,在乙曰旃蒙,在丙曰柔兆,在丁曰强圉,在戊曰著雍,在己曰屠维,在庚曰上章,在辛曰重光,在壬曰玄黓,在癸曰昭阳。太岁在寅曰摄提格,在卯曰单阏,在辰曰执徐,在巳曰大荒落,在午曰敦牂,在未曰协洽,在申曰涒滩,在酉曰作噩,在戌曰阉茂,在亥曰大渊献,在子曰困敦,在丑曰赤奋若。"

传世文献中的有关记载如《离骚》:"摄提贞于孟陬兮。"《吕氏春秋·序意》:"维秦八年,岁在涒滩。"这也是后世干支纪年的来源。出土文字材料中也有发现,如春秋晚期的鄬夫人鼎铭文:"唯正月初吉,岁在涒滩,孟春在奎之际。"《清华大学藏战国竹简(拾)》中的《司岁》篇历述太岁运行一周十二岁所值之辰及其吉凶占断,是目前所见最早的记载太岁十二岁名的文献,可与《尔雅》、《史记·天官书》、孔家坡汉简《日书》等文献相比照。

第三种方式就是大事纪年法。即以一年中所发生的重大事件来作为此年的代称。大事纪年法出现的时间很早,西周青铜器铭文中已能见到,如厚趠方鼎铭文"唯王来格于成周年",即用"周王到成周"这件事来指代这一年,而不是用"王某年"。另如湖北孝感出土的中方鼎铭文"唯王令南宫伐反虎方之年",山东黄县(今龙口市)出土的旅鼎铭文"唯公太保来伐反夷年",传世的鼓霫簋铭文"王令东宫追以六师之年"等,都是用的这种纪年法。传世文献中也有这类例子,如《左传·襄公九年》"会于沙随之岁",《左传·襄公二十五年》"会于夷仪之岁",《左传·襄公二十六年》"齐人城郏之岁"等。战国时期楚国用此方式纪年的现象十分普遍,多是以楚国历史上重要的事件或特殊事件纪年,有的所记之事能与史书记载相符,可准确地知道其具体年代,有的则需要进行考证,虽难以确知为某年,但可确定一个年代范围,有的则很难考定年代范围。

大事纪年在楚地出土战国文献中常出现于铜器铭文及简帛文字中,而以楚简最为集中。以事纪年已经成为记录楚国历史年代的重要方式和特征。据统计,在现已出土的战国楚简中,使用以事纪年的就有十余种之多,仅包山楚简中就有二十多处。楚系文字中的大事纪年一般采用"大事+之岁"的形式。其所记事件的内容与性质,或是以他国使者来楚聘问之事纪年,如望山楚简"齐客张果问王于栽郢之岁";或是以战争行动来纪年,如包山楚简"大司马悼愲救郙之岁";或是以楚王的行踪来纪年,如新蔡葛陵楚简"王徙于鄩郢之岁";还有其他以事纪年,如常德夕阳坡楚简"越涌君嬴将其众以归楚之岁"、秦家嘴楚简"周客韩无王于宋东之岁"等。

望山一号墓的墓主悼固为楚悼王之孙,发掘报告主张此墓的年代在威王时期或怀王前期,即战国中期。从望山简文"齐客张果问王于栽郢之岁"及"郙客困刍问王于栽郢之岁"两件纪年大事的月份来看,"齐客张果问王于栽郢之岁"在前,"郙客困刍问王于栽郢之岁"在后。以上两件大事的纪年大致范围可以确定,因望山一号墓的年代在威王时期至怀王早期时段,而威王元年(公元前339年)的楚纪年大事为天星观简的"齐客申縢问王于郢之岁",所以望山简两条纪年的上限是威王二年(公元前338年)。又据包山简,公元前319—前316年的楚大事纪年已经清晰,所以望山简两件大事纪年的范围应当是公元前338—前320年。

二、楚人的纪月法

殷商时期的纪月方法是根据每年所包含的朔望月的个数,采用一至十二等12个自然数依次纪录,并且把在闰年年尾增加的闰月纪为"十三月"。西周时期基本上继承了殷商的纪月方法,唯一不同的是把"一月"纪为"正月"。这些情况,在殷周时期的甲骨文和金文中均有真实的反映。这种纪月法能使各个月份在一年之中的具体位置和前后次序十分清楚地表示出来,简单明了,非常实用。

汉代文献《尔雅·释天》完整地记载了另一套十二月名:正月为陬,二月为如,三月为寎,四月为余,五月为皋,六月为且,七月为相,八月为壮,九月为玄,十月为阳,十一月为辜,十二月为涂。这种月名早在《诗经》中就有使用。如《小雅·采薇》"岁亦阳止",《小雅·小明》"日月方除

（余）"。春秋时的越国亦曾使用此种月名，如《国语·越语》："至于玄月，王召范蠡而问焉。"

　　另外，东周时人们观测发现，北斗星的斗柄在不同季节的黄昏会指向不同的方位。《鹖冠子·环流》"斗柄东指，天下皆春"，"斗柄南指，天下皆夏"，"斗柄西指，天下皆秋"，"斗柄北指，天下皆冬"。由于斗柄在冬至之月指向正北方的子位，在下一个月指向北偏东的丑位，再下一个月指向东偏北的寅位，到冬至之月又重新指向子位，当时的人们便以斗柄在不同月份所指示的不同方位来命名十二个月，史称此纪月方法为"斗建"。湖北云梦睡虎地秦简《日书·秦除》完整地记载了秦历十二个月份的斗建：正月建寅，二月建卯，三月建辰，四月建巳，五月建午，六月建未，七月建申，八月建酉，九月建戌，十月建亥，十一月建子，十二月建丑。

　　楚国有一套自己独特的月名，由9个术语月名和3个数字月名共同组成，即冬夕、屈夕、援夕、荆夷、夏夷、享月、夏夕、八月（亦作"秋二月"）、九月（亦作"秋三月"）、十月、爨月、献马。20世纪60—80年代，湖北江陵望山一号楚墓、湖北云梦睡虎地十一号秦墓和湖北荆门包山二号楚墓相继出土了记有这套楚月名的大批楚简和秦简以后，人们对楚人曾经创造和使用的这种独特的纪月方式有了明确认识。特别是云梦睡虎地十一号秦墓出土的秦简《日书》中记载了一份"秦楚月份对照表"。该表不仅完整地展示了12个楚月名（只是用字上与楚简所记有所不同），而且标明了各个月名的前后次序，因而显得十分珍贵。由于该墓下葬于被秦灭亡不久的楚国故地云梦，故可推测《日书》的撰写者编制这份"对照表"大概是为了便于当地的秦人和楚人都能使用自己的月名。值得注意的是，在包山楚墓出土的大量使用这套楚月名的楚简中，有许多属于司法文书。这说明，这套楚月名可能是由楚国国家正式颁行的。

三、栽郢在哪里

　　楚人把都城"郢"直接称为"郢"，而把都城以外的楚王临时驻跸之处称为"某郢",以示区别。见于史书记载的以"郢"命名的楚地有"郊郢"(《左传·桓公十一年》)、"鄢郢"(《战国策·齐策三》《史记·楚世家》)、"郢陈"(《史记·秦始皇本纪》)等。而在出土战国楚文字资料中,除了"郢"之外,还可见"蔵郢"(鄂君启节、望山简、包山简、天星观简)、"蓝郢"(包山简、新蔡简)、"郙郢"(包山简)、"鄱郢"(包山简)、"陈郢"(天星观简)、"鄩郢"(新蔡简)、"肥遗郢"(新蔡简)等,清华简《楚居》公布后,其所记"某郢"最多,计有"疆郢""湫郢""樊郢""蔫郢""免郢""都郢""睽郢""娩郢""鄂郢""鄢郢""蓝郢""郙郢""鄱郢""鄩郢"等十四个。这些地方具体在什么位置,学界一直存在争议。

楚国都城地望,是先秦史地和楚文化研究中的重大疑难问题,也是楚国历史地理的核心问题。楚国不同时期的都城,只有东迁前一段时间的郢都和东迁后的陈郢、寿郢较为明确。陈郢在今河南淮阳,寿郢在今安徽寿县,东迁前的郢都则一般认为在今荆州纪南城遗址。但楚国大部分时期的都邑所在则聚讼千年,纷纭不决,至今尚无定论。"蔵郢"是楚文字资料中最早出现的都郢地名,出现的频率很高。

关于"蔵"字的释读,异说众多,至今难有定论。关于"蔵郢"的地望,学者多推定为今湖北荆州的"纪南城"。也有不同意见,如尹弘兵先生认为从鄂君启节中"王处于蔵郢之游宫"来看,蔵郢之宫室是游宫。鄂君启节之"游宫",其性质为"离宫别馆"。就此而论,蔵郢当非楚国正都,而是一处别都,因筑有游宫,合于楚王游猎之用。楚王好游猎,蔵郢筑有游宫,故楚王常常驻留于此,常在此地会见国宾并处理政务。此外,鄂君启节中同时有"蔵郢"与"郢"两个明确地名,可见蔵郢与郢有区别,并非一地。鄂君启节中的"郢",从较易判断的舟节线路来看,只能是在长江边上,今荆州城区附近,因此学者多认为鄂君启节线路的终点"郢",即今荆州城北的纪南城遗址。据出土文字材料推测,蔵郢当是楚都迁于纪南城之后才出现的一座用于巡游的城邑,因筑有高规格的精美宫室,且距纪南城不远,故楚王常流连于此。而潜江的龙湾遗址,地处云梦泽之边缘,正合楚王游猎之用,其高规格的宫殿建筑亦与"游宫"相合。

　　菝郢究竟在什么地方,现在仍然不能确定,只能留待将来,期望能有新的出土材料以供考证。

四、鄌是哪个国家

　　望山简中记有"鄌国","鄌"字又见于天星观简、包山简等。包山简简文"大司马悼愲将楚邦之师徒以救鄌之岁",发掘简报认为鄌是春秋时期的吕国,在河南南阳附近。简文整理者引用鄌王剑(《殷周金文集成》11611)正确地指出"鄌"是一个国名。但是,到底是史书中记载的哪个国家,学界存在较大分歧。

　　李学勤先生将包山简、望山简、鄌王剑三者结合起来考虑,认为可以明确"鄌"必须满足以下几个条件:一是"鄌"是国名,其国不能太小,以至于在文献中无闻;二是"鄌"是文献中一国名的通假;三是"鄌"受楚文化影响既早且深,距离楚国必然很近;四是"鄌"国于春秋即已称王,类似徐、楚、吴、越,远早于战国时期五国相王;五是"鄌"国在战国中期(即包山简、望山简的时代)仍未灭亡,且与楚通使聘问。据此,"鄌"极有可能就是巴国,"巴"和"鄌"上古音都在帮母鱼部,可以通假;巴曾称王,《华阳国志·巴志》:"及七国称王,巴亦称王。"巴与楚接壤、关系密切,公元前316年灭于秦。

　　2019年,《安徽大学藏战国竹简(一)》公布,书中收录竹简内容全为《诗经》,其中40号简亦见此字,简文作"皮(彼)薮(茁)者葭(葭),一发五鄌",与今本毛诗《召南·驺虞》对应。"一发五鄌",整理者云:《毛诗》作"壹发五豝"。《说文·邑部》:"鄌,汝南上蔡亭。从邑,甫声。"此字亦见于《包山》简64、《上博九·陈》简3、《包山》简228。"鄌""豝"古音皆属帮纽鱼部,音同可通。包山楚简"鄌",李学勤读作"巴",可从。简文可为此添一佳证。有安大简佐证,则简文"鄌"指巴国,可信度又增进一步。

　　巴国的历史很久远,有史料记载周武王灭商之战,巴人曾予以支持。

周武王克商之后，周王朝正式封巴国为子爵诸侯，并赐以姬姓。《华阳国志·巴志》："武王既克殷，以其宗姬封于巴，爵之以子。古者远国虽大，爵不过子。"

巴国与楚国关系较为密切。公元前611年，楚、巴、秦三国联合灭庸。巴国、楚国瓜分了庸的土地，使巴、楚两国地域相连。《华阳国志·巴志》记载巴国的疆域"东至鱼腹（今奉节），西至僰道（今宜宾），北接汉中，南极黔、涪（今乌江、赤水河流域）"，"其属有濮、賨、苴、共、奴、獽、夷、蜑之蛮"。巴国曾和楚国多次交战。公元前377年，巴又和蜀联合起来伐楚。《史记·楚世家》记载："肃王四年，蜀伐楚，取兹方，于是楚为扞关拒之。"《华阳国志》："巴楚数相攻伐，故置扞关、阳关及沔关。"巴、蜀联军此次战败，楚国从此开始向西进逼，先占领了巴国的汉中，后又逐步占领巴国长江以南的酉阳、秀山、黔江、彭水等地区。到公元前330年左右，楚国占领了巴国的都城。这时，离秦灭巴国只有十多年的时间了。

公元前316年，秦惠王大军灭蜀以后，与蜀相邻的巴国也迎来了自身命运的终结，不久巴王被虏，巴国覆灭。秦在巴国故地实行郡县制，设置了巴郡。

五、《左传》中的"荆尸"是指楚月名吗

望山一号墓7号简："[郙（巴）客困]刍餌（问）王于莪郢之戢（岁）罶（荆）层（夷）之月癸未之日。"简文记有楚月名"罶层"，此月名在楚简中多见。睡虎地秦简《日书》作"刑屎"，"屎"或作"夷"。

《左传·庄公四年》载："楚武王荆尸，授师孑焉，以伐随。"《左传·宣公十二年》载："荆尸而举，商农工贾不败其业，而卒乘辑睦，事不奸矣。"学者早已注意到《左传》中"荆尸"与"罶层"的联系。杨伯峻先生曾采纳"荆尸"为月名的说法，将"楚武王荆尸授师孑焉"作一句读，理解为"楚武王正月授予军队以戟也"。但此后又有所怀疑，说疑此"荆尸"当作动词，指军事。《左传》中的"荆尸"是否指月名，不断有学者指出其中

的问题。

按照庄公四年的传文"春,王三月,楚武王荆尸",如作楚代月名解,则已标明季节与周历"王三月",根本不需要再把楚历的月名说出来,因此,"荆尸"在此处不当作楚正月名或代月名。杜预认为是"陈兵之法",应该有所本,不会是凭空杜撰。

另外,依先秦文献通例,纪年可用王公谥号,但纪月则从未用过王公谥号,所以《左传》"楚武王荆尸"一语,不大可能是楚的纪月之辞。就楚简来说,也还未发现用楚王谥号纪月的。而且"荆尸而举"是晋国的随武子对晋中军帅荀林父所说的,"荆尸"如果是楚国的月名,那为何会出自晋人之口?晋人显然不会使用楚国历法中的月名。

李学勤先生在分析了《春秋》有关"荆尸"的经、传及杜注、孔疏后,认为"荆尸"不像是月名,而应是组织兵员的一种方式。正因为行用"荆尸",才做到"商、农、工、贾不败其业,而卒乘辑睦",庄公四年传杜注释"荆尸"为陈兵之法还是不中不远的。但是又说《左传》的"荆尸"同楚月名不是全不相干。楚月名各个的含义,现在还不清楚,似与各月的行事,或者历史上一定的事件有关。"荆尸"之月可能宜于征召兵具,也可能过去曾在该月有一次著名的举兵之事,后来楚月名的"刑夷"还是由春秋时的"荆尸"而来。李先生的意见并不否认杜预注,但是又强调"荆尸"与楚月名的联系。

清华简《系年》13+14:"成【13】王屎伐商邑,殺彔(祿)子耿。""屎"字学者多解释为"继"。刘信芳先生读为"尸"。尸、屎上古音同在书纽脂部,《诗·大雅·板》:"民之方殿屎。"屎,《说文》引《诗》作"叱",叱从"尸"声。《楚辞·天问》:"武发杀殷,何所悒?载尸集战,何所急?"王逸注:"尸,主也。集,会也。言武王伐纣,载文王木主,称太子发,急欲奉行天诛,为民除害也。"刘信芳先生继而将《系年》"成王尸伐商邑"与《左传·庄公四年》的"楚武王荆尸"对应,"伐商邑"与"伐随"对应。可见楚之"荆尸",犹西周之"尸"也。鲁国史官所以记为"荆尸"者,以区别于周之"尸"也。"荆尸"

为楚国行军之祭。《礼记·坊记》:"祭祀之有尸也,宗庙之有主也,示民有事也。""尸"即木主。西周征伐载木主之尸出征,从本质上讲是一种出师祭祀礼仪。古代出师、军归,皆有祭祖告庙之仪。

综上,学者意见并不统一。解《左传》的"荆尸"为楚月名并不妥当,但《左传》"荆尸"与楚月名应该有一定联系。这种联系涉及楚月名的来源问题,目前还不具备进一步讨论的条件。

六、楚简所见楚国的聘问活动

聘问是在诸侯定期朝觐天子的间隔当中派遣卿大夫为使者,到京师向天子作礼仪性的问候,并且报告邦国的情况。《礼记·王制》说:"诸侯之于天子也,比年一小聘,三年一大聘。"天子派卿大夫见诸侯也称为"聘"。《礼记·王制》疏:"其天子亦有使大夫聘诸侯之礼。"

诸侯之间也可互派使者进行聘问,以互致问候,以卿为使者的称"大聘",以大夫为使者的称"小聘"。《礼记·曲礼下》:"诸侯使大夫问于诸侯曰聘。"《仪礼·聘礼》郑《目录》:"大问曰聘。诸侯相于久无事,使卿相问之礼。小聘使大夫。"各国互来互往聘问,也有定称。其中由国内到国外称"如",此称为鲁国所专用;由国外到国内则称"聘",各国皆可用。

聘问的礼仪可分为三种类型:天子遣使聘问诸侯礼仪、诸侯遣使聘问天子礼仪、诸侯之间遣使聘问礼仪。前两种聘问礼仪,由于史料缺乏,我们很难知道全过程,后一种聘问礼仪因为有《仪礼·聘礼》传世,我们能够知道得比较清楚。《仪礼·聘礼》保存了诸侯之间遣使交聘的基本过程。其程序包括出使前之仪,誓境借道之仪,到达受聘国诸仪,聘享之仪、礼宾、私觌之仪、馈饔饩之仪、君臣飨宾介之仪、宾介聘问主国卿大夫之仪、宾返国前诸仪、使者返国后诸仪等。每一道程序中还有许多细节仪式,非常繁杂。

楚国的聘问活动分为出聘和入聘,即楚使聘问其他诸侯国以及其他诸侯国派遣使者来楚国聘问。据文献记载,楚人首次聘问活动的时间是公元前671年,《左传·庄公二十三年》:"荆人来聘。"杜预注:"盖楚之始通,未成其礼。"此后,楚国和中原诸国交往日渐增多。楚简中所见与楚有关的聘问活动主要集中在"以事纪年"的简文中,主要有:

齐客陛(陈)异至(致)福于王之哉(岁)　　　　　　　　(新蔡简甲三217)

秦客公孙鞅昮(聘)于楚之哉(岁)　　　　　(秦家嘴九十九号墓简15)

秦客公孙紲(鞅)聑(问)王于栽郢之哉(岁)　　　　(天星观一号墓简)

鄰(齐)客绅(申)膣(获)聑(问)王于栽郢之哉(岁)　(天星观一号墓简)

左币(师)虘(虘)昮(聘)于楚之哉(岁)　　　　　　(天星观一号墓简)

齐客张果聑(问)[王]于栽郢之哉(岁)　　　　　　　(望山一号墓简1)

鄗(巴)客困刍聑(问)王于栽[郢之岁]　　　　　　　(望山一号墓简5)

齐客陛(陈)豫(豫)訕(贺)王之哉(岁)　　　　　　(包山二号墓简7)

东周之客瞥(许)綎至(致)倁(胙)于栽郢之哉(岁)　(包山二号墓简12)

宋客盛公鹮旹(聘)于楚之哉(岁)　　　　　　(包山二号墓简198)

这些简文格式类似,均以某国宾客"聘""问"楚国或者楚王的方式加以记载,似乎已成为比较固定的表达方式。其中可以与传世文献相对照,并能够确定聘问活动的参与者以及聘问时间的,有"秦客公孙鞅问王于栽郢之岁"一条。公孙鞅一般指商鞅,在秦国是一位重要人物,在秦楚两国关系中起过重要作用。李学勤先生根据该纪事简涉及的两个历日,将此年代精确为公元前340年。

其他的几条简文,有的只能根据传世文献推测出使者的身份,如天星观一号墓中另一支纪年简中的"鄰(齐)客绅(申)膣(获)聑(问)王于栽郢之哉(岁)",李学勤先生认为"齐客申获"属于申氏,当与申缚为一家。楚威王七年(公元前333年),楚攻打齐国的徐州,败齐将申缚于泗水之上,事见《战国策·秦策四》"或为六国说秦王"章、《齐策一》"楚威王战胜于徐州"章,时间与简文相似。剩下的几则简文资料,由于缺乏传世文献的参照,目前还很难确定其涉及的人物和具体事件。从楚简材料来看，战国时期的楚国与其他国家之间存在着十分频繁的聘问往来。

七、楚文字中的"坐"与"危"

望山一号墓 9 号简："既〇，昌（以）悫（闷）心，不内（入）飤（食），尚毋为大蛊（尤）。"其中"〇"字因竹简断裂而导致笔画有残损。此字亦见于 13 号简，字迹较为清晰，简文作："既〇，昌（以）心瘟（脣）肰（然），不可昌（以）复，思（使）迁身皷（疲）。"又见于 40 号简："☒昌（以）〇，尚毋昌（以）亓（其）古（故）又（有）大咎。"字形底部从"止"。

竹简整理者将此字分析为从"〇"从"〇"，并根据马王堆汉墓帛书《阴阳五行甲篇》"〇阳"又作"坐阳"，把"〇"释为"坐"，把"〇"释为"痤"。九店楚简《日书》中也有"〇"字，是建除十二直之一，而在睡虎地秦简《日书》所记载的楚建除十二直中，与"〇"相对应的是"坐"或者"髽"，印证了"〇"释为"坐"的意见。

刘乐贤先生将楚、秦建除十二直进行比较，发现二者之间有较为密切的关系，将"〇"释为"坐"虽然有充足的理由，但是作为楚系建除十二直之一的"坐"难以在秦系建除十二直中找到相对应的内容，且"坐阳"一词也不好理解。但是如果将"〇"释为"危"，则正好与秦建除十二直中的"危"相对应。而马王堆汉墓帛书《阴阳五行甲篇》中的"坐阴"和"坐阳"，从楚文字的角度看，则可以看作是"危阴"和"危阳"的误读。

在上博简七中，也有"〇"或从"〇"的字。有的地方读为"危"，而有的地方则读为"坐"。《凡物流形》甲简 2："水火之和，奚得而不〇？"乙简 2："水火之和，奚得而不〇？"《凡物流形》甲简 16+26："邦家之【16】〇安存亡，贼盗之作，可先知。"从文义上看，这三个字都读为"危"。上博简二《容成氏》简 14："舜于是乎始免刈、鉏、耨、铦，拜而〇之。"上博五《君子为礼》简 1："夫子曰：'〇，吾语汝。'"上博简五《融师有成氏》简 7："沈〇念惟，发扬腾價。"这三个地方从文义看，要读为"坐"。这样看来，"〇"字当有"坐"和"危"两读,必须按文义加以区分,否则很容易误读。

由于在楚简中"坐"和"危"的字形十分接近,有时难以分别。望山简中的"𰁜"字,从文意上看,释"痤"、释"危"似均可通,我们暂时按整理者意见处理。

八、"孚"之释读

望山一号墓 37 号简:"☐吕(以)不能䏠(食),吕(以)心孚(闷),吕(以)欷(变),脑(胸)朧(胁)疾,尚☐。""孚"字或从"心"作"悫",如 9 号简:"既痤,吕(以)悫(闷)心,不内(入)䏠(食),尚毋为大蚤(尤)。"又见 38 号简:"☐吕(以)心悫(闷),不能䏠(食),吕(以)聚(骤)欷(便),足骨疾☐。"这里出现的"孚"和"悫"字整理者读为"闷"。

此字亦见于郭店简《缁衣》24 号简:"教之以政,齐之以刑,则民有孚心。"今本《缁衣》相关一句作:"教之以政,齐之以刑,则民有遯心。"其中"孚"作"遯"。李零先生提到此字时说:案此字又见《成之闻之》简 23,疑是"娩"字的古写,"免"与"遯"含义相近。李家浩先生随后指出释"娩"可信,他在考释九店 8 号简的"孚"字时,说望山一号墓 38 号简的"悫"疑是"悗"字的异体,通"闷",37 号简的"孚"是"悗"字的假借,并引《黄帝内经》杨上善注谓:"悗,音闷。"但两位先生都没有对"孚"的形体源流做出说明。上海博物馆藏战国楚简陆续公布后,又发现了很多"孚"字,在辞例中都读为"免"。后来赵平安先生将"孚"与甲骨文中表示分娩义的𰁜联系起来,认为"孚"形由𰁜演变而来,𰁜是"娩"的象形表意字,从形体上给出了合理的解释。现在"孚"之为"娩",从"心"之"悫"为"悗",已经得到了学界的认同。

九、"蚤"之释读

望山简中"尚毋为大蚤"的"蚤"字,字形作上从"又"、下从"虫"。整理者释作"蚤",并说汉隶"蚤"字亦多从"又",疑"蚤"当读为"慅",忧也。

　　此字形又见于郭店简《尊德义》简 28:"悳(德)之湺(流),速虡(乎)槠(置)蚕而遱(传)。"释文注释引裘锡圭先生按语说:"此句读为'悳(德)之流,速虡(乎)槠(置)蚕(邮)而遱(传)命'。《孟子·公孙丑上》:'孔子曰:德之流行,速于置邮而传命。'……'槠'从'之'声,'蚕'从'又'声,故两字可读为'置邮'。"由于有传世古书中基本相同的文句为证,裘先生的意见显然是正确的。

　　再来看望山简中的"蚕"字,陈剑先生认为应该改释为以"又"为声符的"蚕",读为"尤"。同类用法的"尤"古书常见,旧注多训为"过"。占卜而说"尚毋为大尤",跟《周易》里数见的"无尤"相合。"为大尤"的说法见于《左传·襄公二十二年》:"敝邑欲从执事,而惧为大尤。""又""尤"古音相近。

　　新蔡葛陵简有从"尤"之字,作"不为慭"(甲三 10)、"尚毋为蚩"(甲三 143)、"毋为忧"(甲三 198)、"不为訧"(零 204)、"不为忧"(零 472)等形,整理者均读为"忧",但据《说文》"忧"为"心动"义,放到简文中则无法读通。从辞例上看,都应当从陈剑先生说改读为"尤"。

　　在古文字中有一种现象十分引人注目,即声符的改换,刘钊先生在《古文字构形学》中说:"改换声符是指将形声字的声符改换成另一个可以代表这个读音的字。"裘锡圭先生称之为"声旁的代换"。学者指出,"蚕"与"慭""蚩""忧""訧""忧"应该是一字之异体,一从"又"得声,一从"尤"得声,其声符发生了变换。

【释文】

　　臱(爨)月丁巳之日,为惖(悼)固遱(举)祷柬大王、圣□□[1]【10】

　　□己栖(酉)之日,苛恅吕(以)缾□[2]【11】

　　□己栖(酉)之日,□□[3]【12】

　　□[郢(归)]豿(豹)吕(以)蒷(宝)豢(家)为惖(悼)固贞:[4]既痤,吕(以)心瘤(瘠)肰(然),[5] 不可吕(以)复,思(使)迁身毃

（疲）。[6]【13】

　　▢▢吕（以）賮（宝）豪（家）为惡（悼）固贞：出内（入）寺（侍）王▢【14】

　　▢吕（以）賮（宝）豪（家）为惡（悼）固▢[7]【15】

　　▢豪（家）▢【16】

　　▢鄯（归）歬（豹）吕（以）保（宝）臺（室）为惡（悼）固贞：[8]既心悳（闷）吕（以）癏（塞），[9]善歈▢[10]【17】

　　譖（许）佗吕（以）少▢[11]【18】

　　吕（以）軭（广）恻为惡（悼）固▢[12]【19】

　　▢为惡（悼）固▢【20】

　　▢惡（悼）固贞▢【21】

【注释】

　　[1] 柬大王、圣……，整理者：88 号、110 号、111 号诸简皆有"圣王、惡王"之文，109 号简又称"圣逯王、惡王"。圣逯王当是圣王的全称。柬大王、圣王、惡王当为先后相次的三个楚王。"柬""简"二字古通。"声""圣"二字古亦通。"惡"当即"悼"字异体。所以简文柬大王、圣王、惡王即《楚世家》的简王、声王、悼王。一说"柬大王"之"大"是谥法，应读为"简厉王"或"简烈王"。"大"不是先秦谥法用字，读为"厉"或"烈"则见于谥法，"烈"（金文作"剌"）与"厉"常常可通，且战国晚期楚有"考烈王"。（董珊2007）

　　遱（举）祷，整理者："遱"字简文屡见，亦作"罍"。学者异说颇多。包山楚简或作嬳祷，嬳也写作罍，读作举。《周礼·天官·膳夫》"王日一举"，郑注："杀牲盛馔曰举。"罍祷即举祷。举祷的对象有先祖、父母、兄弟及山川、神祇。一般情况下，同时祭祀多个对象，个别情况下只祭祀一位先人或神祇。（湖北省荆沙铁路考古队 1991A）一说属于祈祷，与

"罷祷"的区别大概是"罷祷"用牲,而"与祷"不用牲而已。(李家浩 2001)或说举本为朔、望盛馔之礼,依此礼祈祷于神,所以称"举祷"。(刘信芳 2003)

[2] 苛忺,人名。

"以"下一字,就字形而言,当隶作"栢"。(商承祚 1995,何琳仪、程燕 2005,武汉大学简帛研究中心、湖北省文物考古研究所、黄冈市博物馆 2019)郭店简《老子》甲 21 号亦有此字,一说读为"状"。(裘锡圭 1999)

[3] "日"下一字,仅存头部,看红外影像,疑是"苛"字所从的"屮"的残划。(陈伟等 2009)

[4] 郞,整理者补。

窛,整理者:《说文》"保"字古文作"呆"。此字从"宀"从"贝","呆(保)"声,应即"宝"字异体。窛(宝)㝓(家),占卜工具。一般说,简文记有卦爻的是策,不记卦爻的是龟。保家读为"宝家",可能即古书所说的"宝龟"。(李零 1993)一说"家"读为"葭"。包山楚简作"保家""琛家""㝓家",字并读为"苞葭",是以丛生之芦苇杆作占筮工具。(刘信芳 2003)

[5] "心"下一字,整理者隶定为"痐",似可读为"屑"。《方言》卷十"迹迹、屑屑、不安也",郭注:"皆往来之貌也。""心屑然"可能是指心跳过速。一说隶作"瘯"。"心瘯然",殆指一种心脏的病态。"瘯"字疑读为"阻",意为梗阻。"心瘯"殆指因心脏血液循环受到阻碍而引起的一种心跳加速、加强及节律不齐的症状,即一般所谓的心悸。(中山大学古文字研究室楚简整理小组 1977)

[6] 复,据红外影像改释为"遻",即"复"。(陈伟等 2009)

迁,读为"倦"。(刘国胜 2000)

軙,读为"疲",与上文连读。(舒之梅、刘信芳 1997,刘信芳 1998)

[7] 以,红外影像较清晰,确系"以"字残画。(陈伟等 2009,武汉大学简帛研究中心、湖北省文物考古研究所、黄冈市博物馆 2019)

[8]毚,当为楚之"室"字。(李守奎 2003)

[9]瘝,整理者:《方言》卷十:"迹迹、屑屑,不安也。……秦晋谓之屑屑,或谓之塞塞。"疑"瘝"当读为塞塞之"塞",与 13 号简"痼"字义近。一说读作"瘳",疑是指气窒,即墓主生前因心悸而发生呼吸困难的情形。(孔仲温 1996)

以瘝,"以"似为连词用法,相当于"而",连上读。(陈伟等 2009)

[10]欯,整理者释写。一说隶作"欼",疑为"瀨"字异体。《说文·欠部》:"瀨,欠貌。""善"是多次、频繁的意思,此种用法,医书习见。马王堆汉墓帛书《阴阳十一脉灸经乙本》"阳明脉"下云"……病寒,喜信(伸),数吹","吹"当读为"欠"。简文"善瀨"与帛书"数欠"同意。(李家浩 1979)或说读如"便",谓大便,"善欯"谓腹泻。(舒之梅、刘信芳 1997)另有学者认为有可能是记录呕吐义的"变"这一词的专字。(王凯博 2019)

[11]瞻佗,人名,亦见 93 号简。"瞻"读为"鄦(许)"。

[12]靲㥦,占卜所用的工具或方法,待考。

【译文】

爨月的丁巳日,为悼固举祷简王、声王☐【10】

☐己酉日,苟怆用柏☐【11】

☐己酉日,☐☐【12】

☐归豹用宝家为悼固贞问:得了痈病,心跳太快,不能恢复,使得身体疲倦。【13】

☐☐用宝家为悼固贞问:出入宫廷侍奉楚王☐【14】

☐用宝家为悼固☐【15】

☐家☐【16】

☐归豹用宝室为悼固贞问:心里烦闷,呼吸不畅,频繁呕吐☐【17】

许佗用少☐【18】

用广恻为悼固☑【19】

☑为悼固☑【20】

☑悼固贞问☑【21】

【延展阅读】

一、楚人卜筮情况简述

卜筮是龟(骨)卜与筮占的合称,泛指利用龟甲、兽骨以及蓍草占卦稽疑以问吉凶的活动,是一种基于"动物之灵"与"植物之灵"的占卜行为,目的就是利用某些动植物特有的通灵能力,窥知神灵对人间诸般事物的基本态度,以使自己的行为随时与神灵的旨意保持一致,从而最大限度地获得神灵的护佑,使所办的事情达到理想的效果。

由目前所见田野考古资料可知,利用龟、骨、蓍草占问吉凶,至迟自西周时期就在楚地有迹可循,直至战国中晚期依然在楚国贵族阶层中十分流行。楚简简文将实施占卜称作"贞",将根据占卜结果判断吉凶称作"占"。简文所记占卜形式,既有"卜"也有"筮","筮"往往是配合"卜"而进行的。比如占卜一件事情的吉凶,有时仅用卜不用筮,有时卜、筮并用,而以卜为主,未见单独用筮。

所记占卜内容,均与墓主人生前的政治地位、社会生活、身体状况密切相关,大致包括三个方面:一是占问从政为官的前途是否通畅,比如出入侍王是否顺利,何时可获爵位等;二是占问居家生活是否安福,比如迁居新宅可否"长居之",宫室有无忧戚等;三是占问自身身体是否健康,疾病何时痊愈等。

简文还记录了一些与占卜方式(卜或筮)密切相关的占卜工具及其名称。一般来说,简文中记有卦画的属于筮占,不记卦画的是龟卜。与筮占相关的筮具有央管、丞惪、共命等,与龟卜相关的卜具有长灵、驳灵、训蘥等。名为保家的卜筮工具在卜筮活动中使用频率较高,望山一号楚墓竹简、包山二号楚墓竹简均对其有多次记载。纵观楚卜筮简所记贞人与所用卜筮工具,同一贞人可以使用多种占卜工具,既用龟也用筮。同一姓氏贞人可使用不同类别的卜筮工具,不同姓氏贞人也会使用相同的卜筮工具。贞人使用相对固定的工具进行卜筮的可能性是存在的,但占卜时用卜还是用筮也许还要取决于具体情况以及占卜的事由。

楚人的占卜记录,有一套基本的行文格式。归纳起来,几乎每组简文(即一次占卜)中,都有前后两次占问(简文称作贞)的记录,只有极少的二组简文是一次占问的记录。两次占问的步骤大同小异,内容则有区别。第一次占问分三个步骤进行:

1. 前辞

前辞是有关占卜活动的基本情况介绍,内容包括占卜时间、占人、占卜工具、求占人。其格式为:××之岁(以事纪年),××之月(用楚月名),××之日(用干支),××(贞人名)以××(占筮工具)为××(墓主名)贞(以下可点冒号,以引出命辞)。

2. 命辞

自××之月(用楚月名)以就××之月(用同样的楚月名),出入侍王,尽卒岁(或"集岁")躬身尚毋有咎(或病情如何)。

命辞是以龟甲、蓍草作媒介,向鬼神叙述问疑求吉的事由。

3. 占辞

占辞是根据卜、筮结果(即鬼神通过兆象与卦画所给予的答复),作出的吉凶判断。往往获得的是一个吉凶并存的答案:吉,简文称作"占之恒贞吉";凶,有殃咎。

为了解除近期的忧患或病痛,就需要向鬼神陈说告求以祈福,于是就有了第二次占问。第二次占问分两个步骤进行:

1. 命辞

也就是将第一次占卜所获知的殃咎(即由兆纹或卦画所预示的,近期就要发生的灾患与不利），告诉鬼神，许诺将以适当的方式，或祈祷（简文称作罷祷、举祷、赛祷等），或禳祭（简文称作攻说、攻解、攻除等），或二者兼施以敬祀鬼神，请求鬼神去祸消灾、保佑赐福，并帮助达成美好愿望。

　　2. 占辞

　　占辞是根据说辞所涉内容再次卜、筮之后，依鬼神的指示（即兆象或卦画所示）而作出的吉凶判断。

　　从已知的简文资料看，第二次占问的结果无一例外全部是吉。如果第一次占问的结果是吉无凶，那么就不再进行第二次问说之占。简文谓之曰："××（占人名）占之，吉，无咎、无说。"可见在一次占卜活动中，第二次占问实施与否，与第一次占问结果的好坏直接相关。

　　楚人的占卜记录不仅包含尚在拟议之中的祷祠与禳除，而且还附录已经实施的祷祠活动。这从一个侧面告诉我们，楚人祭祀必先行占卜，获吉之后方可择日行祭，这两项活动结束之后均须记录在册以为备案。

　　楚人的占卜类简文还涉及"习占"的一些问题。此处的"习"意为重复或再次。李零先生认为楚简中占卜之辞分为两种，一种记年月日，是对某事的第一次占卜，叫"初占"。另一种不记年月日，直接以"某某习之"开头，是同一日对同一事的重复占卜，叫"习占"。两者是一个整体，"习占"不记时间，是承上省略。"习占"见于包山占卜类简文一例，见于望山占卜类简文二例。由内容完整的包山简文看，"习占"记录除了不记占卜时间，自称"习之"外，行文格式与其他占卜记录相同。由包山 223 号简内容来看，其格式为：

　　第一次占卜。包括：

　　1. 前辞

　　××（贞人名）习之以××（占筮工具），为××（墓主名）贞。

　　2. 命辞

　　问病情如何。

第二次占卜。包括：

1. 命辞

与××（所承占的贞人名）之夺。

2. 占辞

××（贞人名）占之曰：吉。

关于占卜的周期，简文中常用"自××之月以就××之月"，"尽卒岁"来表示卜问的时间范围，说明当时的占卜往往是以一年为周期，并且上一年的占卜记录和下一年的占卜记录是连在一起的，可以相互对照。

"就"，从文意看应是表示到达。此字也见于鄂君启节，辞例作"自鄂市就"某地，同样是表示从某地到达某地。"卒岁"，"卒"可训终、训尽，是满一岁的意思。简文亦作"集岁"。"集"可训合，是同样的意思。

另外，包山简中还有"期中"一词，是表示所问时段之内，与上"自××之月以就××之月"的概念相应，都是指占卜当月与来年此月之间。如包山简 221 是属于"爨月"的占卜，后面说"爨月期中尚毋有恙"，即应理解为今年与明年两个"爨月"之间是否有恙，而不是指当月之内是否有恙。

二、楚国的悼氏

出土楚文献中的许多姓氏写法特殊，如"卲""恕"二氏，楚简发现之前人们无法确认其为何姓氏，随着望山、包山、新蔡等几批楚简的陆续公布，楚昭王之"昭"作"卲"、楚悼王之"悼"作"恕"，二者即传世文献记载的"昭"氏与"悼"二氏则一目了然，且二氏分别为昭王、悼王之后，其来源也很清楚。

望山一号墓出土竹简中屡屡出现"恕"字，对于此字的解释，学术界此前曾有两种不同的看法，或释"昭"，并认为墓主"恕固"即文献之"昭滑"；或据简文恕固祖先中柬大王、圣王、恕王三个楚王的次序，推测"恕王"当是悼王,"恩固"当作"悼固",为楚悼王之后。结合鄂君启节和包山简中卲、恩二字并见而不混同,"卲"又确为"昭"的材料分析,"恩"应以释"悼"为是。

悼氏为楚悼王之后,以先王谥为氏,出土楚文献中氏悼者有:悼滑(包山简226、228、230、232、234、236、239、242、245、247)、悼固(望山一号墓简1、2、9、10、13、14、15、18、20、21、29、36)、悼哲王之恨(夕阳坡简2)、悼糚(鄂君启节;《殷周金文集成》12110—12113)、悼鼻(《古玺汇编》2555)等。

传世文献中亦见有悼氏,但悼氏之氏称用字不如昭氏那样固定。恩氏之恩在传世文献上写法颇多,有卓、淖、召、昭、邵等。《战国策》楚将"淖齿",《史记·田单列传》《集解》引徐广曰"多作'悼齿'",《吕氏春秋·正名》作"卓齿"。悼滑在包山简牍中作:恩髓(简226)、恩骰(简267)、郣愲(包山牍1),此人在《战国策》中作"卓滑""淖滑",《史记·甘茂列传》作"召滑",《韩非子·内储说下》作"邵滑"。《路史·后纪八》言"淖"为"楚公族",此"淖"即悼氏。

悼氏虽为悼王之后,但势力和地位明显逊于景氏、昭氏等王族。悼王诸子中,除熊臧继承王位(肃王)外,"别子"不算繁盛,所知者大约有望山简中所见东宅公、莪陵君等。就悼固一支来看,东宅公只是地方行政官员,悼固之父径称王孙枭,无官无爵。至于悼固,尽管能够"出入侍王",但仍为是否有爵位而忧心忡忡,发掘报告将其定作下大夫,身份显然低于新蔡葛陵简的坪夜君成和包山简的卲坨。江陵望山一号墓的年代在战国中期的楚威王时期或楚怀王前期,或根据历法推定在公元前331年左右,那么墓主悼固就主要活动于楚威王时期。但悼固的寿命不长,大约不到30岁就病故了。

与悼固大约同时者有集尹悼糚,见于鄂君启舟节、车节。大司马昭阳败晋师于襄陵之岁的次年,他奉威王之命,连同裁尹逆、裁骹(令)阢为鄂君启的商队铸造通关"金节"。悼糚担任中央部门的重要职位,地位和职权明显比悼固要高。

悼固之后,楚怀王时期有悼滑。据包山简记载,悼滑曾官居大司马,这是史书没有记载的。悼滑有复燕、灭越之功,在当时名气很大。悼滑是出自悼氏家族最有名望的人物,他不大可能是悼固的后代,而应该属于政治地位显著的悼氏大宗。从活动时间上看,悼滑较之悼固、悼糈要晚一代。

悼滑之后,襄王时期有大臣悼齿。据史书记载,公元前 284 年燕乐毅伐齐,长驱直入,唯莒、即墨两城久攻不下。失去民心的齐湣王奔莒后,悼齿杀湣王以保莒城。因此,悼齿不久后被王孙贾刺杀。关于悼齿的身份,唐人张守节说:“淖齿,楚人,齐湣王臣。”宋鲍彪亦云:“淖齿,楚将,楚使救齐,因相之。”所以悼齿是出自悼氏宗族的楚人,应无疑问。

三、楚文字中的“家(豪)”与“室(窒)”

楚文字的“家”皆记写作“豪”,亦见楚金文,如楚公家钟(《殷周金文集成》42—45),楚玺(《古玺汇编》3758)等,与他系文字写法有别。

朱德熙先生曾根据望山简“保豪”与“保窒”都作卜筮工具名,认为“豪”与“窒”为一字的异体。从现有资料来看,楚文字的“豪”都是当作“家”字来使用的,学者认为其字就是“家”字的异体,所从“爪”是赘加的羡符。

望山一号墓竹简记载的卜筮工具有“怆豪(家)”“相豪(家)”,其他楚墓卜筮简中性质相似的卜筮工具尚有“大保豪(家)”(新蔡简乙二 27)、“新保豪(家)”(天星观简)、“承豪(家)”(天星观简)、“承国”(新蔡简乙四141)、“承德”(包山简 209 和新蔡简乙四 49)、“新承德”(新蔡简甲三193)、“承命”(天星观简)、“新承命”(天星观简)、“共(恭)命”(包山简228、239)、“长保”(天星观简)、“长烈”(新蔡简甲三 235 - 1)、“新长烈”(天星观简)等,都是以吉语作卜筮工具的名称,从文例上并不能确定“保豪”和“保窒”一定是同一种卜筮工具。从“承家”“承国”以“家”“国”相对来看,“保豪”“保窒”可能是以“家”“室”相对的,则“窒”很可能是楚文字的

"室"字,"霎"是"室"字的异体,"霎"字所从的"爪"旁也应该是赘加的羡符。

【释文】

☑贞:走趣事王、大夫,[1]目(以)亓(其)未又(有)箍(爵)立(位),[2]尚速得事。[3]占之:吉,牁(将)得事☑[4]【22】

☑未又(有)箍(爵)立(位),尚速得事。占之:吉,牁(将)得事,少(小)又(有)【23】傻(慼)于躬身与宫室,[5]又(有)敚(祟)。[6]目(以)亓(其)古(故)祝(说)之,[7]□□□☑【24】

☑顕(夏)得事。[8]□☑【25】

☑□占之:吉,旮(几)审(中)又(有)憙(喜)于志☑[9]【26】

☑憙(喜)于事☑【27】

☑志事,[10]目(以)亓(其)古(故)敚(说)之。亯(享)遟(归)繡(佩)玉一环槷大王。[11]糶(举)祷宫行,[12]一白犬,[13]酉(酒)飤(食)【28】

☑恕(悼)固贞:出内(入)寺(侍)王,自[郢(荆)]☑【29】

☑目(以)邉(就)集葳(岁)之郢(荆)[14]【30】

☑内(入)時(侍)【31】

王,自郢(荆)屏(夷)目(以)☑[15]【32】

【注释】

[1]走趣,整理者读作"走趋"。"走趋"犹"趋走",奔走服役义。(武汉大学简帛研究中心、湖北省文物考古研究所、黄冈市博物馆2019)

[2]箍立,整理者:"雀""爵"古通。"箍立"读为"爵位"。

[3]速,"遱"亦作"遱",简文屡见。字从辵,朱声,疑"速"之异文。(何琳仪1998)

得事，整理者：得到职事。"事"也可能当读为"仕"。

[4] 牆，整理者："酱"字古文，简文借为将且之"将"。

[5] 僾，为"僾"字异体，读为"慽"。（李守奎 2003）上博竹书《容成氏》28 号简、《三德》1 号简的"宿"字与此字上部相同，《民之父母》8 号简的"夙"字所从亦然，当可释为从"宿"得声之字，读为"慽"。（武汉大学简帛研究中心、湖北省文物考古研究所、黄冈市博物馆 2019）

躬身，简文作"窮＝"。用为"窮身"，读为"躬身"。"躬身"即身体。（李零 1993）一说躬、身均有自我一类含义。"躬身"可能是指"我的身体"，也可能只是指"我"。由于占辞所云"志事""爵位""王事""宫室"均属于身外之物，后一种可能性要大得多。（陈伟 1996）

宫室，《吕览·重己》"其为宫室台榭也"，注："宫，庙也。室，寝也。"（何琳仪 1998）一说或指家人。（王明钦 1989）

[6] 敓，整理者：此简"敓""祝"二字位置互易，"敓"当如彼之"祝"，读为"祟"。一说"有祝""有祝见"，犹言有祸咎之征象出现。（曾宪通 1993）或说古人往往认为疾病与祟有关，因而发病时有卜祟之举。如《左传·哀公六年》记："昭王有疾，卜曰：'河为祟。'"简书所见正与这些记载类似。（陈伟 1996）

[7] 古，整理者：当读为"故"。《左传·昭公二十五年》"昭伯问家故"，杜注："故，事也。"字亦见于包山简。一说故是"事"，即指占辞中所显示的不顺、忧患或凶祟之事。（邴尚白 1999）

祝，读为"说"，即《周礼·春官·大祝》"六曰说"之"说"。此简"敓""祝"二字位置互易，二字皆从"兑"声，故可互易。一说与"说"同音，是贞问过程中必不可少的一个步骤。一般认为是祭祀之名，是为了解除忧患而进行的祭祷，是有关各种祭祀的统称，并不是专指某一种祭祀。"说"既有举行祭祷之意，同时还含有祈求鬼神、祖先之意，有专门的祝人司其事。（彭浩 1991A）或说"以其故说之"的意思是：把占辞所说的那种将会发生的灾祸之事向鬼神祈说。"占之吉"以下之辞，大意是说：此卦吉利，将能得到职事，但身体与宫室小有可忧之事，有鬼神作祟，应将其事向鬼神陈说，以求解脱。（李家浩 1997）或说凡经占卜而得知有鬼神作祟（所谓神祸），即以"说"祈祷鬼神降福免灾。"说"的具体操作方式，或攻解，或罷祷、举祷、赛祷，且多用牲。若无鬼神作祟，则无"说"。（刘信芳 2003）

[8] 頢，上部稍残，整理者释出左下"止"旁。隶作"頢"。（张光裕、袁国华 2004）即"夏"字。（武汉大学简帛研究中心、湖北省文物考古研究所、黄冈市博物馆 2019）

[9] 旨，释为"几"，训作"期"。（裘锡圭 2006）

惪，亦见于包山简。借作喜。（湖北省荆沙铁路考古队 1991A）一说读为"禧"，福也。睡虎地秦简《日书》乙种"其后有惪"，惪字读法与此相同。（刘钊 1998）

[10] 志事，亦见于包山简。"志"指企望获得爵位，"事"指侍奉楚王。（彭浩 1991B）一说"志事"应指"所志之事"，就是心中的愿望。（周凤五 1993）

[11] 亯，读为"享"。《国语·楚语》："夫人作享，家为巫史。"韦昭注："享，祀也。"（刘信芳 2003）包山 237 简有"享祭"，楚帛书丙篇有"享祀"。（武汉大学简帛研究中心、湖北省文物考古研究所、黄冈市博物馆 2019）

遑，"归"字异体。"归"有馈送义。

繡，读为"佩"。《诗·秦风·终南》："佩玉将将，寿考不忘。"《礼记·玉藻》："古之君子必佩玉……行则鸣佩玉。"（武汉大学简帛研究中心、湖北省文物考古研究所、黄冈市博物馆 2019）

[12] 宫行，整理者：当指所居宫室的道路。一说属于古人祭"行"的风俗。"行"为"𢓜"之省。"宫行"亦见于包山简。（商承祚 1995）或说行，路神。"宫行"应指行神入于宫者，有如地主在宫为"宫地主"。（刘信芳 2003）

[13] 白犬，亦见于包山简。白狗。《史记·封禅书》："磔狗邑四门，以御蛊灾。"索隐案："《左传》云：'皿虫为蛊'，枭磔之鬼亦为蛊。故《月令》

云'大傩,旁磔',注云'磔,禳也,厉害为蛊,将出害人,旁磔于四方之门'。故此亦磔狗邑四门也。《风俗通》云'杀犬磔禳也'。"(湖北省荆沙铁路考古队 1991A)

[14] 就,李零释,是"到"的意思。(李零 1996)

集岁,整理者:当读为"匝岁",犹言"周岁"。《淮南子·诠言》:"以数杂之寿,忧天下之乱。"注:"杂,币(匝)也。人生子,从子至亥为一币(匝)。""集岁"亦见于包山简。一说萃岁、集岁皆指满一年的一段时间。这一段时间往往跨两个历法年度,萃集两个历法年度的一段岁月为一年。(刘信芳 2003)或说就新蔡简而言,无论是常规性卜筮简还是非常规性卜筮简,"卒岁"都是指从占卜所在月份到岁末这段时间,而"集岁"是指从占卜所在月到次年同一月份;前者是想贞问本年剩余时间内的吉凶,后者是想贞问未来一年时间内的吉凶。二者词义判然有别,用法也畛域分明。(宋华强 2005)

整理者:以上二残简,从文义、字体看似当为一简的断片,但断处不连。从文义、字体看,29、30 号两简与 7 号简也可能本属一简,7 号简与 29 号简之间缺一"为"字。

[15] 整理者:以上二残简,31 号为简尾,32 号为简首,从文义、字体看,似当相接。31 号与 6 号简也可能是一简的断片。

【译文】

▨贞问:为楚王、大夫奔走效劳,因为还没有得到爵位,希望快一点得到职事。占辞说:吉利,将得到职事▨【22】

▨没有得到爵位,希望快一点得到职事。占辞说:吉利,将得到职事,身体和宫室有小小的忧戚,有鬼神作祟,将其事向鬼神祈说,□□□▨【23+24】

▨夏得到职事。□□【25】。

▨□占辞说:吉利,一年之内会有高兴的心情▨【26】

　　☑喜于事☑【27】

　　☑心中的愿望,将其事向鬼神祈说。享祭时进献佩玉一环给简王。举祷宫行,用一只白色的狗、酒食作祭品【28】

　　☑悼固贞问:出入宫廷侍奉楚王,从荆夷月☑【29】

　　☑到一整年之后的荆【30】

　　☑出入宫廷侍奉【31】

　　王,从荆夷月到☑〔14〕【32】

【延展阅读】

一、楚人卜筮的主要内容

　　楚人卜筮的内容繁多,望山简中的卜筮内容大体分为三类:一是问走趋事王、大夫,能否得事;二是问出入侍王是否顺利;三是问疾病的吉凶(这一类内容数量最多)。天星观楚简也主要包括三类卜筮内容,一是贞问"侍王"是否顺利;二是贞问忧患、疾病的吉凶;三是贞问迁居新宅是否顺利,前途如何等。包山楚简整理小组认为包山楚简中的卜筮简也可以分为三类:出入宫廷侍王是否顺利、何时获得爵位、疾病吉凶。

　　因为每个学者研究分析的角度不同,所以在具体划定分类时的标准也会因人而异。陈伟先生将包山楚简中的卜筮简划分为岁贞与疾病贞这两种类型,有时他又将上述两类称为"常规性贞问"和"非常规性贞问"。前者"卜筮的目的是寻求某个时间范围之内的休咎",后者"都是因事而贞,出于某种即时的特别需要"。邴尚白先生在其硕士论文中将楚简的贞问类型分为"周期贞问"及"遇事贞问"两大类,前者包括"岁贞""月贞"等,后者则有"疾病贞""迁居贞"等。其后他又在有关新蔡葛陵楚简的博士论文中对此说进行了修正,认为"周期贞问"之名并不恰当,陈伟先生的"常规性贞问"也不很适切,这种以时为主,泛问一段时间内吉凶的卜筮,或许可以叫作"时段贞问"。宋华强先生则根据内容将卜筮简分为岁熟贞、居郢见王贞、逾取禀贞、疾病贞、祈福贞等五类。

　　大致而言,卜筮内容主要包括疾病情况,出入、居处是否顺利,侍王是否顺利,有无忧咎等。其中对疾病情况的贞问在出土楚简卜筮材料中涉及最多。在先秦时期,面对突如其来的疾病,在医疗技术欠缺、传统疾病观念的影响下,病者身体状况的不适、疼痛促使其通过卜筮了解自己病痛的来源、病痛是否可以消除以及如何消除、是否有生命危险等问题。涉及疾病的楚简主要有包山楚简、望山楚简、新蔡葛陵楚简、天星观楚简等。此外,上海博物馆藏楚竹书中也包含一些关于疾病的资料。在出土楚简中,疾病贞问虽然最多,但在具体的贞问筮占中所涉及的内容是不一样的。在具体的贞问中,贞人涉及的问题主要有对病情发展的担忧、是否有鬼神作祟以及疾病是否影响生死等几个方面。

二、用作"爵位"讲的"雀"

　　"雀",《说文》:"依人小鸟也。从小隹。读与爵同。"段玉裁注:"今俗云麻雀者是也。其色褐。其鸣节节足足。礼器象之曰爵。爵与雀同音。后人因书小鸟之字为爵矣。"在楚文字中,"雀"记录的是"爵"这个词,而非表示我们现在所熟悉的"麻雀"义。

　　"雀"在楚文字中又有"雀""箻""箻"等几种异体。如郭店简《鲁穆公问子思》简6—7:"夫为亓(其)君之古(故)杀亓(其)身者,交(効)录(禄)雀(爵)者也。"郭店简《鲁穆公问子思》简7:"[再(稱)亓(其)君]之亞(惡)[者,遠]录(禄)箻(爵)者[也]。"望山一号墓简22:"㠯(以)亓(其)未又(有)箻(爵)立(位),尚速得事。"这里的"雀""箻""箻"都读作"爵位"的"爵"。

　　从上古音上说,"雀""爵"都属于精纽药部,二者音近可通。"雀"上部所从的"少"在楚文字中大多情况下读为"小",所以"雀"应该是个会意兼形声字,"小"既表音又表义。从目前出土的楚系文字资料来看,楚系文字中已经确定为"爵"的字几乎都是写作"雀",只有少数例外,如上博简一

《缁衣》简 15：“古（故）上不可昌（以）埶（亵）型（刑）而翌（轻）夅（爵）。”简文用“夅”表示“爵”。“雀”也只在少数情况下不用为“爵”，如郭店简《太一生水》简 9：“天道贵氮（弱），雀成者，吕（以）嗌（益）生者。”裘锡圭先生疑“雀”在这里读为“削”。

为什么楚文字中要用“雀”来记录“爵位”的“爵”？可能不仅因为“雀”与“爵”音相近，也因为形相近，《博古图·总说》：“爵则又取其雀之象。盖爵之字通于雀。雀，小者之道，下顺而上逆也。俯而啄，仰而四顾，其虑患也深。今考诸爵，前若啇，后若尾，足修而锐，形若戈然，两柱为耳。”河南辉县出土的斗形爵、山东滕州薛国故城遗址出土斗形爵及故宫所藏斗形爵都作雀鸟形，特别是后两者有鸟首、鸟翼、鸟尾而以斗形为鸟身，整体器形确如一只展翅的雀鸟。楚人或许是在此基础之上形成了自己特殊的用字习惯。

三、“旮”之释读

战国楚简中屡见“旮”字，除了有时用为人名或借为“几”字外，这个字的意义大都可以理解为“期”，如楚卜筮简中屡见的“旮中”之语，望山一号墓 26 号简“☒☒占之：吉，旮中有喜于志☒”，包山 198 号简“占之：甚吉，旮中有喜”，包山 221 号简“爨月旮中尚毋有恙”，天星观 13－3 号简“占之：吉，集岁旮中有喜”，天星观 23 号简“占之：吉，旮中将有志事喜”等。

包山楚墓所出司法文书中有一组“受旮”简，如 22 号简：“八月己巳之日，邓（郢）司马之州加公李瑞、里公隋得受旮，辛未之日不察陈宝頵之伤之故以告，阱门有败。罗悝。”“受旮”之义，陈伟先生认为“指接到时间约定”。上引简文大意是说如果李瑞、隋得两人到约定的辛未之日还不能弄清陈宝頵受伤的情况而上报，就要受处罚。“受旮”之“旮”在此指约定的辛未这一日期。

楚简中的“旮”字，除了可以理解为“期”的用法，还有通“几”的用法。包山楚简中表示几案之"几"的字，既有"几（一凭几）"，也有"凥（一房凥）"。这种"凥"字是假借为"几"的。信阳楚简的"一房椇"，就是望山楚简的"一房机"。"椇"就是"机"的异体，"机"是表示"几"字本义的加旁字。

四、"遉"之释读

望山一号墓 30 号简、34 号简有"遉"字，此字从辵，臱声。"臱"在甲骨文、金文中多见。在鄂君启节中亦多次出现"臱"及从"臱"之字，作"𩰬""𩰮"。关于此字的释读，学界此前说法不一，后来李零先生指出"𩰬"其实就是"就"字。何琳仪先生对"𩰬"字的形体结构做了独到的分析，认为"𩰬"可以分解为"亯"和"京"两部分，"亯"旁和"京"旁合用笔画，隶定为"臱"，其分析令人信服。

在金文中常见"申臱乃命"一语，如三年师兑簋（《殷周金文集成》4318.2）、师嫠簋（《殷周金文集成》4324.1）、牧簋（《殷周金文集成》4343.2）、师克盨（《殷周金文集成》4467.2）等，"臱"作"𣪁""𣪂"之形。朱德熙先生说此形和《说文》籀文"就"作"𥨆"，《古文四声韵》引《古孝经》"戚"作"𢜫""𨖷"、引《义云章》"戚"作"𨓫""𠣫"，《汗简》引《碧落文》"戚"作"𨔶""𨔱"并三体石经"戚"作"𨔺"相同，传抄古文的这些字可隶定作"遉"，都应释作"就"，假借为"戚"。"就"之上古音属从纽觉部，"戚"属清纽觉部，二字古音可通，如《孟子·公孙丑上》"曾西蹵然曰"，汲古阁本"蹵"作"蹙"。所以，上面金文中的"臱"应该释为"就"。1980 年陕西出土史惠鼎有铭文作"日𣪁月将"，"𣪁"可隶定作"遉"，此句正是《诗·周颂·敬之》的"日就月将"。这样，"臱"释为"就"也就没有什么问题了。

后来陆续发表的郭店简、上博简、包山简，都可以证明"臱"释"就"之说是正确的。郭店简《五行》13 号简"恩（温）则兑（说），兑（说）则臱，臱则新（亲）"，21 号简"不夑（变）不兑（悦），不兑（悦）不臱，不臱不新（亲）"。马王堆帛书《五行》相对应的文字作："不臀不悦，不悦不臱，不臱不亲。"郭店简《五行》32＋33 号简："审（中）心兑（说）蕫（焉），睪（迁）【32】于兄弟，蕫也，蕫而信之，新（亲）〖也〗。"马王堆帛书《五行》作："中心悦焉，迁于兄弟，戚也。〖戚〗而信之，亲〖也〗。"《五行》的这三处"蕫"都是假"蕫（就）"为"戚"。上博简三《周易》47 号简："九晶（三）：征凶，革言晶（三）敫（就），又（有）孚。"今本《周易·革卦》作："征凶。贞厉。革言三就，有孚。"由此可见，"蕫"释为"就"是可以确定的。

"蕫"和从"蕫"之字在楚竹简里多次出现，除望山简外，另如包山 226 号简："自夏屎之月以蕫（就）集岁之夏屎之月，尽集岁，躬身尚毋有咎?"郭店简《六德》1＋2 号简："圣与智蕫（就）矣，【1】仁与义蕫（就）矣，忠与信蕫（就）〖矣〗。"郭店简《六德》48 号简："此亲邉（戚）远近，唯其人所在。"上博简四《曹沫之陈》43＋44 号简："其去之【43】不速，其邉（就）之不迫。"上博简六《平王问郑寿》1 号简："景平王蕫（就）郑寿，讯之于宗庙。""蕫"均应释为"就"。

【释文】

☑夏（荆）屎（夷）吕（以）☑【33】

☑邉（就）集哉（岁）之[1]【34】

☑〖固〗贞：丞（恒）贞〖吉〗。☑【35】

☑为悤（悼）固贞：既心☑☑【36】

☑吕（以）不能飤（食），吕（以）心孚（闷），吕（以）歓，脑（胸）臘（胁）疾，[2]尚☑【37】

☑吕（以）心悤（闷），不能飤（食），吕（以）聚（骤）歓，[3]足骨疾[4]☑【38】

☑聚（骤）歓，足骨疾，尚毋死。[5]占之：丞（恒）贞吉，不〖死〗☑【39】

☑吕（以）瘇（痤），尚毋吕（以）亓（其）古（故）又（有）大咎。占之：丞（恒）贞☑【40】

☑首疾，尚毋☑【41】

☑首疾☑【42】

☑既仓（寒）然（热）㠯（以）☑[6]【43】

☑速瘥（瘥），[7]毋㠯（以）亓（其）古（故）又（有）咎。占之【44】

死（恒）贞吉，疾少远（迟）瘥（瘥），[8]又（有）☑【45】

☑尚毋又（有）咎。[9]占☑【46】

☑[毋]死。占之☑【47】

☑死。占之☑【48】

☑[死（恒）]贞吉，又（有）见祝（祟），[10]㠯（以）亓（其）古（故）敓（说）之☑【49】

☑懪（续），[11]又（有）见祝（祟），宜祷☑☑[12]【50】

☑不得福，[13]毋㠯（以）亓（其）古（故）敓（说）☑【51】

☑☑之，速因亓（其）禽祷之。[14]速瘥（瘥），赛☑[15]【52】

☑贞吉，不为☑☑☑【53】

【注释】

[1] 整理者：以上二残简疑亦同简的断片，断处不能密合，但其间似无缺字。34号简"之"字下可补出"畓屎"二字。此二简与14号简也可能本属一简。

[2] 胸胁疾，整理者：指胸胁处有疾病。一说释为"肎膌""脑膌"，肎从"肉"，"凶"声，为胸的省文。《集韵》："匈，《说文》膺也。或作肎、胸。"简中"肎膌"疑读为"胸胁"。《管子·禁藏》："禁藏于胸胁之内。"（何琳仪1998）

[3] 聚，整理者：读为"骤"。《小尔雅·广言》："骤，数也。""骤歉"与17号简"善歉"意近。

[4] 足骨疾，当指足骨痛或足骨痹之类疾患。（张光裕、陈伟武2006）

　　〔5〕毋死，整理者：古人占卜疾病吉凶之辞，常言"无（毋）死""不死"，见《史记·龟策列传》。

　　〔6〕仓，读作"寒"。"仓然"应视为"寒热"二字。在楚系文字里，"苍然"是表示"寒热"的习惯词，见于郭店《太一生水》等简帛材料。简文"寒热"指人的一种症状，中医学称作"恶寒发热"，为体气不调所致。（刘国胜2000）

　　〔7〕癘，整理者：从"疒"，"虘"声，简文屡见。"虘"从"虍"声，"虍""差"古音相近。简文"癘"字应即"瘥"之异体。《说文》："瘥，愈也。"一说与"疽"同从"且"得声之字多有停止、消失之义。楚简表示病愈用"疽"字，等于说病往、病止。适足以补文献之缺，不必破读为"瘥"。（陈伟武1997）

　　〔8〕少，读作"稍"。（何琳仪1998）

　　迟，即《说文》中"迟"字或体。

　　〔9〕咎，字亦见于包山简。《说文》："灾也。"（湖北省荆沙铁路考古队1991A）

　　〔10〕见，意思可能是指卜兆所显现，或可以读为"现"。（董珊2007）

　　〔11〕憒，新蔡简甲一·22云："疾一续一已，至九月有良间。"这种词句中与"一"相连的两个字，都是正好相反或者相对的概念。如果"已"指疾病终止的话，与之对应的这个词最有可能表达的意思是病情持续，而不是病况加重。楚简中的这个字恐怕应读作同样从"賣"得声的"续"字，为延续之义。（陈伟2006）

　　〔12〕宜祷，当是举行宜祭仪式而祷告于社神的祷名。宜，祭名。《礼记·王制》："天子将出，类乎上帝，宜乎社，造乎祢。"注："类、宜、造，皆祭名，其礼亡。"《书·泰誓》："类于上帝，宜于冢土。"注："祭社曰宜。冢土，社也。"（商承祚1995）

　　〔13〕得，整理者释为"见"，张光裕、袁国华改释。"不得福"一语，亦见于《墨子·公孟》《大戴礼记·虞戴德》。《尉缭子·战威》有"得福"语。

（袁国华 2003A，张光裕、袁国华 2004）

[14] 因，依仍义。（武汉大学简帛研究中心、湖北省文物考古研究所、黄冈市博物馆 2019）

禽，整理者释为"胸"。一说释作"膺"，为"禽"增"肉"旁而成，当是禽兽之"禽"的专造字。字或省作"肣"，见《容成氏》16，或因声符"今"繁化而作"脍"，见望山 1-125，俱为禽兽字。（陈斯鹏 2007）或说此字从"今"作，与上海博物馆藏战国竹书《容成氏》5 号简、《周易》8 号简类似，当是"禽"字。似当读为"含"。《法言·孝至》"子有含菽缊絮"，李轨注："含，食也。"简文指祭品。包山 222 号简云"殇因其常生（牲）"，可参看。（武汉大学简帛研究中心、湖北省文物考古研究所、黄冈市博物馆 2019）

[15] 整理者：以上二残简似可拼接，"毋以其故攼之"连为一句读。因 52 号残简上端残存的半个字的笔画模糊不清，故仍分列二号，未加缀合。

【译文】

☑荆夷月☑【33】

☑到一整年之后【34】

☑固贞问：恒贞吉。☑【35】

☑为悼固贞问：既心☑☑【36】

☑不能吃东西，心里烦闷，呕吐，胸胁有病症，希望☑【37】

☑心里烦闷，吃不下东西，频繁呕吐，脚骨头有病症☑【38】

☑频繁呕吐，脚骨头有病症，希望不会死。占辞说：恒贞吉，不会死☑【39】

☑得了痛病，希望不会因为这些事带来大的灾咎。占辞说：恒贞吉☑【40】

☑头上有病症，希望不会☑【41】

☑头上有病症☑【42】

☑得了寒热病☑【43】

☑病快点好,不要因为这些事带来灾咎。占辞【44】

恒贞吉,疾病稍稍慢慢好起来,有☑【45】

☑希望没有灾咎。占☑【46】

☑不死。占辞☑【47】

☑死。占辞☑【48】

☑恒贞吉,卜兆显示有鬼神作祟,将其事向鬼神祈说☑【49】

☑病情持续,卜兆显示有鬼神作祟,宜祷□☑【50】

☑得不到福祐,不要将其事向鬼神祈说☑【51】

☑□之,快点按照原来的祭品祭祷。病快点好,酬谢☑【52】

☑贞吉,不为□□☑【53】

【延展阅读】

一、"恒贞吉"之解读

望山一号墓竹简中多次见到"丞(恒)贞吉"一语,如简 9"占之:丞(恒)[贞吉]☑",简 39"占之:丞(恒)贞吉,不死☑",简 45"丞(恒)贞吉,疾少迟(迟)瘥(瘥)",简 49"☑丞(恒)贞吉,又(有)见祝(祟)"等。"丞"读为"恒"。整理者说简文"占之"以下是占卦后判断吉凶之辞。《周易》爻辞有"永贞",高亨先生《周易古经今注》:"贞问长期之休咎谓之永贞。"恒贞当与永贞同义。

包山简亦多见此语。整理者指恒贞即永贞,贞问长期之休咎谓之永贞。邴尚白先生说"贞吉"就是正吉,与单言"贞"或"吉"大致相同。陈伟先生认为"恒"在此疑当用为"极",是"甚""最"一类的意思。极贞吉,犹言极正吉。颜世铉先生认为"恒贞吉"是个套语,是指能守正坚固不移就能得吉的意思,强调"恒其德"在卜筮过程中的重要,并不表示实际的占筮结果。

在楚简中"亘"与"亟"字形相近,"亘"在有些地方用为"亟",其原因可能是形近讹书。陈伟先生应该是最先认识到这一点的。包山简中"恒贞吉"一语按照陈伟先生等学者的意思,其中的"亘"似都应读为"极"。张峰先生对卜筮简中的"亘"进行了统计,发现有"亘""惪""昌"三种形体,总计六十九例,而用于文献中的"亘"形有六十多例,二者出现的数量差不多,但卜筮简中讹书的情况基本没有。张峰先生认为这也许能说明卜筮简中的"亘"就读本字,训"久也",跟"亟"没关系。

易学家关于《易经》中的"贞"字释义有许多争议,传统上常释"贞"为"正""守正"。但拿这样的意义去理解卦爻辞,有很多地方说不通。后来由于甲骨卜辞的影响,释"贞"为"卜问"的意见逐渐占了上风。一直到现在,很多注释《易经》的作品,仍是将全书中所有"贞"字释作"卜问"。而事实上,以"卜问"释"贞"字在经文中也有一些说不通的地方,如"永贞""可贞""不可贞"等就不好解释。有鉴于此,有些作品遂将经文中的"贞"字作两释,一是"卜问",二是"正""守正"。这种做法虽然增加了释义,但仍然不能将经文中的所有"贞"字解释通达,比方说"贞厉""贞凶"等。

王化平先生认为楚卜筮简中的"恒贞吉"一语,与"永贞吉"存在联系,且意义有重叠,但有细微的差别。从简文来看,贞人占断时常常开首就说"恒贞吉",然后再是更为具体的内容。接着是记录祭祀计划,最后又会请贞人占断。此次占卜后,贞人通常会直接说:"吉。"很显然,"恒贞吉"与"吉"是有区别的。如包山228+229号简:

大司马悼(淖)髓(滑)遲(将)楚邦之帀(师)徒吕(以)我(救)郙(巴)之戠(岁),酉层之月己卯之日,陈乙吕(以)共命为左尹𪡀贞:出内(入)埞(侍)王,自酉层之月吕(以)豪(就)集戠(岁)之酉层之月,聿(尽)集戠(岁),穿(躬)身尚毋又(有)咎?占之:惡(恒)贞吉,少(小)有慼(戚)于宫室,吕(以)亓(其)古(故)敚(说)之:罊(举)祷宫行一白犬、酉(酒)飤(食);由(使)攻叙(除)于宫室。五生占之曰:吉。

最后说的"吉"既是对祭祀方案的认可,也是对祭祀效果的预判。换言之,祭祀计划可视作是"吉"的前提条件。贞人说了"恒贞吉"之后,又说"小有戚于宫室",这看似是矛盾的,其实不然。因为"恒贞吉"一句其实也包含条件,并非无条件的"吉",这个条件就是"恒贞"。贞,正也。此"正"并非道德上的"正",而是礼仪上的"正"。在包山简的语境中,"正"实际上含有举行祭祀以避灾患的含义。日常求福禳灾,岁时祭祀鬼神,有灾患而祈,于古人而言,都是合乎礼仪的。遵礼而行,就相当于《孟子》所说"顺受其正,尽其道而死",所以可称为"贞"。至于"恒"字,就是时常、经常的意思。所谓"恒贞吉",其实就是常常正命而行则吉。

二、楚文字中的"仓"与"寒"

望山一号墓 43 号简"☐既仓(寒)然(热)已(以)☐","仓然"读为"寒热"。出土楚简中,多使用"仓"及从"仓"之字(如"沧""苍""怆"等)来表示"寒"这个词。如郭店简《太一生水》3 号简:"仓热复相辅也。"《老子》乙 15 号简:"燥胜苍,静胜然,清静为天下定。"今本《老子》作:"燥胜寒,静胜热,清静为天下定。"郭店简《缁衣》10 号简:"晋冬祁沧,小民亦唯日怨。"今本《缁衣》作:"资冬祁寒,小民亦唯曰怨。"上博简六《用曰》6 号简:"唇亡齿仓。"同典籍习语对照,应读为"唇亡齿寒"。

传世古书中也有以"沧"表"寒"义的用例,如《逸周书·周祝》:"天地之间有沧热,善用道者终不竭。"孔晁云:"沧,寒。"卢文弨云:"惠云:'《说文》滄从仌,仓声,寒也。《列子》:"日初出,滄滄凉凉。"'"《荀子·正名》:"疾、养、沧、热、滑、铍、轻、重以形体异。"杨倞注:"沧,寒也。"

楚简中何以会用"仓"及从"仓"之字表示"寒"义,对于这一现象,学者们有不同的看法:李零先生认为是因为在楚文字中"寒"与"仓"字形相近,疑属形近混用;冯胜君先生认为读为"寒"的"仓"和"苍"应该是"滄"或"沧"的假借字,这类现象属于"义同换读";禤健聪先生认为"仓"读为"寒"应该是楚系文字与他系文字的不同选择,"仓"是楚特色字,应归入"楚书秦读"之列;郭永秉先生认为属于"转写误释",即"仓"的写法一直比较稳定,没有"仓"字讹混作标准的"寒"形的,但是"寒"字却因为其自身的讹变,最终发展出一种跟"仓"基本同形的字形来。张峰先生总结分析各家之说,提出"仓"和"寒"有别,字形经过演变,在楚简中有的确实字形相近,存在"寒"讹书为"仓"的情况。众说纷纭,莫衷一是。

三、宜祷

望山一号墓 50 号简记有"宜祷",简文作:"☐憒(续),又(有)见祝(祟),宜祷☐☐。"商承祚先生认为宜祷是"举行宜祭仪式而祷告于社神的祷名"。其说大致可从,典籍中"宜"用作祭名,多与社有关。《尚书·泰誓》"宜于冢土",孔传:"祭社曰宜。冢土,社也。"孔疏引孙炎曰:"宜,求见福祐也。"又上引《王制》"宜乎社",孔颖达疏:"此巡行方事诛杀封割,应载社主也。云'宜'者,令诛伐得宜,亦随其宜而告也。……孙炎注云:'求便宜也。'是宜为祭名也。"可见经文注疏皆以"宜"为祭祀社神之专名,因社与诛伐、军旅密切相关,故而有求福祐、便宜之义。

另外,《大祝》云:"宜于社,……则前祝。"前祝,即"大祝居前,先以祝辞告之"。可见,宜社时大祝要先以祝辞告社神。从甲骨金文来看,殷商时代的宜祭与礼书中的宜祭判然有别,楚人的"宜祷"除受宜社之影响,还很可能继承了殷商遗风。

四、先秦时期楚地的医学

我们这里所说的医学是指中国传统医学,即"中医学"。中医学有自己独特的理论体系和诊疗方法,它不仅为中华民族的繁衍昌盛做出过巨大的贡献,而且已成为世界上与西医学互补的两大体系之一,并继续发展造福全人类。

楚地的医学源远流长,传说神农氏尝百草始有医药,而神农氏的故里据说就在今湖北随州。神农氏架木为梯、采尝百草之地,后人称为神农架,即在今湖北西部。东周以后,楚地医学逐渐成熟。楚人尚巫,虽然民间巫、医合一的现象比较严重,但王廷中似乎已经巫、医分职。《左传·襄公二十一年》记载,楚臣蒍子冯为了辞令尹一职,伪称有疾。楚康王有些疑惑,便"使医视之"。医者返回后就所诊断的情况报告说蒍子冯"瘠(瘦)则甚矣,而血气未动(指无病症)"。这位医者,应该是有别于巫者的专职医生。

传世文献对楚国诊断的疾病有所记载。《左传·庄公四年》记载楚武王因"心荡"而死,时在公元前 690 年。《左传·襄公三年》载楚共王时,大臣子重攻伐吴国,所获不如所失,自咎忧患,遇"心疾"而卒。至于楚惠王吞蛭致病的故事,更为中医界人士所熟知。这个故事见于贾谊的《新书》、刘向的《新序》、王充的《论衡》。故事大概说的是楚惠王食寒菹(凉酸菜)而见蛭(蚂蟥),既想维护法律的尊严,又不愿厨师、监食者被依法处死,便将蛭吞下,于是腹部出现病变而不能进食。令尹见惠王有不忍之德,知蛭入腹中必当死出,因再拜贺病不为伤。当晚,果然蛭随大便排出,连同"久患心腹之积(瘀血)皆愈"。这里既涉及楚人对此种误食症诊断的正确性,也表明楚人对"心腹之积"病的认识。

楚卜筮祭祷简中记载有大量表示病症及病情变化的词语。如望山简中表示病症的词有:

痤,指痈病,见于望山一号墓 9 号简"既痤,昌(以)悬(闷)心,不内(入)飤(食),尚毋为大盍(尤)",13 号简"既痤,昌(以)心瘇(脣)肰(然),不可昌(以)复,思(使)迁身皷(疲)",40 号简"□昌(以)痤,尚毋昌(以)亓(其)古(故)又(有)大咎"等。

心闷,见于望山一号墓 17 号简"既心悬(闷)昌(以)癀(塞),善欼□",37 号简"昌(以)心孛(闷),昌(以)欼",新蔡简中也有,如乙四 7"□昌(以)心瘅(闷),为集□",甲一 16"□心念(闷),采(卒)戢(岁)或至顕(夏)"等。

不入食、不能食,见于望山一号墓 9 号简"不内(入)飤(食)",37 号简"□昌(以)不能飤(食)",包山简有"不甘食",如 239 号简"不甘飤(食)"。

胸胁疾,见于望山一号墓 37 号简"脑(胸)膌(胁)疾",又见于荆州唐维寺简 1"以其有肩、背、捭(臂)、抚、胸胁疾"等。

此外还有癃(塞)、欨、足骨疾、首疾等。

表示病情变化的词有：

瘇(续)，指病情会有所发展持续，见于望山一号墓 50 号简"☐ 慣
(续)，又(有)见祝(祟)，宜祷☐☐"，62 号简"☐☐又(有)瘇(续)，迡(迟)
瘋(瘥)，吕(以)亓(其)古(故)敚(说)之。睾(举)☐"，65 号简"☐瘋(瘥)，
又(有)瘇(续)☐"，新蔡简甲一 22"疾翟(一)瘇(续)翟(一)已"，甲三 58
"☐午之日尚毋瘇(续)"，乙三 39"疾迬(迟)瘋(瘥)，又(有)瘇(续)"，包山
240 号简"又(有)瘇(续)，递瘋(瘥)"等。

瘋(瘥)，指病愈，见于望山一号墓 44 号简"☐速瘋(瘥)，毋吕(以)亓
(其)古(故)又(有)咎"，45 号简"丕(恒)贞吉，疾少迡(迟)瘋(瘥)"，包山
236 号简"旧(久)不瘋(瘥)，尚速瘋(瘥)，毋又(有)祟？占之：丕(恒)贞
吉，疾难瘋(瘥)"，新蔡甲三 160"未聿(尽)八月疾必瘋(瘥)"，乙二 3、4：
"疾速敓(损)，少(小)迡(迟)恚(解)瘋(瘥)"等。

痐(间)，指病情好转，见于望山一号墓 66 号简"酉(丙)、丁又(有)痐
(间)"，67 号简"☐己未又(有)痐(间)"，70 号简"☐冶(始)痐(间)"，包山
220 号简"庚辛又(有)痐(间)"等。

此外望山简、天星观简和新蔡简还有"瘳"，应指病愈。包山简还有
"疠(病)窔"的说法，"窔"可能是指病情加重。

尽管楚人在生病期间向鬼神卜筮祭祷的现象相当普遍，但应是在就
医期间或已无法治愈后才出现的。如《左传·哀公六年》载楚昭王率军救
援陈国，有疾(腹心之疾)，卜者说"河(黄河)为祟"，周太史说"可移(病)于
令尹、司马"。昭王说既不是黄河作祟，腹心之疾也不能移于大臣，遂卒于
救陈途中。这些现象显然应是在医生无法治愈的情况下出现的，并非生
病后全用巫卜祭祷。

随着医疗经验的积累，楚人对药物的认识也更加丰富起来。如《左
传·宣公十二年》载楚人用麦麴、山鞠穷(川芎)治疗"河鱼腹疾(借指腹

泻)"。又如楚人对兰花药用价值的利用也是很突出的。其中佩兰、泽兰具有药用价值,佩兰味辛、性平,化湿开胃;泽兰味苦,性微温,活血破瘀,通经行水。从屈赋得见,楚人不仅采自野生,而且还专门种植它;不仅经常佩戴,而且还用以辅助制作蒸肴和沐浴。《九歌·东皇太一》:"蕙肴蒸兮兰藉。"《云中君》:"浴兰汤兮沐芳。"这两种用途,除了借用其香味之久,前者的运用,可使蒸肴成为药膳,后者则具有保健作用。

【释文】

☑吉,不死,又(有)祱(祟),呂(以)亓(其)古(故)敓(说)之。遱(举)祷大,[1]甫(佩)玉一环。[2]侯(后)土、司命,[3]各一少(小)环。大水,[4]备(佩)玉一环。鄙(归)鼢(豹)【54】

☑吉。祂(太),一䍧。句(后)土、司命,各一羖(殺)。[5]大水☑【55A】

☑一环。[6]罍(举)祷于二天[子]☑[7]【55B】

☑罍(举)祷于祂(太),一环。句(后)土、司[命]☑[8]【56】

☑吉,不☑【57】

☑死,又(有)☑[9]【58】

吉,不死☑【59】

☑不死,又(有)敓(祟),[10]□☑【60】

☑无大咎,疾屖(迟)瘝(瘥),又(有)祱(祟),呂(以)亓(其)古(故)敓(说)之,赛祷☑[11]【61】

☑□又(有)䝸(续),[12]屖(迟)瘝(瘥),呂(以)亓(其)古(故)敓(说)之。罍(举)☑【62】

☑少屖(迟)瘝(瘥),呂(以)亓(其)古(故)敓(说)之。畀鄙(归)鼢(豹)之祱(说),[13]遱(举)☑【63】

☑屖(迟)瘝(瘥)☑【64】

　　☐癀(瘥)，又(有)瀆(续)☐【65】
　　☐疾，酉(丙)、丁又(有)痫(间)，[14]辛☐【66】

【注释】

　　[1] 夶，整理者：56 号简有"秌"，55A 号、79 号简有"秌"，78 号简有"父夶"，与此简之"夶"皆当指同一鬼神。字亦见于包山简。一说为楚占卜简述头号神祇之名，应即"太"字，所当神祇即天神最尊者太一。古书往往以"太"(或"泰")省称"太一"(或"泰一")。《楚辞·九歌》所祝者首为"东皇太一"，《史记·封禅书》和《汉书·郊祀志》记汉代祷词也以"太一"最尊。"太一"居斗极，为众星所拱，说明它的重要性。(李零 1993、1999)一说楚简"太"与诸神祇间(包括自然诸神与人类鬼神)，有过不同的排列组合形态，但不管是属于哪一种组合，"太"神均列于众神之首，所享受的祭品(除"大水"神与其等同外)，在规格上均高于其他诸神，表明"太"在楚人神谱中具有至高无上、独一无二的地位，体现出"太"超然物外，君临万物之上的特有身份。(胡雅丽 2001)一说将此字释为"夽"，可能是一个从"大"从"卜"声的字，疑读为《周礼·地官·族师》"春秋祭酺"的"酺"。"酺"或作"步""布"。"夽"相当于郑玄注所说汉代的"人鬼之步"，是灾害之神。后据上博简九甲乙两本《成王城濮之行》，认为从"卜"声的"夽"可以写作从"攴"声的"虑"。(李家浩 2005、2015)或说楚卜筮祭祷简的"夶"或"秌"字均应从"大"声读为"厉"，指厉鬼。"厉"是一个集合的概念。在楚简除祟之占中，"夶"既受到祭祷，又是被攻解的对象。"夶"应是作祟的厉鬼，祭祷厉鬼的目的，是希望移除厉鬼所作之祟。(董珊 2007)另有学者认为《楚辞·九歌》首篇尊称其为"东皇太一"，正与唐维寺 M126 简文中称为"大神有皇"相印证。(赵晓斌 2019)

　　[2] 菥，读为"佩"。

　　[3] 侯土，整理者：应即"后土"，"侯""后"古音相近。"侯土"可读为"后土"。一说社神。包山 213 简记有"后土"。(商承祚 1995)

司命,整理者:神名。《礼记·祭法》:"王为群姓立七祀,曰司命,曰中霤,曰国门,曰国行,曰泰厉,曰户,曰灶。"《楚辞·九歌》有大司命、少司命。《史记·封禅书》记汉初祭祀,晋巫、楚巫所祠之神中皆有司命。"司命"亦见于包山简。一说引《周礼·春官·大宗伯》郑玄注:"司中、司命,文昌第五、第四星。"古人以为,司命"主知生死,辅天行化,诛恶护善也"。(湖北省荆沙铁路考古队 1991A)或说《楚辞·九歌》将其一分为二,大司命主掌一切人命,少司命则专司幼儿生命。(胡雅丽 2001)

[4]大水,整理者:《史记·封禅书》谓梁巫"祠天地、天社、天水、房中、堂上之属"。疑大水即天水。或谓大水指大江之神。大水又为星名。"大水"亦见于包山简。一说"大水"是楚简祭祷中的重要神祇,是地祇中的川,为不定之辞,特指烟波浩渺之川。至于属何水系,尚需探讨。(于成龙 2004)

[5]羺,据辞例比勘,应是"羖"之异体。包山简所记祀神之牲有"羖"无"羺",而望山简有"羺"无"羖"。(刘信芳 1998)从"羊","及"声,读为"羖"。(侯乃峰 2006)

[6]本简与上简整理者拼合为一。对包山简出现频率较高的一些神祇所享用祭品进行分析,可以发现这些物品的变化具有对应关系。在望山简中也可见类似现象。55 号简下半截与上半截连读,则成"大水一环",与上半截已讲到的太和后土、司命用不同的羊作为祭品不相当。怀疑本简上下半截的拼合恐有不当。(陈伟 1997)葛陵简也可见此种情形。兹将 55 号简分拆为 A、B 二片。(陈伟等 2009)

[7]子,整理者补。

二天子,亦见于包山简。指尧之二女,舜之二妃,即《楚辞·九歌》中的湘君、湘夫人和《山海经·中山经》"洞庭之山"的"帝之二女"。(刘信芳 1992)一说是二山名,其后的"坐山"之"坐"或"岯山"之"岯",应该释为"巽"或"嶤",读为"率"。"二天子"加上"率山",即《山海经·海内南经》所

说的"三天子鄣山"。"三天子鄣山"为黟山山脉的支峰率山。（汤余惠1993）

[8] 命，整理者补。

[9] 整理者：以上二简可能相接。

[10] 敓，读为"祟"。

[11] 赛祷，《韩非子·外储说右下》："秦襄王病，百姓为之祷。病愈，杀牛塞祷。""塞""赛"古通。《史记·封禅书》"冬赛祷词"，《索隐》："赛谓报神福也。"《汉书·郊祀志上》"赛"作"塞"，颜注："塞谓报其所祈也。"赛祷为报神之祭，与"与祷"（可能是始祷）正好相反，两者具有对应关系。（李零1993）从望山简的情况看，其赛祷的特点表现在两个方面：一是举行祭祷以酬谢神灵，这一点与传世文献的陈述相同。二是其他诸祭祷一概标出祭祀用品，但望山简10例，竟无一例标明祭祷用品者。（古敬恒1998）

[12] 瘕，似当读为"续"。（陈伟等2009）

[13] 畀，包山203号简亦有此字。整理者："舆"之省写，其义待考。一说"舉"字异体，借作"举"。《说文》："对举也。"（湖北省荆沙铁路考古队1991A）舉祝一般是出现在同属一组的二三次贞问中，在后来的贞问中与前某次的贞问对举。它与移祝不同在于，舉祝的设祭对象只是部分与相对应的祭祀对象相同。（彭浩1991A）或说"举""与"二字都可以训为"用"。"举（与）某人之说"是"用某人之说"的意思。"与"还有"从"义。《尚书·洪范》："立时人作卜筮，三人占则从二人之言。"《楚辞·离骚》："欲从灵氛之吉占兮。"简文"舆"跟此"从"字用法相同，似乎把"舆"读为"与"、训为"从"，更符合简文文义。（李家浩1997）

[14] "又"下一字，隶作"牁"，读为"间"。（商承祚1995）一说即"痫"之异文，读为"间"。《论语·子罕》："子疾病，子路使门人为臣，病间。"何晏《集解》引孔安国注："病少差曰间也。"《史记·赵世家》："不出三日必间，间必言也。"《方言》卷三："南楚病瘉者谓之差，或谓之间。"（商承祚

1995)或说隶作"痫",即"痫"之异文。《说文》:"痫,病也。从疒从閒。"
"痫"读"閒"。《论语·子罕》"病间"孔传:"少差(瘥)曰间。閒同间。""痫"
应是"閒"缀加形符后的繁化字。(程燕 2002)

　　丙、丁均为天干。包山 220 号简有"庚辛有间"。天干与天干相迭也
是一种记日方法,这种方法在古代文献和出土材料中多用于疾病和卜筮
方面,与简文正合。《史记·龟策列传》:"庚辛可以杀,乃以钻之。"秦简
《日书》:"庚辛有疾,外鬼伤死为祟。"(于成龙 2004)

【译文】

　　☑吉利,不会死,有鬼神作祟,将其事向鬼神祈说。举祷太一,用佩玉
一环作祭品。后土、司命,各用一小环作祭品。大水,用佩玉一环作祭品。
归豹【54】

　　☑吉利。太一,用一头母羊作祭品。后土、司命,各用一头公羊作祭
品。大水☑【55A】

　　一环。举祷二天子☑【55B】

　　☑举祷太一,用一环作祭品。后土、司命☑【56】

　　☑吉利,不☑【57】

　　死,有☑【58】

　　吉利,不会死☑【59】

　　☑不会死,有鬼神作祟,□☑【60】

　　☑没有大的灾咎,病慢慢好起来,有鬼神作祟,将其事向鬼神祈说,赛
祷☑【61】

　　☑□有持续,病慢慢好起来,将其事向鬼神祈说。举祷☑【62】

　　☑病稍微慢慢好起来,将其事向鬼神祈说。用归豹之说,举祷☑【63】

　　☑病慢慢好起来☑【64】

　　☑病好起来,有持续☑【65】

　　☑生病,在丙日、丁日有好转,辛☑【66】

【延展阅读】

楚卜筮简所见祭祷的名称

（一）举祷

举祷是所有楚卜筮祭祷简中使用最频繁的一种祭祷,举祷对象繁多,祭品规格不一。在举祷楚先祖系列时,举祷远祖的祭品规格都较低;而举祷昭王以后几位先王,所使用的祭品规格都较高;在举祷先祖父辈时,使用祭品规格又有所降低。这也反映了受祭者的尊卑宗统。在举祷同一对象时,天星观简、新蔡简总是比其他简使用的祭品规格高,反映出祭祀者身份的高低。但也有同一举祷对象,几批竹简所使用的祭品规格一致的情况,如祭祷"行"时都用"一犬"。举祷的频繁使用,并不因墓主身份以及受祭者尊卑而有所差别。说明"举祷"应该就是一般意义的祭祷,上至王公贵族,下至大夫等都可以用这种方式祭祀。《国语·楚语下》:"祀加于举。天子举以大牢,祀以会;诸侯举以特牛,祀以大牢;卿举以少牢,祀以特牛;大夫举以特牲,祀以少牢;士食鱼炙,祀以特牲;庶人食菜,祀以鱼。"学者对"举祷"的含义基本上没有太大争论。《周礼·天官·膳夫》:"王日一举。"郑注:"杀牲盛馔曰举。"从包山简看,举祷均与用牲有关,无一例外,但是望山简则有所不同,如54 号简"遬(举)祷大,莆(佩)玉一环",56 号简"壐(举)祷于秾(太),一环",125 号简"壐(举)祷北宗,一环",所用祭品为环,则不属于用牲范畴,值得注意。

（二）赛祷

因为有文献对应,对赛祷的解释,学者基本达成共识,即祈神得福后,酬谢回报神灵的祭祷。"赛"与"塞"古通。《史记·封禅书》"冬塞祷祠"的"塞",有些版本作"赛"。《后汉书·宦者传·曹节》"诏令太官给塞具",李贤注:"塞,报祠也,音苏代反,字当为'赛',通也。"在祭祷对象上,人鬼对象居首,其中主要以先王先公为主;地祇中涉及山、水、方位神及五祀小神,天神系统中除白朝外,多为司属诸神。在祭品规格上,除祭祷昭王、番(潘)勃先公外,基本都是规格很低的祭品。针对同一祭祷对象,各墓主大体所用祭品规格相当,但天星观简中偶有不同,如同是祭祷"大",包山简用佩玉一环,而天星观简则用"一精",规格比包山简高很多;再如在祭祷"大水"上,望山简、新蔡简、包山简都用佩玉一环,而天星观简则用"一精"。如果说所用祭品因墓主地位尊卑有别,那么同为封君的新蔡墓主和天星观墓主,其地位相当,所用祭品却相差甚远,这也说明祭品规格的高低并不一定只取决于祭祀者身份地位的高低,也取决于受祭祀者在祭祀人心中的地位。换句话说,祭祀人认为受祭者对他来说重要,那么他所使用的祭品规格可能就会略微高些,同时也说明祭品规格的使用有一定的灵活性,不囿于规定。

总体上说,赛祷所用祭品规格都偏低。在赛祷使用频率上,天星观简最多,其次包山简,望山简、秦家嘴简再次之,使用最少的是新蔡简。赛祷既然是祈神得福后酬谢回报神灵的祭祷,那么使用频率高的说明祈求灵验,反之则并没有得到神的惠泽。新蔡简使用赛祷频率很低,这也从另一个侧面说明,墓主所进行的祈神活动并没有达到所预期的效果,也说明墓主人病情一天天加重,并没有因祈祷而有所缓解,故所用赛祷之祭少之又少。

(三) 罷祷

楚简中的"罷"字是学界讨论比较多的一个字,它最早见于鄂君启节,后来的楚简中也屡见此字。对此字的释读,众说纷纭。郭店简公布后,才知道它可以读"一"。"罷祷"一词在包山简、天星观简、望山简和新蔡简中都出现过,其具体含义为何,说解颇多,迄无定论。

就所祷的对象而言,楚人最常用的有举、赛、罷三种祷,并无大别。但三者之间是何关系,学术界仍存在分歧。周凤五先生认为,"举祷"应读"与祷",指当事人亲自参与的祷;"罷祷"应读"代祷",指由巫觋代替当事人举行的祷。李家浩先生认为,"与祷"与"罷祷"的性质都属于祈祷,它们之间的区别大概是"罷祷"用牲,而"与祷"不用牲而已。工藤元男先生认为,包山楚简中的三种祷,分别是参与邵旌岁贞和疾病贞的贞人们在各自集团内使用的祭祷名称,其间并不存在本质的差异。

在所有已刊布的简文中，罷祷出现的频次要远低于举祷，说明它可能并非楚人常用的祭祷方式，又或者说楚人在对它的使用上比较慎重。从祭祷的对象看，相较于举祷来说，罷祷的范围窄、数量少，绝大多数都是墓主的先祖，只有少部分其他神祇（如大、北方、西方等），而这少部分又都只见于封君级别的新蔡简和天星观简，大夫级别的包山简和望山简则只限于对先祖的罷祷，这反映出墓主的身份等级不同，罷祷的施用对象亦不尽一致，等级越高，施用范围越广；等级越低，施用范围就越小。总之，罷祷当是一种具有严格规范的特定祭祷方式。

（四）其他

新蔡葛陵简记有"就祷"和"兄（或作"祝"）祷"，未曾见于包山简或望山简。前者如甲三·214记："就祷三楚先屯一羘。"甲三·202、205记："就祷子西君敓牛。"乙一·28记："夏夕之月己丑之日，以君不怿之故，就祷灵君子一豠；就祷门、户屯一羘；就祷行一犬。"后者如乙四·139记："北方兄祷乘良马、珈［璧］……"零·243记："祝祷于……"

就祷仅见于葛陵简，关于其性质尚不能确定。从祭祷的对象上看，葛陵简就祷的对象有先祖、五祀和其他神祇，其中以先祖居多。需要注意的是，就祷只见于葛陵简，甚至连与葛陵简同为封君级别的天星观简也没有相关记载，这反映出当时就祷尚不及前述三祷普及，很可能只有封君以上等级的楚同姓贵族才能使用这种祭祷方式。

【释文】

☑己未又（有）刉（间），[1]辛、壬瘇（瘥）。☑【67】

☑乙、酉（丙）少☑【68】

☑壬、癸大又（有）瘳（瘳）☑[2]【69】

☑訋（始）閒（间），[3]庚申☑【70】

☑□癸丑、甲寅☑【71】

☑未、壬申☑【72】

□咎,少(小)又(有)慁(感)于□【73】

牁(将)又(有)慁(感)于躬(躬)身与□【74】

□又(有)慁(感)于躬(躬)与宫室,虘(且)又(有)□□[4]【75】

□北方又(有)敓(祟)□□[5]【76】

□南方又(有)敓(祟)与啻=(谪,谪)见(现)[6]【77】

□于父大,[7]与新(亲)父,[8]与不殆(辜),[9]与累(盟)褆(诅),[10]与□□[11]【78】

□秋与□【79】

□㠯(以)新(亲)父□【80】

又(有)祱(祟),㠯(以)亓(其)古(故)敓(说)之,壆(举)□【81】

㠯(以)亓(其)古(故)敓(说)之,赛祷于□【82】

□㠯(以)亓(其)【83】

古(故)敓(说)□[12]【84】

□㠯(以)亓(其)古(故)□【85】

敓非祭[祀]□[13]【86】

□□亓(其)古(故)㠯(以)册□[14]【87】

【注释】

[1] 㤅,70号简"闻"字从此,"闻"字的异体。(李守奎2003)

[2] 壬、癸,指壬、癸二日。(商承祚1995)

瘳,读为"瘳",病愈。《书·说命上》:"若药弗瞑眩,厥疾弗瘳。"(武汉大学简帛研究中心、湖北省文物考古研究所、黄冈市博物馆2019)

[3] 㘝,李守奎释。(李守奎2003)同形字亦见于郭店简。读作"始"。(郭沂2001、李零2002、李天虹2003)

[4] 缺释之字,整理者释为"一"。或说此字笔迹模糊,恐非"一"字。(陈伟等2009)

　　[5] 北方,指北方神祇。(商承祚 1995)或说指方神,于用牲之礼或与"太"同。(刘信芳 2011A)

　　[6] 南方,指南方神祇。(商承祚 1995)一说"南方"所代指的地祇当是"祝融"。(于成龙 2004)

　　啻＝,整理者:疑当读为"谪,谪"。一说读作"青帝",为五帝之一,属东方之神。因东方为春,故又为春神。(袁国华 2001)

　　[7] 父大,释为"父太"。"父太"既在新父之前,应指王父。(舒之梅、刘信芳 1997)一说指病者之父所为的厉鬼。《左传·襄公十七年》有"尔父为厉"的说法。(董珊 2007)

　　[8] 新父,整理者读为"亲父"。一说望山一号墓竹简中"新(亲)父"与"父"对称,这是两个概念,"亲父"是生身之父,"父"是宗法上的父。古代择立后嗣继承者,嗣子并不一定是亲生子。(董珊 2007)

　　[9] 不殆,整理者读为"不辜",是一种鬼的名称。云梦秦简有"人生子未能行而死,恒然,是不辜鬼处之……"(乙组 59 号背),"鬼恒宋伤人,是不辜鬼"(乙组 70 号背)等语,可证。一说指无罪而死的冤鬼。(李零 1993)

　　[10] 絜禠,整理者读为"盟诅",似指盟诅之神。亦见于包山 211 号简。

　　[11] "与"下一字,左部从"示",似是"裯"字。(陈伟等 2009)

　　[12] 整理者:以上二简似相接。

　　[13] 非,也可能是"门"字。上博《周易》16 号简"门"与此类似。(陈伟等 2009)

　　"祭"下一字残,整理者释为"祝"。似当释为"祀"。(陈伟等 2009)

　　[14] 册,商承祚改释,并将本简与 170 号简缀合("册"字分跨两简)。(商承祚 1995)此字残存下部与"无"字不类,释"册"是。葛陵甲三 137 号简有"册告"。(陈伟等 2009)

【译文】

　　☐在己未日有好转,在辛日、壬日痊愈。☐【67】

☑乙日、丙日少☑【68】

☑在壬日、癸日病情大有好转☑【69】

☑开始有好转,庚申☑【70】

☑□癸丑、甲寅☑【71】

☑未、壬申☑【72】

☑灾咎,小有忧戚于☑【73】

自身与☑将有忧戚【74】

☑自身与宫室有忧戚,而且有□☑【75】

☑北方神作祟□☑【76】

☑南方有鬼祟与谪出现【77】

☑于父太,与亲父,与不辜,与盟诅,与□☑【78】

☑太一与☑【79】

☑以亲父☑【80】

有鬼神作祟,将其事向鬼神祈说,举祷☑【81】

将其事向鬼神祈说,赛祷于☑【82】

☑以其【83】

向鬼神祈说【84】

☑将其事☑【85】

敓非祭☑【86】

☑□其故以册☑【87】

【延展阅读】

一、望山简中的祭祷对象

(一) 神祇

1.“大”及“秋”

关于“大”及“秋”的释读,议论纷纷,至今尚无共识。大体上可分为两大类，一是把"大"及"秋"理解为各种天神，如李零、刘信芳、孔仲温、晏昌贵等先生认为是"太""太一"，另外滕壬生先生认为是太阳神，于成龙先生认为是至上之神，饶宗颐先生认为是大地之神，李家浩先生认为是灾害之神，吴郁芳先生认为是主进饮食之神等；二是将其理解为厉鬼，持此种观点者有王青、董珊等先生。

李零先生认为此神在简文中列于众神之首，从地位看，应即太一。《楚辞·九歌》所祝者首为"东皇太一"，《史记·封禅书》和《汉书·郊祀志》记汉代祷祠也以"太一"最尊。"太一"居斗极，为众星所拱。古文字中的"蔡""叕"等字皆像人形而钳其手足，字形都是从大字分化，读音也与大字相近（都是月部字）。"大"与大、叕、蔡、鈇等字同源，古书中往往以"太"（或"泰"）省称"太一"（或"泰一"）。

刘信芳先生认为"太"即楚人所祀"太一"。就其神格而言，"太一"是至上神，《九歌》以"太一"列于篇首，居诸神之上。李家浩先生则认为"大"可能是一个从"大"从"卜"声的字，疑读为《周礼·地官·族师》"春秋祭酺"的"酺"，"酺"或作"步""布"。"𭣩"和"蚀𭣩"，分别相当于郑玄注所说汉代的"人鬼之步"和"蝝螟之酺"两种灾害之神。王青先生认为"大"指死后无所依归的厉鬼。董珊先生认为楚卜筮祭祷简的"大"或"秋"字均应从"大"声读为"厉"，指厉鬼。在楚简除祟之占的拟议祭祷中，"大"常常排在首位，这是因为古人认为疾病祸祟是"厉"所导致的，所以首先要祭祷"厉"，以解除"厉"所做的"祟"，同时也请求"社""司命"等神的干预。因为对"厉"的祈求最为直接，所以祭祀"大"的祭品也常常比社、司命略重。

晏昌贵先生总结简文中"大"的特征有三点：第一，在已发现的卜筮简中，它几乎都出现了，是战国楚人普遍信仰的神灵；第二，是祈福祭祷的对象，在卜筮简中，它总是位居最前列，祭品在诸多神灵中也最贵重；第三，它作祟，是"解"的对象，可见并非全是善神。

望山一号墓78号简中有"父大"，楚卜筮简中仅此一见。舒之梅、刘信芳先生认为应指王父。陈伟先生理解为祖父，在简文中当是东宅公的另一种称呼，与包山简中的"新王父"相当。晏昌贵先生则认为可能是楚高位神太一的变相称呼，而这种情形在世界各地原始宗教信仰中是屡见不鲜的。

2. 司命

楚卜筮简所见"司命"有以下特征：一、是少数几个在各卜筮简均有见的神灵；二、或与后土、地主连称，或与司祸、司录连称；祭祷用牲币有麂、犆、牂和璧、环，但不用猪。出土文献中，司命最早见于春秋晚期的洹子孟姜壶铭文："……齐侯拜嘉命，于上天子用璧、玉佩一司。于大巫、司折与大司命用璧、两壶、八鼎……"甘肃天水放马滩战国晚期秦简《墓主记》中亦有司命，简文记载了一个名叫"丹"的人死而复生，云："丹所以得复生者，吾犀武舍人，犀武论其舍人尚（掌）命者，以丹未当死，因告司命史公孙强，因令白狐穴屈（掘）出。"另《史记·封禅书》记载高帝四年（公元前203年），天下已定，乃将战国以来各地的宗教信仰纳入国家宗教体系，其中晋巫、荆巫所祠均有"司命"。可见，至迟在战国时期，司命的信仰已经十分普遍。楚简中的"司命"，刘信芳先生认为应即《九歌》的"大司命"，《大司命》云："何寿夭兮在予。"为掌生死之神。汉代以后，司命神降至人间，成为宫中小神。在道教传统中，司命又寄存于人的身体之内，成为"人神"。

3. 宫行

包山简整理者、李零、饶宗颐等先生认为宫行应为两个神祇。望山简整理者认为当指所居宫室的道路。陈伟先生认为从祭祷物品上看，所用牲为一白犬，由此可以判断出"宫行"为一个神祇。于成龙、刘信芳、晏昌贵先生认为"宫行"乃主宫中道路之神。

4. 社、后土、地主

社、后土、地主均为土地神，古书中三者常可互训。楚卜筮简三者同出，所用祭品互有不同，可见社、后土、地主在简文中分别甚明，并非同一个神祇。从起源上看，似乎社最早，后土其次，地主最晚。从职能上看，社最广泛，地主其次，后土最狭。从楚卜筮简的祭品反映的尊卑看，社最高，后土、地主其次。有学者认为社、后土、地主名称的不同,可能是因为来自不同地区的人们对大地之神的信仰不同,后来随着人口的迁移和交往的频繁而逐渐合流,由于这种合流可能很早即已发生,文献中的相关记载很少,我们已经难做出精确细致的区分了。从其来源上看,晏昌贵先生认为社似乎来自东方夷人的信仰,后土来自西土,地主来自南方。

5. 大水

有把"大水"理解为"天水"的,如包山简整理者、望山简整理者;有理解为"神灵"的,如刘信芳先生认为是"天汉之神",而汤余惠先生则认为是"自然神",疑为长江,何琳仪先生亦以为是"长江",也有可能指长江或汉水的专称,而汤漳平先生则认为是"掌管地上的江、河、湖、海众水域之神",王泽强先生认为是水神,晏昌贵先生则认为有可能是海神;有将其理解为"大川"的,如李零、连劭名先生;吴郁芳先生认为是洪水;也有人认为就是"颛顼"。异说颇多。

6. 二天子

二天子是楚人普遍祈求祭祷的神灵,新蔡葛陵简、包山简、天星观简和望山简中均有见载。刘信芳先生认为即《楚辞·九歌》之湘君、湘夫人,为江湘之神。陈伟先生则以为二天子是湘山之神。他们都同意"二天子"即《山海经·中次十二经》中的帝尧之二女。汤余惠先生指出"二天子"乃二山名。他说:今按当是自然神祇,来源于二山名。《山海经·海内南经》谓三天子鄣山。率山为黟山山脉支峰,战国当为楚地。……参照古书记载率山异名,似有理由认为所谓"三王山""三天子都""三天子鄣"乃是三座山峰的总名,率山乃三王山之一。包山 237、243 两简"二天子各一牂",表明二天子各是一山,加上率山正是三山。古书把率山径称三天子都、三天子鄣和三王山,实际上是不够确当的。李家浩先生也赞同汤氏的说法,即简文"二天子"是"三天子鄣山"中的二山。

7. 四方

我国古代四方神信仰起源甚为古老,甲骨文中即有四方神名的记载,传世文献中祭四方更为多见。在楚卜筮简中,北方最多见,分别见于新蔡葛陵简、望山简和秦家嘴简。在古人观念中,北方为幽暗之地、鬼神之所。南方则见于包山简和望山简,东方、西方并见于天星观简。除了天星观简和望山简有二方外,其余各简只见到一方。这种不同,学者认为可能与五行方位跟疾病的配置有关。五行方位与疾病配置,今、古文家的说法不同。望山简中常见有"心闷"的简文,按今文家说法,心为南方,故 77 号简文称"☐南方又(有)敓(祟)与崙_见"。但由于简文记载的疾病多未能明确,所以还有待进一步研究。

(二) 人鬼

1. 楚先、三楚先

"楚先"泛指楚人的祖先,无具体名字,当指属于"楚先"范围内的所有人。"三楚先"指三位特定的"楚先",而这三位特定的"楚先"当为楚国人所共知,不用说出名字就知其具体所指,换句话说,由于三人皆为楚国宗族所知晓,故可径称"三楚先"。"楚先"是一个泛指概念,"三楚先"则是一个特指概念。楚卜筮祭祷简所涉及的楚先公的组合排列大致有三种,第一种统称为"三楚先"而不举出具体人名,仅见于葛陵简;第二种为老童、祝融、穴熊,也仅见于葛陵简;第三种为老童、祝融、鬻熊,见于葛陵简、包山简和望山简。经学界不断研究,现在知道穴熊和鬻熊实际上是同一人。这一看法后来也为清华简《楚居》所证实。

从几支较完整的简文上看,当"老童、祝融、鬻熊"先祖名号出现时前必附带"楚先"二字,而"楚先""三楚先"却可以单独出现,且并未见"三楚先+老童、祝融、鬻熊"的组合形式,说明"三楚先"就是老童、祝融、鬻熊,"老童、祝融、鬻熊"是"楚先",但"楚先"却不仅仅指"老童、祝融、鬻熊"。在祭品规格上,"老童、祝融、鬻熊"与"三楚先"使用相同,从另一个方面也证明了"三楚先就是老童、祝融、鬻熊"说法的正确性。

在祭祷楚远祖"三楚先"时,只有新蔡简平夜君成、望山简悼固、包山简邵𰷾,不见于天星观简和秦家嘴墓群简,说明平夜君成、悼固、邵𰷾有共同的远祖,从祭祷物品上看,新蔡简、包山简用两牂,或一牂、缨之兆玉,而望山简只见一牂,说明楚远祖"三楚先"在新蔡简主人、包山简主人心中的地位略高于望山简主人,并且新蔡简主人与包山简主人的关系要近于望山简主人。但从用牲相同上看,楚人祭祀祖先时,有远近之分,在祭祷遥远的远祖时他们也只是象征性地祭祀一下。

2. 先公先王

先王的祭祷中,只有新蔡简、望山简、包山简祭祷一系列先王,而天星观简、秦家嘴简不见祭祷,天星观简中只见祭祷番先、卓公训(顺)至惠公等,说明天星观简主人为楚别姓封君,从其先祖的名号看,其先祖应当是楚重臣,后人得此庇佑,以致封君。秦家嘴诸墓主人祭祷的只有"五世王父以逾至新父"等,祭祷对象的地位比较低下,说明墓主人的身份地位在当时也比较低下。新蔡简、望山简、包山简当是楚系枝叶,他们祭祷的近祖有所交叉,说明他们相距的年代应该也不是很远。新蔡简、包山简主人都以"昭王"为主要的祭祷对象,并且祭品规格都很高,说明"昭王"是他们共同的直系近祖,并且二墓主有共同的直系先祖"平夜文君"。望山简墓主主要以"柬大王"之后系列楚王为主要祭祷对象,悼固至柬大王正好是五世,包山墓主人至昭王也正好是五世。秦家嘴十三号墓和九十九号墓主人祭祷的主要先祖均为"五世以至新父母(十三号墓简 1)""五世王父王母训至新父母(九十九号墓简 10)",说明五世之祭是楚人的常规祭祀。

新蔡简、天星观简、望山简、包山简中都有一位女性被祭祀,在我国男尊女卑的古代社会里,妇女地位极为低下,能够得到祭祀应该说他们对于祭祀者很重要,文夫人之于平夜君成,东城夫人之于番(潘)勑,公主之于悼固,夫人之于卲𰑼,可见一斑。

望山简悼固在祭祷先王时有一个"折(哲)王",文例为"☐折(哲)王各戠牛,馈之"(望山 112),因竹简残断,"哲"前为何字,我们无从知晓。楚王中无与"哲王"相当的王号,此王号原来可能做"☐哲王"。清华简《楚居》第 16 号简有"悼折王"的明确记载。这是"悼折王"第一次以文献形式出现,这样望山简的"□哲王"应该也就是悼折王。悼固祭祷"□哲王"用"戠牛,馈之",祭品规格非常之高。

就一般情况而言,卜筮祭祀的男性先人中父亲和祖父的地位最重要。而某位先人出现的次数总是和他的身份重要性成正比,即身份越重要,出现的次数越多,不论是殷墟卜辞还是楚国卜筮祭祷简在这方面都有所反应。

望山简所记人鬼中还有东宅公和王孙喿,分别见于第 109、110、112、113、114 号诸简与第 119 号简。115 号简"东石公"、89 号简"王孙巢",是采用通假字的异写。关于墓主与所祭祀先人的关系,《望山楚简》附录"从望山一号墓简文看悼固的身分和时代"有很好的分析:"东宅公之名有时紧接在悼王之后出现,他应该是悼王之子,同时也是悼固这一支的始祖。所以悼固以悼为氏,这与楚庄王之后以庄为氏同例。王孙喿大概是东宅公之子。东宅公是王子,所以他的儿子称王孙。悼固不称王孙,辈分应低于王孙喿。上文指出他跟楚王室应有密切关系,从这一点来看,他离悼王又不会太远,他跟王孙喿的关系以相差一辈的可能性为最大。"

在望山简中,也有"新(亲)父"的记载,见于 78 和 80 号简。按上述推测,应是王孙喿的另一种称呼。在 78 号简中,同时提到的还有"父太",写作"父太与新父"。古人有"大父"的说法。《韩非子·五蠹》云:"今人有五子不为多,子又有五子,大父未死而有二十五孙。"所指即祖父。古字大、太相通。简文"父太"列于"新父"之前,正应与古书中的"大父"、包山简中的"新王父"相当,是对祖父的一种称谓。具体到悼固祭祀的先人,则当是东宅公的另一种称呼。

3. 不辜、不壮死

望山一号墓竹简中记有"不夶(辜)",见于 78 号简。"夶"与《说文》"辜"之古文同。不辜,即不辜鬼。睡虎地秦简《日书》简 860 反:"人生子未能行而死,恒然,是不辜鬼处之。"《说文》:"辜,皋也。"不辜鬼即无罪而冤死之鬼。望山简另见"不壮死",见于一号墓176号简。"不殂(辜)"与"不壮死"类似。

二、望山简中的祭祷物品

望山简中所见祭品有特牛、牂、殺、豬、冢豕、肥冢、肥豢、白犬、佩玉、酒食等。包山简、天星观简、新蔡简中还见有特豢、特猎、特牨、全豢、犕、牂、精、犅、翸牢、青牺、驿牺、熊牺、牺马、冠带、衣裳等等。另新蔡简零409+零727记有"束緈""珈璧"的记载,古书常见"束帛加璧""束锦加璧",指在束帛或束锦上加以玉璧,用以祷祠神灵。

对卜筮简中出现频率较高的一些神祇所享用祭品进行分析,可以发现这些物品的变化具有对应关系。例如在某一场合享用同一祭品的几位神祇在另一场合祭品亦必相同,而在某一场合享用不同祭品的几位神祇在另一场合祭品亦必不同。这显示当时楚人对各种神祇的享祭用品应有一定的规范。望山简第109号简称"圣(声)逗王、恕(悼)王,各备(佩)玉一环。东郙公,备(佩)玉一环",两位楚王与东宅公虽然分开记写,祭品却均为"佩玉一环"。第110号简称"圣(声)王、恕(悼)王、东郙公,各戠(特)牛",三人合并记写,祭品则都变为"特牛"。第54号简说"遆(举)祷大,菕(佩)玉一环。矦(后)土、司命,各一少(小)环。大水,备(佩)玉一环",第55号简上半截说"狄(太),一牂。句(后)土、司命,各一羚(殺)。大水",当太享用一环时,侯(后)土、司命各享用一少环;而当太享用一牂时,后土、司命各享用一牂。从不同的佩玉到不同的羊,变化正相对应。

在望山简和包山简中,对某些神祇采用的祭品往往相同或相应。如包山简第216—217号记楚先老童、祝融、鬻熊各一牂,第212—215号记太佩玉一环,侯土、司命各一少环,大水佩玉一环,与望山简第120号加121号以及第51号简全然相同。又如包山简一再提到对昭王用

特牛(199—200、205—206、239—241、242—244),望山简第 110 号记
对声王、悼王用特牛,彼此相当,均合于《国语·楚语上》"国君有牛享"
之说。

　　与包山简相比,望山简也有不一致的地方。据包山简第 199—200、
205—206、239—241 号诸简所见,文坪夜君的祭品规格低于昭王,而在望
山简第 109 号和 110 号中,地位与文坪夜君相当的东宅公则一再采用跟
声王、悼王同样的物品。其中原由还有待探究。

【释文】

　　☑痁吕(以)黄靇习之,[1]同祝。[2]圣(声)王、慰(悼)王既赛祷
☑【88】

　　☑己未之日赛祷王孙巢[3]【89】

　　乙丑之日赛祷先☑[4]【90】

　　☑□雚(观)戠习之吕(以)黄靇,占□☑【91】

　　☑靇☑【92】

　　☑□之。醬(许)佗占之曰:吉。【93】

　　☑鄘(归)鼢(豹)占之曰:吉☑【94】

　　☑虢(献)占之曰:[5]吉。【95】

　　☑□占之曰:吉。山川☑[6]【96】

　　☑□占之曰:[7]吉。尚速□□☑[8]【97】

　　☑□占之曰:吉。【98】

　　☑鼢(豹)占☑[9]【99】

　　☑之曰:[吉]☑[10]【100】

　　☑占之曰:吉☑【101】

　　占之曰:吉☑[11]【102】

　　☑之曰:吉☑【103】

☐吉【104】

☐吉☐【105】

☐遉(归)玉柬大王。己巳内斋☐[12]【106】

☐聑(闻)遉(归)玉于柬〖大王〗☐【107】

☐赛祷于柬(简)大〖王〗☐【108】

【注释】

[1] 痼,人名。一说释为"瘟"。(张崇礼 2009)"某人以某灵习之"一语楚简常见,"以"上之字为贞人名。(武汉大学简帛研究中心、湖北省文物考古研究所、黄冈市博物馆 2019)

鼀,整理者:即"靁"字异体。《集韵》"靁"字注:"黄靁,龟名。"《礼记·礼器》正义引《尔雅》郭注:"今江东所用卜龟黄灵、黑灵者……"黄灵即黄靁。一说读作"灵",意为灵龟。《说苑·辨物》:"灵龟文五色,似玉似金。"所谓"似玉"者即"白灵"(或"玉灵"),"似金"者即"黄灵"。(何琳仪 1998)或说鼀为"靁"字异体,读"灵"。其中"灵"字从"黾",战国楚文字经常以"黾"为"龟"。(冯胜君 2005)

习,整理者:有重选、因袭的意思。《礼记·曲礼上》:"卜筮不相袭。""袭""习"古通。《周礼·春官·筮人》:"凡国之大事,先筮而后卜。"此简所记当是筮占之后再由痼龟卜一次,所以称"习之"。一说(四筮)前三筮均称作"贞",第四筮称作"习"。"习"读作"袭",释作"重",指重复。当时楚人贞问一事,一般以卜筮三次为常见,用同一方法贞问一事,超过三次,第四次就称作"习"。(彭浩 1991A)或说楚卜筮简中习卜的要素大致有二:一、习卜是对预先拟定的某一轮占卜而言,即重行一贞以加强确定此轮占卜得出的吉凶判断。二、习卜与此轮占卜均是同日为同一事由进行的。(于成龙 2004)

[2] 同,商承祚释。(商承祚 1995)"同祝"是习卜之辞,因与前一贞人

所占之"祝"相同,故记为"同祝"。(刘信芳 1998)

　[3]整理者:88 号、89 号二残简似可拼接,中间无缺字而略有空白,但断口不是十分密合。119 号简有"王孙枭",与"王孙巢"当是一人。"枭""巢"音近通假。

　[4]整理者:89 号为简尾,90 号为简首,从文义看,二简似相接。乙丑是己未之后的第六天。一说此简与 132 简可拼合为一简,依据有三:其一,望山简之"先"只有两种构词之例,即"先君"和"楚先",此简"先"之后无疑接"君"字,且该组简以"先"字起首的残简仅有 132 简。其二,两简宽度、阙口均相合。其三,简 112"罷祷先君东宅公戠牛",一为"罷祷",一为"赛祷",用牲皆为"戠牛",前后相呼应。"罷祷"后有"赛祷",是楚简疾病所祷的固定格式。(舒之梅、刘信芳 1997)

　[5]献,贞人名,据包山楚简同形字改释。(高智 1996)

　[6]山川,整理者疑是与祭山川有关之辞,惜文字已残损。

　[7]"占"上一字,整理者释出下部"又"旁。一说释为"死"。(袁国华 2002、赖怡璇 2011)或说看红外影像,此字下从"又",与"死"字不同。(武汉大学简帛研究中心、湖北省文物考古研究所、黄冈市博物馆 2019)

　[8]尚速,据红外影像改释。(陈伟等 2009)"速"下一字似是"疽(瘥)"。(武汉大学简帛研究中心、湖北省文物考古研究所、黄冈市博物馆 2019)

　[9]豹,据红外影像释出。(陈伟等 2009)

　[10]整理者:以上二残简,从文义及断口轮廓看似可拼接,但 99 号简已收缩变形,故无法确定。

　[11]整理者:101 号、102 号二残简皆为简首,从文义看都有可能与 54 号简相接,"鄢觚占之曰吉"作一句读。但 101 号简"之"字写法与 54 号简不同,102 号简"之"字不清,写法是否与 54 号简相同未能定,故释文仍分写。一说看红外影像,102 号简"之"字与 54 号简写法近似。(武汉大学简帛研究中心、湖北省文物考古研究所、黄冈市博物馆 2019)

[12] 归玉，用玉祭祀。（商承祚 1995）

内斋，整理者：亦见于 132 号、137 号、155 号诸简，156 号简又有"野斋"，疑野指城外，内指所居宫室。或谓"内"当读为"入"。一说古之斋有致斋和散斋两类，内斋即《礼记·祭义》所载"致齐"（齐、斋通假），据《礼记·檀弓》《祭义》《论语·述而》疏、《说文解字注》等载，日夜居于室内三日，以求心身洁净，方可交于神明。（商承祚 1995）或说将野斋理解为男子之致斋，内斋理解为女子之致斋，也不失为一种解释。（杨华 2009）

【译文】

☑病用黄䨴习卜，与前一贞人所卜之"祝"相同。声王、悼王既赛祷☑【88】

☑己未日赛祷王孙臬【89】

乙丑日赛祷先☑【90】

☑□我用黄䨴习卜，占□□【91】

☑䨴☑【92】

☑□之。许佗的占辞说：吉利。【93】

☑归豹的占辞说：吉利☑【94】

☑献的占辞说：吉利。【95】

☑□占辞说：吉利。山川☑【96】

☑□占辞说：吉利。希望快点□□☑【97】

☑□占辞说：吉利。【98】

☑豹占☑【99】

☑占辞说：吉利☑【100】

☑占辞说：吉利☑【101】

占辞说：吉利☑【102】

☑占辞说：吉利☑【103】

　　☑吉利【104】

　　☑吉利☑【105】

　　☑进献玉给简王。己巳日内斋☑【106】

　　☑闻进献玉给简王☑【107】

　　☑赛祷简王☑【108】

【延展阅读】

归祭、馈祭

　　望山一号墓出土竹简中记载有"归祭",见 28 号简"宫（享）逴（归）繡
（佩）玉一环柬大王",106 号简"☑逴（归）玉柬大王。己巳内斋☑",107
号简"☑䎶（闻）逴（归）玉于柬【大王】☑"。逴,乃归之异体。包山简、新
蔡葛陵简、天星观简亦有"归祭"的内容。

　　从简文来看,"归祭"的物品为玉、冠带、车马,并没有常见的牛、羊、
豕、犬等祭牲。归,古又通馈。《仪礼·聘礼》"归饔饩五牢",郑注:"今文
归或为馈。"《仪礼·聘礼》"夕,夫人归礼",注云:"今文归作馈。"胡承珙疏
云《论语》"咏而归","归孔子豚","齐人归女乐",《释文》并云:"归,郑本作
馈。"盖《鲁论》皆作归,郑从古文作馈。此《仪礼》则古文作归,今文作馈。
郑又从古文作归者,古文家亦各有师承,不必尽同。《仪礼·士虞礼》注
云:"馈,犹归也。"馈与归音义并通,故各从所作,《仪礼》古文不必与《论
语》同也。据此,则简文作"归"与《仪礼》古文同。但楚简又习见"馈",归、
馈两字既并存,似非今古文的关系。

　　望山一号墓出土竹简中另记载有"馈祭",凡六见,110 号简"☑圣
（声）王、㤪（悼）王、东邤公,各戠（特）牛,馈祭之",112 号简"☑折（哲）王,
各戠（特）牛,馈之。罷祷先君东邤公,戠（特）牛,馈☑☑",113 号简"☑之
日,月馈东厇（宅）公",141 号简"☑月馈☑",142 号简"☑既馈☑",143
号简"☑馈之☑"。

以"馈"为祭名，见载于传世文献，《尚书·酒诰》："尔尚克羞馈祀。"《论衡·明雩》曰："'咏而馈'，咏歌馈祭也。"《文选·祭颜光禄文》"敬陈奠馈"，李善注引《苍颉篇》曰："馈，祭名也。"馈，或作"餽"。《说文》食部："吴人谓祭曰餽。"《战国楚·中山策》"饮食餔餽"，高诱注："吴谓食为餽，祭鬼亦为餽。"从包山简、望山简、葛陵简、天星观简等所载有关内容来看，"馈"多用于举祷、罷祷、赛祷、享祭等祭名之后，可见"馈"不专一祭。

望山简文又见"月馈"，此名未见载于其他典籍。月馈可能是每月一次较为盛大的馈祭。《礼记·祭法》云王立七庙，诸侯立五庙，"皆月祭之"，指天子诸侯每月对宗庙的祭祀，又称"月祀""月享"或"月荐"。《国语·楚语下》："是以古者先王日祭、月享、时类、岁祀。"韦注："日祭于祖、考，月荐于曾、高。"

望山 113 号简云"☐之日，月馈东厇（宅）公"，东宅公与望山一号墓墓主悼固的关系，据《望山楚简》附录"从望山一号墓简文看悼固的身分和时代"分析，东宅公应该是简文中提到的王孙桌之父，而悼固"跟王孙桌的关系以相差一辈的可能性为最大"，则东宅公最有可能是悼固的曾祖。既如此，以悼固下大夫的身份，按照《祭法》和《楚语》的规定，其曾祖不能享受"月馈"的规格。悼固"月馈"东宅公，可能属于僭越。

【释文】

☐圣（声）逗王、忩（悼）王，各备（佩）玉一环。东邸公，[1] 备（佩）玉一环。赛祷宫墬（地）宔（主），[2] 一豿。[3] 观☐☐[4]【109】

☐圣（声）王、忩（悼）王、东邸公，各戠（特）牛，[5] 馈祭之。[6] 速祭公宔（主），[7] 冢豕、[8] 酉（酒）飤（食）☐【110】

☐圣（声）王、忩（悼）王既☐【111】

☐折（哲）王，[9] 各戠（特）牛，馈之。罷祷先君东邸公，[10] 戠（特）牛，馈☐☐【112】

【注释】

[1] 东邸公，整理者：此人屡见于简文，"邸"或省作"厇"（见 113 号简），又作"石"（115 号简）。"厇"即"宅"字古文。东邸公当为东邸之地的县公。东邸公在简文中有时称为先君（见 112 号简），当是悼固先人。"东邸（宅）"又见于包山 167、171 等简。一说"邸"读为"亳"。简文"东邸"，说明东亳战国时已入楚疆域，惟其地望有待进一步研究。（刘信芳 2003）

[2] 宫地主，整理者："墍"即"地"之异体。"地主"即掌土地之神祇。《国语·越语下》："皇天后土，四乡地主正之。"

[3] 羜，据包山楚简相同文例释。（舒之梅、刘信芳 1997）核对图版，是形体完整的"羜"字。包山楚简释文认为"羜"字借作"豣"，《说文》："牡豕也。"（赖怡璇 2011）

[4] 观，此字与郭店简《老子》乙 18 号简"观"等字同。（陈伟等 2009）

[5] 戠，整理者：亦见 112 号简。读为"特"。"特"古亦作"犆"。《国语·楚语》"诸侯举以特牛"，韦注："特，一也。"《诗·魏风·伐檀》毛传谓"兽三岁曰特"。《广雅·释兽》谓"兽四岁为特"。简文"戠牛"似当与《楚语》"特牛"同义。亦见于包山楚简。一说简书中"戠"只冠于牛、豕之前，并且只用于自邵王至新母的直系亲属，恐怕还带有另外的含义。（陈伟 1996）

[6] 馈祭，整理者：《书·酒诰》"尔尚克羞馈祀"，简文"馈祭"即《酒诰》"馈祀"。《文选·祭颜光禄文》"敬陈奠馈"，李善注引《苍颉篇》曰："馈，祭名也。"《战国楚·中山策》"饮食餔馈"，高诱注："吴谓食为馈，祭鬼亦为馈。古文通用，读与馈同。"一说馈祭应属祭名之一种，是平时常用的祭祷活动。对象是楚先王或墓主的祖先，所用祭品则有戠牛或佩玉。（古敬恒 1998）

[7] 公宝，宗庙宝室之宝。（商承祚 1995）一说简文"公主"似可读为"翁主"，有可能是指墓主悼固之父。包山简 202 反"新（亲）父既城（成），新（亲）母既城（成）"，与望山简"公（主）既城（成）"句例相若。（刘信芳

2011A)或说颇疑"公主"是某位诸侯之女而嫁于悼固家族者。"公主"祭品与"王孙喿"相同,后者可能是悼固的父亲,"公主"则可能是悼固的母亲。(宋华强 2009)

[8] "豢豕"二字合文,包山同类简所记牺牲中有"豢₌",还有"豢豕",且其祭祷对象相同,文例相同,因此"豢₌"与"豢豕"应是表示同一词语的,"豢₌"应读为"豢豕"。望山简的"豢₌"也应读为"豢豕",而不应该释读为"豢豢"。(湖北省文物考古研究所、北京大学中文系 1995)一说简文又称"豢豕",或称"肥豢",皆当读为豵。《诗·召南·驺虞》"壹发五豵",毛传:"一岁曰豵。"(汤余惠 1993A)或说释为"豜","豜₌"读"椓豕",意即去势之豕。(白于蓝 1998)

[9] 折(哲)王,夕阳坡楚简与清华大学藏简《楚居》《系年》均有"卲折王",指楚悼王。望山简多处记"卲(悼)王"于先王之末。由此推测,简文应残去"卲(悼)"字,即本作"卲(悼)折(哲)王",即悼王。"悼王"亦作"悼哲王",犹"圣王"亦作"圣逗王"。(武汉大学简帛研究中心、湖北省文物考古研究所、黄冈市博物馆 2019)

[10] 罷祷,"罷"字亦见于鄂君启节。可分析为从"羽","能"声。根据郭店楚简的用例,可以确定此字经常读作"一"。但在此处读为何,异说众多,迄无定论。"罷祷"义亦不详。

【译文】

▨声王、悼王,各用佩玉一环作祭品。东宅公,用佩玉一环作祭品。赛祷宫地主,用一头母羊作祭品。观□▨【109】

▨声王、悼王、东宅公,各用特牛作祭品,馈祭他们。速祭公主,用豢豕、酒食作祭品▨【110】

▨声王、悼王既▨【111】

▨哲王,各用特牛作祭品,馈祭他们。罷祷先君东宅公,用特牛作祭品,馈祭□▨【112】

【延展阅读】

一、楚简中的合文

　　望山一号墓 110 号简的"冢豕"二字,原字形作"𦥑",乃合文,右下部可见合文符号。所谓的合文也叫作合书,是古文字中一种特殊而又常见的文字书写形式,从殷商到战国时期都能见到它的身影。合文在形式上是一个字形,但仍然作为多个字使用,其读音和意义都没有任何变化,与合体字不同。

　　关于"合文"的定义,还没有统一的说法,我们借用萧毅先生的说法:"合文"就是把密切相关的两个或两个以上的字合写在一起而形成的具有两个或两个以上音节的构形整体。

　　楚简中的合文绝大多数带有合文符号,合文符号一般位于合文的右下方,作两短横,类似"＝"形,如望山一号墓 9 号简的"𡆥"(之日);或作一短横,类似"-"形,如郭店简《五行》32 号简的"𤔔"(颜色);或作两斜笔,如包山 247 号简的"𢼸"(之日);或不使用任何符号,如新蔡简甲三 11＋24 的"𦫵"(先人)等。合文符号是判断合文的重要特征,但并不是必要条件,不是所有的合文都带有合文符号。

　　在楚简的行文中,合文符号的使用具有相当的普遍性,绝大多数的合文都可以根据合文符号加以判定。但是由于合文符号与重文符号具有一定的一致性,所以当看到某个字形带有"＝"或"-"等符号的时候,并不能立即认定它就是合文,还应根据字形和具体的辞例进行判断。

　　楚简中合文的主要内容包括职官,如"大夫"(包山简 12);地名,如"郍于"(包山简 169);姓氏,如"公孙"(包山简 145);月名,如"享月"(包山200);神人,如"先人"(新蔡简甲三 11＋24);物品,如"畋车"(曾侯乙墓简161);数量,如"四马"(曾侯乙墓简 149);其他类如"兄弟"(郭店《五行》简33)、"是日"(新蔡简乙三 42)、"子孙"(信阳简 1－06)、"上下"(上博简一

《孔子诗论》简 4)等等。

　　望山简中所见合文主要有:"之岁",见于望山一号墓 8 号简;"之日",见于望山一号墓 9、10、89、90、132、155、156、160 及 161 号简;"大夫",见于望山一号墓 22 号简和 119 号简;"躬身",见于望山一号墓 24 号和 74 号简;"冢豕",见于望山一号墓 110 号简;"八月",见于望山二号墓 1 号简;"二十",见于望山二号墓 45 号简、47 号简;"贵鼎",见于望山二号墓 46 号简等。

　　通过考察,学者认为楚简中的合文大概具有以下几个特点:

　　一是数量多。仅《包山楚简文字编》《曾侯乙墓竹简文字编》《郭店楚简文字编》《上海博物馆藏战国楚竹书文字编(一——五)》四部主要楚简文字编中的合文数量就多达 452 例,排除重复用例,也达 87 个,已经超过《金文编》所收合文的数量,加上其他楚简材料中的合文,总量当远不止这些。

　　二是一般有合文符号。楚简中的合文一般都在右下角有合文符号,以示与其他文字的区别。合文符号绝大多数为两小短横,也有作一小短横或两斜笔的,当然,也有不作任何标记的,但不作标记符号的楚简合文只是少数。

　　三是相合的不确定性。在甲骨文、金文中,大多数合文几乎成了固定的文字书写形式,某些字连用,不管在什么语境,始终是以合文的形式呈现,几乎很少见到特例。楚简则不同,二字连用时合与不合,怎样合,都很不确定。

　　四是有些合文识读较为困难。一般来说,多数合文为常见字,释读不存在太大难度,但有个别合文总会在笔画、构件、结构上发生一些变化,再加上合文符号与重文符号往往混淆,所以造成了一定的识读困难。如上博简一《孔子诗论》篇中"孔子"二字合文,字形作"𤔔"。因形体的特殊,在最初有"孔子""卜子""子上"等几种释法,直到上博简二《子羔》《鲁邦大旱》刊布,这一问题的讨论才告终。

二、"罷"之释读

　　楚文字中的"罷"字最早见于鄂君启节,在车节和舟节中各出现一次,其辞例分别是"车五十乘,岁罷返""屯三舟为一航,岁罷返"。由于"罷"字是首次出现,具体表示哪个词,异说众多。比较有代表性的有以下几种说法:郭沫若先生分析为从"羽""能"声,是"态"的异文,读为"能";于省吾先生将其与仰天湖楚简"嬴"比较而释为"嬴","盈""嬴"通用,"岁盈返"言岁满而返;朱德熙、李家浩先生据《说文》分析"能"从"㠯"声,"㠯""异"声近,故怀疑"罷"是"翼"的异体,"弋""翼"古通,读为"岁罷(代)返",言一年之内分批轮流返回;何琳仪先生认为"罷"读为"能",与"乃"音义均通。

　　1998 年,郭店楚简公布之后,其中《五行》篇 16 号简引《诗》作"淑人君子,其仪罷也"。今本《诗·曹风·鳲鸠》作"淑人君子,其仪一兮"。整理者据此说:"鄂君启节有'岁罷返',亦当读作'岁一返',意即年内往返一次。"学者们才知道它在楚文字中通常读"一",目前已成为学界共识。

　　"罷"在郭店简还出现了几次,《太一生水》简 7"罷块(缺)罷涅(盈),以忌(己)为蟇(万)勿(物)经",《语丛四》简 25+3"罷【25】言之善,足㠯(以)夊(终)殜(世)。【3】"从辞例看"罷"都读为"一"。又《成之闻之》简 18:"贵而罷纕(让),则民谷(欲)亓(其)贵之上也",裘锡圭先生认为此处的"罷"读为"能"。裘先生曾撰文引孔仲温、陈伟武、吴振武等先生的说法,把这个字形与甲骨文的"🀄""🀄"字相关联,认为是由甲骨文的这个字形演变来的,是"能"的"繁形古体"。类似的句子还见于上博简五《君子为礼》简 9B+9D"贵而罷壤(让),【9B】斯人欲亓(其)长贵也【9D】",其中"罷"字整理者释"能",但从残笔来看亦当是"罷"。李天虹先生认为此"罷"读为"揖",但《六德》简 19"能与之齐国,夊(终)身弗改之壹(矣)"在《礼记·郊特牲》中作"壹与之齐,终身不改",又据此"能""壹"互用认为裘锡圭先生的说法有可能是对的。

　　上博简中除《成之闻之》《君子为礼》"罷"之外,出现的其他"罷"都读为"一"。上博简五《季庚子问于孔子》简 1"罷不智（知）民勞（务）之安（焉）才（在）"，"罷"整理者读为"抑"，表转折。后学者多已指出当读为"一"，训为"甚"，是表示程度高的副词。上博简八《王居》简 5"夫彭徒罷袋（劳）"，其中的"罷"，整理者读为"能"，认为"罷（能）袋（劳）"是善于耐劳之意。复旦吉大古文字专业研究生联合读书会改读"一"，训为"甚"。上博简九《邦人不称》简 8"罷瞿（惧）君之不夂（终）殜（世）保邦"，"罷"整理者读为"抑"，表揣测，或许之义。苏建洲先生指出当读"一"，训为"甚"。

"罷"在新蔡简、包山简、天星观简、望山简中都出现过，常见"罷祷"一词，"罷"在此处该读什么，还没有公认的一种解释。彭浩先生、湖北省荆沙铁路考古队认为包山简中的"罷祷"，罷似读作"嗣"，《国语·鲁语下》"苟茀姓实嗣"，注："嗣，嗣世也。"罷祷即后人对先辈的祭祀。从卜筮祭祷简的记载来看，罷祷的对象只限于墓主人卲（昭）尨本氏的近祖及直系先人，包括楚昭王和高祖、曾祖、祖父母及父母等人。李零先生则怀疑是来年的祷。"罷"读"翌"，表示次年、次月、次日。孔仲温先生疑"罷"即"熊"字之繁形古体，应读为"熊"。"罷祷"疑读为"禜祷"。"禜"为《周礼·春官》中太祝所掌"六祈"之一。陈伟武先生说"罷"可视为"能"字异构，只是均用假借意。楚简中疑可读作从"乃"得声的"仍"字，训为因仍、连续。何琳仪先生读作"祀祷"。《集韵》："祀，或从吕。"徐在国先生从朱德熙、李家浩先生之说，以为"翼"字异体，与"祷"字连用，疑字应读为"祀"。周凤五先生认为根据郭店竹简大量出现的用例，可以确定此字经常读作"一"。卜筮简中读作"代"。代祷和与祷是配套的两种祷祠。代祷是由主持祷祠仪式的巫觋代替当事人举行祭祀，并代为提出要求与承诺。李家浩先生认为罷祷属于祈祷，与"与祷"的区别大概是"罷祷"用牲，而"与祷"不用牲而已。工藤元男先生说罷祷、赛祷、塓祷三种祭祀名称可能实质是相同的，也许宜看作参与岁贞和疾病贞的贞人们在各自集团内使用的祭祷名称，其间并不存在本质的差异。刘信芳先生疑罷祷与古代"宜祭"相类。王泽强先生读作"能祷"，指晚辈对先辈的祭祀，非其先辈则不在此种祭祀行为之内。宋华强先生读为"烝祷",指冬季常祀。祭祷对象可以是墓主人的先人,也可以是先人以外的对象。颜世铉先生认为罷祷即"一祷","一"是"因循"之意,"一祷"是因袭第一次祭祷而进行的祭祷,很可能是在"与祷"的基础上所举行的第二次祭祷称为"一祷"。荆州唐维寺 M126 出土简文中有"以其有前祷,因其今而罷祷焉",赵晓斌先生说前辈学者已根据郭店简指出"罷"可读为"一",葛陵简中有"弌祷",那么"罷祷"就是"一祷"。"以其有前祷,因其今而罷祷"的意思就是按照上次祷的内容和形式,现在再来一遍。还有其他一些说法,难以尽举。

　　由学界讨论的情况来看,主要问题是"罷"这个字本来的含义和读音是什么,各种说法莫衷一是,至今还无法形成一个统一意见,关于这个字的释读,还需要继续探讨。

【释文】

　　☐[之]日,月馈东厇公。[1]棠晉(巫),甲戌,[2]祭☐[3]【113】

　　☐一少(小)环。畢(举)祷于东郦☐【114】

　　☐册于东石公,[4]坅(社)、北子、綦(行)[既]☐☑[5]【115】

　　☐菽陵君,[6]肥豻(豕),酉(酒)飤(食)。遇(举)祷北子,肥�豢,[7]酉(酒)飤(食)。速癏(瘥),赛之。【116】

　　☐王之北子,各�豕,酉(酒)飤(食),☐之。[8]思(使)☐☐于宫室。[9]☐☑[10]【117】

　　☐北子,豸豕,酉(酒)食☑【118】

　　☐[畢(举)]祷大夫之厶(私)晉(巫),[11]遇(举)祷綦(行),白犬。罷祷王孙阜,豕豕【119】

【注释】

　　[1]月馈,殆为每月一次的祭名。(中山大学古文字研究室楚简整理

小组 1977）一说即《礼记·祭法》"考庙、王考庙、皇考庙、显考庙、祖考庙，皆月祭之"中的"月祭"，《国语·楚语》"是以古者先王日祭、月享、时类、岁祀"中的"月享"。《通典·吉礼》引谯周《礼祭集志》说天子始祖及四亲庙，均每月月初加荐，即是月祭。（于成龙 2004）

　　[2] 棠晉，整理者："棠"为烝尝之"尝"的专字。祭巫之事见于古书。《左传·隐公十一年》："公之为公子也，与郑人战于狐壤，止焉。郑人囚诸尹氏（杜注：尹氏，郑大夫）。赂尹氏而祷于其主钟巫，遂与尹氏归而立其主。十一月，公祭钟巫……"一说"棠巫"疑即"常巫"，为巫师之称，而非祭巫之事。（虞万里 2004）

　　[3] 简 113 与简 139 应是一简之残断。（刘信芳 1998）

　　[4] 册，据红外影像释出。（陈伟等 2009）

东石公，即"东郘公"之异文。或作"东宅公"。"石""宅"一音之转。（何琳仪 1998）

　　[5] 社：祭名。（朱德熙 1985）

北子，整理者：亦见 116 号、117 号、118 号诸简，117 号简称为"王之北子"。一说望山简"北子"列于"社"后，"行"前，看来亦是北方地神，又称为"王之北子"，或为楚王所设方神之社，称其神主为"北子"。（刘信芳 2011A）或说"北"读为"别"。"北子"是人鬼，和墓主人有较为密切的血缘关系。《礼记·丧服小记》："别子为祖，继别为宗。"郑玄注："诸侯之庶子，别为后世为始祖也。"悼固的祖父东宅公就是楚悼王的别子，也是其家族的始祖。"北子"又称"王之北子"，应该是指楚悼王的别子，与东宅公同辈。简文中"别子"所用祭品比东宅公低，可能是东宅公的弟弟，或者东宅公是嫡妻之子而简文"别子"是妾子。（宋华强 2009）

綦，整理者：古代祭行（即道路）。《礼记·祭法》记王所立七祀、诸侯所立五祀皆有国门、国行，大夫三祀、适士二祀皆有门、行。"綦"当是行神的专字。

既，红外影像左旁清晰可见。其下一字，看轮廓，似是"馈"。（陈伟等

2009)既下一字，看轮廓，疑是“赛”字。(武汉大学简帛研究中心、湖北省文物考古研究所、黄冈市博物馆 2019)

[6] 菽陵君，楚封君。(黄锡全 1991B)或说是主管郊郢的柴祭仪礼及其告庙宗祖的职官封号。(刘信芳 1987)

[7] 肥豢，整理者：“豢”指犬豕。“肥豢”之语见于《文选・七启》：“玄熊素肤，肥豢脓肌。”一说“肥豢”即“肥豕”。(何琳仪 1998)

[8] “之”上一字，看红外影像，此字下部实与包山 219 号简二见的“”字近似。(武汉大学简帛研究中心、湖北省文物考古研究所、黄冈市博物馆 2019)一说释为“害”。(何琳仪 1993、刘钊 1998、李零 1993)或说通过与包山简中读为“舒”“舍”之字的比较，释为“舍”。认为 219 号简之“舍”为祭祀名，《周礼・春官・甸祝》“舍奠于祖庙”，郑玄注：“舍，读为释。”释奠为贡献祭品之礼。(刘信芳 1996A)

[9] 思，整理者释为“由”。亦见于包山简。“思”读如“使”，包山简习见。(刘信芳 1998)通过几条简文对比，可见“思”字用例与“命”相当。《说文》：“命，使也。”“思”“使”古音均在之部，“思”或为“使”字的假借。(陈伟 1994)

[10] 看红外影像残画，缺释之字似是“遡”。(陈伟等 2009)

[11] 大夫，整理者：22 号简言“走趣事王大夫”，此简又言“遡祷大夫之私巫”，似“大夫”专指某一人而言，疑此人即悤固所事之宗子。

【译文】

☐之日，月馈东宅公。祟巫，甲戌日，祭☐【113】

☐一小环。举祷东宅公☐【114】

☐册祭东宅公，社神、北子、行神既□☐【115】

☐菽陵君，用肥豕、酒食作祭品。举祷北子，用肥豢、酒食作祭品。病快点好，酬谢神灵。【116】

☐王之北子，各用冢豕、酒食作祭品，□之。使□□于宫室。□☐

【117】

　　☑北子,用豭豕、酒食作祭品☑【118】

　　☑举祷大夫的私巫,举祷行神,用白颜色的狗作祭品。罷祷王孙杲,用豭豕【119】

【延展阅读】

一、祭祀行神的风俗

　　"行"为古代五祀之一。与人们出行活动密切相关的行神是古人祭祀的重要对象之一。《礼记·祭法》云:"王为群姓立七祀,曰司命,曰中霤,曰国门,曰国行,曰泰厉,曰户,曰灶;王自为立七祀。诸侯为国立五祀,曰司命,曰中霤,曰国门,曰国行,曰公厉;诸侯自为立五祀。大夫立三祀,曰族厉,曰门,曰行。适士立二祀,曰门,曰行。庶士、庶人立一祀,或立户,或立灶。"

　　在出土战国楚简中,多见有祭祷"行"的记录。楚文字中常以"䇓"表行神之专字,在包山简、望山简、九店简等简文中都有出现。如包山 219 号简"赛祷䇓(行)一白犬",望山一号墓 119 号简"遇(举)祷䇓(行),白犬",九店 27 号简"祭门、䇓(行),盲(享)之"等。

　　包山二号墓中出有五块形状各异的小木牌,其上各书一字,分别为"室""门""户""行""灶"。陈伟先生据《礼记·月令》郑玄注"中霤犹中室也,古者复穴,是以名室为霤"认为,"室"当是中霤的另一异名,此木牌即是五祀木主。这些"五祀"的神牌,乃是墓主携至阴间的"鬼器"。墓主生前在日常生活中祭祷"五祀",其死后亦在阴间延续同样的祭祀行为,这是丧葬礼俗中"视死如生"观念的反映。

　　古人在祭祷神灵时常须向神灵敬献祭牲。对于祀神时所用牺牲,先秦时期有着严格规制,并非随意为之。据古书记载,祭祀行神的牺牲有用"羊"和用"犬"两种不同情况。《诗经·大雅·生民》:"载谋载惟,取萧祭脂,取羝以軷,载燔载烈,以兴嗣岁。"毛传:"羝羊,牡羊也。軷,道祭也。"
郑笺:"后稷既为郊祀之酒及其米,则诹谋其日,思念其礼,至其时取萧草
与祭牲之脂,爇之于行神之位。馨香既闻,取羝羊之体以祭神,又燔烈其
肉为尸羞焉。"由郑笺可知,祭祀行神的方式,是将用作祭牲的公羊宰割,
然后取其内脏脂块和萧草一起燃烧于行神神位之前,以馨香的气味请行
神之灵降临,然后将烧熟的羝羊肉呈献给行神。

　　用"犬"作为祭祀行神的牺牲,则见于《周礼·秋官·司寇》所载"犬
人"之职:"凡祭祀共犬牲,用牷物,伏瘗亦如之。"郑玄注引郑司农说:"伏
谓伏犬,以王车轹之者。"又《周礼·夏官·大司马》载"大驭"之职云:"大
驭掌驭玉路以祀。及犯軷,王自左驭,驭下祝,登,受辔,犯軷,遂驱之。"郑
玄注:"故书'軷'作'罚',杜子春云:'罚当为軷。軷读为别异之别,谓祖
道、轹軷、磔犬也。'"

　　出土战国楚简中,多见以犬为牺牲祭祀"行"的记载。由简文可知,当
时祭"行"之用牲均为"白犬",即白色的狗。据文献记载,我国先民很早就
已开始在季春之月用磔犬的方法来御除灾异,辟除不祥。《吕氏春秋·季
春纪》云:"国人傩,九门磔禳,以毕春气。"高诱注:"九门,三方九门也。嫌
非王气所在,故磔犬羊以禳,木气尽之,故曰'以毕春气'也。"汉代则有以
犬血涂于门户以除灾咎的风俗。《风俗通义·怪神》说:"世间多有狗作变
怪,扑杀之,以血涂门户,然众得咎殃。"《风俗通义·祀典》:"今人杀白犬,
以血题门户,正月白犬血辟除不祥,取法于此也。"或者正因古人认为白犬
血可辟除不祥,故将其用作祀"行"之牲。包山233号简:"閟于大门一白
犬。"整理者读"閟"为"阀",并引《广雅·释诂一》云:"阀,杀也。"刘信芳先
生分析"閟"从门,戈声,读为"磔"。"閟于大门一白犬"的意思正可与《风
俗通义》所说汉人杀白犬以其血题门户以辟除不祥的习俗相一致。

二、北子、王之北子、北宗

　　望山一号墓115—118号简有"北子""王之北子"。1961年江陵万城

一座西周早期偏晚墓葬中出土了一组铜器,其中鼎、簋、甑的铭文均有"北子",李学勤先生认为"北"当释为"别",别子就是支子。宋华强先生在此基础上将望山简文"北子"读为"别子""北宗"读为"别宗",我们下面主要引述宋先生的意见。

117 号简"☑王之北子,各冢豕,酉(酒)飤(食),□之","王之北子"后有"各"字,说明"王之北子"不止一位,或者简文前面还有其他神灵,但残缺不可见。按楚卜筮祭祷简的书写习惯,已故的楚王一般称谥号,如東大王、圣桓王、悼哲王等,对在位的时王则称王或君王。由于"王之北子"前面有缺文,我们不知道究系何王,推测是指悼氏之祖悼哲王即悼王,如果是这样,则当与东宅公同辈,但 115 号简北子与东宅公并列,则北子显然不是东宅公,即不会是墓主悼固的直系祖先,而 116 号简与莪陵君并列,也不会是莪陵君。

从祭祷的规格来看,望山简中"北子"的祭品是肥豢、酒食,或冢豕、酒食,和其祭品相当的神灵有"莪陵君""公主""王孙桌"。包山简主人和望山简主人地位相当,其中祭品与"北子"相当的神灵有亲母、东陵连嚣、兄弟无后者。分析这些神灵,有两个特点:一、都是人鬼;二、大都和墓主有较为密切的血缘关系。如王孙桌是悼固的父亲,东陵连嚣可能是邵𣓤的叔父或伯父,兄弟无后者是邵𣓤的兄弟。这说明"北子"不仅是人鬼,而且和墓主人有较为密切的血缘关系。

诸侯的"别子"是相对嫡长子而言的庶子,往往受封为卿大夫而成为各自宗族的始祖,即第一代大宗宗子。悼固的祖父东宅公就是楚悼王的别子,也是其家族的始祖。"北子"又称"王之北子",与东宅公同辈,应该是指楚悼王的别子。简文中"别子"所用祭品比东宅公低,如后者可以用特牛,这说明"别子"在宗族中的地位应该是低于东宅公的,可能是东宅公的弟弟,或者东宅公是嫡妻之子而简文"别子"是妾子。

再说"北宗"。望山一号墓 125 号简:"☑□𢑱(举)祷北宗,一环。"其祭品是一枚玉环,这种祭品既可以用于地祇,如大水,也可以用于人鬼,如東大王、圣桓王、悼王、东宅公。葛陵简乙四 26 简文末字是"北",而零 602 作"☑宗、灵君〔子〕☑",首字是"宗",两枚残简字体类似,疑可拼合。在拼合简文中和"北宗"并列出现的神灵多是地祇,如地主、二天子、郗山,但是也有三楚先、灵君子等人鬼。而望山简、葛陵简中地祇和人鬼本来就可以同祷,如"☑册于东宅公、社、北子、行☑☑☑"(望山 115)、"祷楚先与五山"(新蔡葛陵甲三 134)。所以,宋华强先生把"北宗"读为"别宗",看作人鬼一类的神灵。

宋先生认为"别宗"可能是相对"同宗"而言的,与"别子"和"嫡长子"的关系有所不同。"同宗"是指同承一个别子大宗的宗族,如此"别宗"就是指大宗不同的宗族。不过,望山简、葛陵简的"别宗"虽然都是指别的大宗,但是由于悼固和平夜君成各自在宗族中的地位不同,其所称"别宗"的具体所指也应有所不同,这一点从葛陵简中只见"别宗"而不见"别子"能反映出来。望山简中"别宗"和"别子"并见,祭品不同,显然所指不同。"别子"如果是指悼王诸别子,即各大宗宗子,"别宗"的祭品低于"别子",前者地位应该低于后者,则应该是指小宗。悼固本来就是小宗宗子,其称"别宗",可能是指其他大宗内的诸小宗或其宗子,这和悼固的地位也是相当的。

三、"甶(思)"之释读

在楚地简帛中,常见有特殊用法的"甶"(或作"思")字,过去学界多读为作语气词讲的"思",后来经过学者们不断论证,才逐渐认识到这些"甶(思)"其实应该读为"使"。《楚帛书·甲篇》:"炎帝乃命祝融以四神降,奠三天☐,思保奠四极。"刘信芳先生在《子弹库楚墓出土文献研究》一书中,把"思"括注为"使",但未有详说。包山简 134 号简:"子宛公属之于会之獄客,甶断之。"131+136 号简:"执事人属会人恒䊯、苟冒、舒逾、舒勤、舒庆之狱于会之正【131】甶听之。"138 号简反:"甶勤之仇除于勤之所证。"陈伟先生通过辞例对比,发现"甶(思)"的用法与"命"相当,并说《说文》:

"'命，使也。'思、使古韵均在之部，思或为使字的假借。"但后来他又删掉了"由（思）"通"使"的观点，认为楚简中"思"有令、使一类意思，而没有破读为"使"的用例。

上博简中有大量"由（思）"字。如上博简二《容成氏》3 号简："凡民匍匐者，教而诲之，饮而食之，思役百官而月请之。"49 号简："知天之道，知地之利，思民不疾。"上博简四《曹沫之陈》24 号简："凡贵人由处前位一行。"30 号简："思为前行。"52 号简："毋思民疑。"上博简五《姑成家父》1 号简："不思反。"5＋9 号简："不思从【5】已立于廷。"上博简六《競公瘧》8 号简："今薪蒸思虞守之。"上博简六《平王问郑寿》1＋2 号简："由【1】先王无所归。"这些简文中的"由（思）"字，都读为"使"。特别是上博简二《容成氏》3 号简的"凡民匍匐者，教而诲之，饮而食之，思役百官而月请之"一句，正好可以与马王堆帛书《十问》的"必爱而喜之，教而谋之，饮而食之，使其题禚坚强而缓事之"对读，为"由（思）"读为"使"提供了一条很好的证据。

在秦家嘴楚简中，有一句作"至亲父，苟由紫之疾速瘥"，其中的"由"正可以对照《秦骃玉版》"苟令小子骃之病日复"的"令"。新蔡乙四 27 号简"急由郫亥敚于五世□"，"由"前有副词"急"，且后带人名而为兼语句式。这些都是"由（思）"读为"使"的证据。

传世文献中，也有"思"读为"使"的例子。《说苑·辨物》："使各以其方贿来贡，思无忘职业。"此句亦见于其他传世典籍，如《国语·鲁语下》："使各以其方贿来贡，使无忘职业。"还有《史记·孔子世家》："使各以其方贿来贡，使无忘职业。"可见《说苑》此句的"思"，也应读为"使"。

四、杀犬祭祀的习俗

犬是与人类日常生活联系最为紧密的动物之一，在古俗中历来与禳除灾祸有关。《诗·小雅·何人斯》："出此三物，以诅尔斯。"毛传："三物，豕、犬、鸡也。民不相信则盟诅之，君以豕，臣以犬，民以鸡。"《左传·隐公

十一年》:"郑伯使卒出豭,行出犬、鸡,以诅射颍考叔者。"杀犬禳除灾异之俗在殷墟卜辞中即见其例,如常见的宁风卜辞:

　　甲戌贞,其宁风三羊、三犬、三豕。　　　　　　　《甲骨文合集》34137)

　　庚戌卜,宁风于四方其五犬。　　　　　　　　　　《甲骨文合集》34144)

　　于帝史风二犬。　　　　　　　　　　　　　　　　《甲骨文合集》14225)

此类卜辞也见于西周甲骨:

　　唯宁风于四方三犬三羲。　　　　　（岐山周公庙遗址出土西周甲骨)

　　这种用犬止风的巫术一直延续到秦汉以后。《周礼·大宗伯》"以疈辜祭四方百物",郑玄注:"故书疈为罢:……郑司农云:'……罢辜,披磔牲以祭,若今时磔狗祭以止风。'"陈梦家指出汉世磔狗止风之法,和卜辞以犬宁风的记录是相符合的。

　　古俗还利用磔狗之法御除蛊灾。《史记·秦本纪》:"(秦德公)二年,初伏,以狗御蛊。"张守节《正义》云:"蛊者,热毒恶气为伤害人,故磔狗以御之。"又《封禅书》云:"(秦德公)作伏祠,磔狗邑四门,以御蛊菑。"司马贞《索隐》:"案,服虔云:'周时无伏,磔犬以御灾,秦始作之。'《汉旧仪》云:'伏者,万鬼行日,故闭不干求也。'"又云:"案,《左传》云'皿虫为蛊',枭磔之鬼亦为蛊,故《月令》云'大傩,旁磔',注云:'磔,禳也。厉鬼为蛊,将出害人,旁磔于四方之门。'"《正义》《索隐》二者在对"以狗御蛊"之"蛊"的理解上虽有所不同,但于杀狗可禳除灾异的认识上则是一致的。

　　战国楚祭祷竹简中多见用犬祭祀"行"神的记载,如望山一号墓28号简"睪(举)祷宫行,一白犬,酉(酒)飤(食)。"119号简:"遡(举)祷铦(行),白犬。"包山208号简:"赛于行一白犬、酉(酒)飤(食)。"219号简:"赛祷铦(行)一白犬。"233号简:"睪(举)祷行一白犬,酉(酒)飤(食)。閟于大门一白犬。"新蔡甲三56号简:"亯(就)祷户一羊;亯(就)祷行一犬。"新蔡乙一28号简:"遄(就)祷门、户屯一羖(羖);遄(就)祷行一犬。"

　　简文中的"宫行""行"应该是指同一神灵。出土文字资料中所见的杀狗资料还常与祭祀门神的习俗相关联,如上述包山233号简"閟于大门一白犬",也是古老的祭祀住宅内外五神的"五祀"的重要组成部分。"门"是居处与外界之间通路的出入口,从远古时代起,人们就对"门"产生了具有某种神秘主义特色的观念,先秦儒家经典中关于"门祭"的烦琐规范被确定为正统礼制的基本内容之一,而以生灵作为牺牲以增益"门"的神力,更是一种古今中外普遍的做法。

"门"与"行"均为家宅"五祀"的对象,二者之间存在着天然的密切关系。《礼记·祭法》郑注:"门、户,主出入;行,主道路、行作。""门"是"行"的起点和终点,而"行"又使"门"的存在价值和实际功用得以体现。因此,祭祀门户神、行道神均用犬牲是不难理解的。

五、楚卜筮简中的贞人

《白虎通德论·蓍龟》:"龟曰卜,蓍曰筮。"这种称谓的不同是据卜筮工具而定的,在楚卜筮简中,有些卜筮活动的执行者既是卜人又是筮人。并且,在绝大多数卜筮记录中,卜与筮均称作贞。由此,我们把楚卜筮简中的卜人与筮人浑称为贞人。

据学者统计,楚卜筮简中能够确定的共有 68 位贞人,43 个姓氏。望山简中所见贞人有軛(范)䑴(获)志、苛庆、苛怆、郞(归)䚸(豹)、登(邓)道、矕(许)佗、龕(观)戠等。其中苛庆同时出现在秦家嘴十三号墓竹简、九十九号墓竹简及望山简中;軛(范)䑴(获)志主要出现在天星观简中,同时又出现在秦家嘴九十九号墓竹简及望山简中;郞(归)䚸(豹)出现在秦家嘴十三号墓竹简中,同时又出现在望山简中。贞人出现的频率越高,越说明他们可能是专职贞人,因为专业的人员被聘请占卜的次数才会越多。这种情况说明贞人群体可能出现了职业化的倾向。

另外,相同姓氏的贞人出现在不同的竹简中具有一定的普遍性。在68 位贞人中有近一半的贞人出现在新蔡葛陵楚简中,有三分之一的贞人出现在天星观楚简中,这说明贞人的人数与墓主身份尊贵程度是成正比的,墓葬主人的身份越尊贵,贞人出现的人数、次数就越多,贞卜频率就越高。

还有一些贞人，本身另有职任，应该并非专职卜筮。如新蔡葛陵简中所见"攻差"和"黾（龟）尹"。攻差又见于长沙楚铜量和曾侯乙墓 120 号简。在长沙楚铜量中，还有"少（小）攻差"，都是负责铸造青铜器的官员。在曾侯乙墓竹简中为制造车子的职官，而在葛陵简中"攻差"为卜筮神职人员。"攻差"读为"工佐"，学者或以为是掌百工之官工尹的下属副职。在楚国，官名中带"尹"者极多，如令尹、左尹、王尹、陵尹、效尹、中厩尹、宫厩尹、监马尹等，因此简文中"黾（龟）尹"亦为职官名，应该就是掌管龟卜的职官。"龟尹"又见于上博简四《柬大王泊旱》："柬大王泊旱，命龟尹罗贞于大夏，王自临卜。"学者考释以为即文献记载的楚"卜尹""开卜大夫"。

六、楚国的双字谥

行谥法，上尊号，是为了避讳直呼被谥者之名，表示对被谥者的敬重。此即所谓"名，终将讳之"，"谥以尊名"。同时，也具有劝善戒恶之意。故《白虎通义》曰："谥者，何也？谥之为言引也，引列行之迹也。所以进劝成德，使上务节也。"《五经通义》云："谥者，死后之称，累生时之行而谥之，生有善行，死有善谥，所以劝善戒恶也。谥之言列，陈列其所行，身虽死，名常存，故谓谥也。"

楚国的谥法用字，即谥号，有单字谥和双字谥两种。单字谥以"敖谥"最早。最早使用"敖谥"的是若敖。若敖以后，还有霄敖、蚡冒（敖）。武王称王后，还有三位采用"敖谥"的楚君，即杜（堵）敖、郏敖、訾敖。"王谥"最早的是楚厉王熊眴，为楚武王称王后所定。从厉王熊眴开始，单字谥的楚国诸王，见于史籍的有武王、文王、成王、穆王、庄王、共王、康王、灵王、昭王、悼王、肃王、宣王、威王、怀王、幽王、哀王。楚国封君所见皆用单字谥，如坪夜文君、鲁阳文君等。在这些单字谥中，封君之谥字与王谥用字同类，采用周人谥法用字，"敖谥"用字则独具一格，体现出楚人早期的谥法特点。

　　双字谥者见于金文、竹简的有竞(景)坪(平)王、献惠王、柬(简)大王、圣(声)桓王、恕(悼)折(哲)王,见于传世文献的有顷襄王、考烈王。双字谥在使用时多见简称,有两种形式:或取第二字而简称,如竞(景)坪(平)王简称平王、献惠王简称为惠王、顷襄王简称为襄王;或取第一字而简称,如柬(简)大王简称为简王、圣(声)桓王简称为声王。

　　目前所知楚国最早的双字谥是竞(景)坪(平)王(公元前528—前516年在位),见于1973年湖北当阳季家湖楚城遗址一号台出土的青铜甬钟铭文:"秦王卑命竞坪王之定救秦戎。"竞(景)坪(平)王的双字谥,不仅比东周王朝使用双字谥的周贞定王(公元前468—前441年在位)早,而且也比诸侯列国中最早使用双字谥的秦厉共公(公元前476—前443年在位)早,已经上延至春秋时代。

　　楚简中所见的恕(悼)折(哲)王的"折"读为"哲"。"哲"字不见于《逸周书·谥法》。关于此字的意义,有两种较为可信的解释:一、传世及出土文献所见楚王常有双字谥法,《史记·周本纪》之《正义》《集解》引皇甫谧《帝王世纪》,称周考王为"考哲王"。"折(哲)"或可能是文献失载的楚悼王谥法第二字,先秦谥字也许本有"哲"字,但文献失载。二、先秦古书常见称先代贤君为"哲王",例如"殷先哲王""古先哲王"屡见于《书·康诰》《酒诰》《召诰》以及《诗·大雅·下武》等篇。注疏训"哲王"为"智王","哲王"或"大王"都是对先王的尊美之称。

【释文】

　　☐[先]老襠(童)、[1][祝]☐【120】

　　毓(鬻)酓(熊),[2]各一牂。☐【121】

　　☐𠂤老襠(童)☐[3]【122】

　　☐☐韹(融),各一羖(羧)[4]☐【123】

　　☐☐埭既祷,[5]楚先既祷☐[6]【124】

　　□□嬰(举)祷北宗,[7]一环。嬰(举)祷速,一羖(羖)。坛(社)
□亓(其)古(故)禽。[8]【125】

　　嬰(举)祷北□【126】

　　嬰(举)祷于宫□【127】

　　□□司命□□【128】

　　□公宝(主)既城(成)[9]【129】

　　□水,[10]备(佩)玉一环□【130】

【注释】

　　[1] 老童,楚人先祖之一。《史记·楚世家》:"楚之先祖,出自帝颛顼高阳。高阳者,黄帝之孙,昌意之子也。高阳生称,称生卷章(《集解》引谯周曰"老童即卷章"),卷章生重黎。"按,据有关新闻报道,安徽大学藏战国竹简有关楚史材料中记载,老童出生时满头白发,如同老者。颛顼卜知这个满头白发的婴儿将会子孙蕃衍兴旺,于是喜出望外,遂命名为老童。

　　[2] 毓,整理者隶作"嬬",董莲池释"毓"。(董莲池 2004)整理者说 120 号、121 号二简字体相近。121 号简是简首,疑 120 号简是简尾,参照 123 号简,其下尚缺一"虘"字。若此,应连读为"[楚]先老僮、祝[虘]、嬬酓各一羊"。

　　祝融,楚人先祖之一。《史记·楚世家》:"重黎为帝喾高辛火正,甚有功,能光融天下,帝喾命曰祝融。"

　　毓酓,即"鬻熊",楚人先祖之一。文献记载中的"鬻熊"与"穴熊"为同一人。按,在安徽大学藏战国竹简有关楚史的记载中,楚先祖季连与穴熊、鬻熊实际上是同一人的不同名称。

　　[3] "老"上一字,整理者释为"先"。看红外影像,当非"先"字。(武汉大学简帛研究中心、湖北省文物考古研究所、黄冈市博物馆 2019)

　　[4] 整理者:122 号、123 号二简字体相近,疑是一简之残片。

[5]坺，整理者：与下简"逑"当指同一祭祀对象，待考。一说《史记·封禅书》记汉初所祠诸神有"诸布、诸严、诸逑"之属，《索隐》："逑亦未详，《汉书》作'遂'。"据此，望山简"坺"作为神名，有可能读为《封禅书》之"逑"。（刘信芳2011A）一说以其从"土"看，似应为一地祇名。（陈斯鹏2005）

[6]楚先，整理者：指120号至123号诸简所记的老僮、祝融、嬬酓等。

[7]北宗，神名。（商承祚1995）亦见于葛陵简零107号、零476号简。一说读作"别宗"，大概是指小宗。（宋华强2009）

[8]"社"下一字，或是"共"。《尔雅·释诂下》："共，具也。"郝懿行义疏："通作'供'。《诗·关雎》笺'共荇菜'，《曲礼》云'供给鬼神'，《左氏》隐五年传'不供王职'，《释文》并云'共'，本或作'供'。"（武汉大学简帛研究中心、湖北省文物考古研究所、黄冈市博物馆2019）

[9]既城，包山二号墓202简背记有"新（亲）父既城，新（亲）母既城"。即《九歌·礼魂》之"成礼"。城，读为"成"，谓成诸神祭祀之礼，诸神将降福佑。（刘信芳1993）

[10]水，徐在国、舒之梅、刘信芳释。（徐在国1997，舒之梅、刘信芳1997）

【译文】

☑祖先老童、祝☑【120】

鬻熊，各用一头母羊作祭品。☑【121】

☑□老童☑【122】

☑□融，各用一头公羊作祭品☑【123】

☑□祭祷了坺，祭祷了楚的祖先☑【124】

☑□举祷北宗，用一环作祭品。举祷逑，用一头公羊作祭品。用原来的祭品供给社神。【125】

举祷北☑【126】

举祷于宫☐【127】

☐☐司命☐☐【128】

☐祭祀公主之礼已成【129】

☐水,用佩玉一环作祭品☐【130】

【延展阅读】

"羯"之释读

　　望山一号墓55号简:"一牂。句(后)土、司命,各一羯。"123号简:"☐☐蠹(融),各一羯☐。"125号简:"擧(举)祷迹,一羯。"其中"羯"字原字形作"羍"。整理者原释疑为从"羊","歺"声之字,认为"歺""曷"古音相近,此字或即"羯"之异体。刘信芳先生据辞例比勘,以为羍应是"牯"之异体。包山简所记祀神之牲有"牯"无"羍",而望山简有"羍"无"牯"。如包山202号简:"举祷于宫地主一牯。"214号简:"赛祷宫后土一牯。"237号简:"举祷楚先老僮、祝融、娥(鬻)酓各两牯。"文例可对照。

　　上博简三《周易》9号简中有一个类似字形,作"洢",简文作:"又(有)孚洢缶。"马王堆汉墓帛书和今本均作"有孚盈缶"。季旭昇先生引石鼓文以及秦汉简帛文字对洢的构形加以分析,以为洢字就是"水满"义的"盈"的本字,字从水从夃,"洶"当释为"水盈"之"盈",与今本作"盈"同字。

　　侯乃峰先生细致地分析此字字形,认为"洶"字所从的"夃"为羍字右旁所从,则羍可释为"羖"。此字毫无疑问是从"羊","夃"声之字。《说文》:"夃,秦以市买多得为夃,从乃从夂,益至也。诗曰:我夃酌彼金罍。"《说文》中所引的诗句,今本《毛诗·周南·卷耳》作"我姑酌彼金罍"。又《玉篇·夂部》:"夃,公覩、公乎二切。且也。《说文》曰:'秦以市买多得为夃。'《论语》曰:'求善价而夃诸。'今作沽。"则"夃"和"姑""沽"互为异文,且"夃"与"古"同音。如此,刘信芳先生依据辞例比勘以为"羖"应是"牯"

之异体无疑是正确的,在构形上也有理可循。

《说文》无"䏾"字,"䏾"字见于《干禄字书·上声》:"䏾,同殺。"《广韵·姥韵》于"殺"下出"䏾"字,注曰"俗",则以"䏾"为"殺"之俗体。《说文》有"殺"字:"殺,夏羊,牡曰殺。从羊,殳声。"

【释文】

☑大水☑【131】

☑君,敔(特)牛。己未之日卜,[1]庚申内斋。【132】

☑先[君]☑【133】

☑于先☑【134】

☑☑公,既祷,未赛。☑【135】

☑☑公虞(虢)☑[2]【136】

☑祭𥝢(厩),[3]甲戌、己巳内斋☑【137】

☑辛未、甲戌,[4]祭马。甲戌☑[5]【138】

☑[祭]竈(灶)。[6]己巳,[7][祭]☑【139】

☑☑裳祭歆(灶)[8]☑【140】

☑月馈☑【141】

☑既馈☑【142】

☑馈之☑【143】

☑☑酉(酒)食☑【144】

☑粹穎☑[9]【145】

☑遬☑【147】

☑祷于☑【148】

☑祷☑☑[10]【149】

述瘋(瘥),[11]速赛之。速瘋(瘥)☑【150】

☑㠯(以)述瘋(瘥)☑【151】

【注释】

[1] 卜，将此字字形与郭店简《缁衣》45—46 号简"人而无恒，不可为卜筮也"一句之"卜"字字形对照，当释为"卜"。（颜世铉 2000）

[2] "公"下一字，隶作"虞"，释为"虢"。（苏建洲 2006）

[3] "祭"下一字，整理者隶作"柰"，从"示"从"舍"。"舍"从"亼"，"凸"声。"凸"与"厩"古音极近。故"舍"应即"厩"之异构，"柰"则为厩神之专字。

[4] 未、甲戌，据红外影像释出。（陈伟等 2009）

[5] 甲戌，据红外影像释出。（陈伟等 2009）

[6] 竈，整理者："灶"之异体，应为灶神之专字。

[7] 己巳，据红外影像释出。（陈伟等 2009）

[8] "祭"下一字，可能是"灶"。（陈伟等 2009）

[9] 粓，即"程"，古坒、皇同音。《集韵》："祭米。"（中山大学古文字研究室楚简整理小组 1977）《集韵》卷三唐韵：程程同字，谓"穄别名。或从米。"《说文》："穄，麋也。"段注："此谓黍之不黏者也。"（商承祚 1995）

頬，所从的"页"与"百（首）"为一字的繁简二体，故"頬"即"糠"字。

此片也许属于签牌。（武汉大学简帛研究中心、湖北省文物考古研究所、黄冈市博物馆 2019）

[10] "祷"下一字，尚存"艹"头。（陈伟等 2009）

[11] 述，整理者释。一说释为"遂"，"遂瘥"犹言"（疾病）终于痊愈"。（中山大学古文字研究室楚简整理小组 1977、袁国华 2003B）或说"述"应读为"率"，义同皆、悉。简文"［疾］述（率）瘥"就是"疾皆瘥"或"疾悉瘥"的意思。（苏建洲 2010）

【译文】

☐大水☐【131】

☐君，用特牛作祭品。己未日占卜，庚申日内斋。【132】

☑先君☑【133】

☑于先☑【134】

☑□公，已经祭祷了，还没有酬谢神灵。☑【135】

☑□公虢☑【136】

☑祭祀厩神，甲戌日、已巳日内斋☑【137】

☑辛未日、甲戌日，祭祀马神。甲戌日☑【138】

☑祭祀灶神。已巳日，祭☑【139】

☑□裳祭灶神☑【140】

☑月馈☑【141】

☑既馈☑【142】

☑馈之☑【143】

☑□酒食☑【144】

☑粺糗☑【145】

☑遬☑【147】

☑祷于☑【148】

☑祷□☑【149】

病都好了，快点酬谢神灵。病快点好。☑【150】

☑病都好了☑【151】

【延展阅读】

一、望山简对楚世系的参证

　　望山一号墓出土竹简上有"楚先"的称谓，并有"老僮（童）""祝鬶（融）""媸（鬻）酓（熊）"等祭祷对象，可与包山简、新蔡简相参看。简文还有祭祷楚简王、声王、悼王的内容。这些记载内容与传世文献或其他出土材料相联系，对于楚史研究有重要价值。

　　关于楚国早期世系，《史记·楚世家》记载不详，出土楚简中的"楚先"

"三楚先"及清华简《楚居》为解读《楚世家》的世系提供了契机。望山简以及包山简、新蔡简中的老童、祝融、娼酓三位一组,常作为楚祖先被祭祷。新蔡简中有一组受祭对象为老童、祝融、空酓,空酓或作"穴熊"。李家浩先生从文字、音韵及文献等角度论证了娼(鬻)酓即穴熊,从而也证明了《楚世家》有关记载的失实,为楚国世系的研究揭开重要疑团。随着清华简《楚居》的公布,此说已成定论。在清华简《楚居》中,季连之后记述的楚君即穴熊,穴熊生丽季,即熊丽;其后楚君为熊狂、熊绎。《史记·楚世家》记云:"周文王之时,季连之苗裔曰鬻熊。鬻熊子事文王,蚤卒。其子曰熊丽。熊丽生熊狂,熊狂生熊绎。"彼此相合。

出土文献所载楚王名称、谥号与《楚世家》所载多有不同,部分是因为简单的假借、讹变所致的用字差异,但亦有部分出土文献所见楚王名号信息是《楚世家》等文献所不载的,具有很高的史料价值。如望山一号墓88号、110号、111号诸简皆有"圣王、悬王",109号简又称"圣逗王、悬王"。圣逗王当是圣王的全称。柬大王、圣王、悬王当为先后相次的三个楚王。"柬""简"二字可通。"声""圣"二字亦可通,"悬"当即"悼"字异体。112号简的"☐折(哲)王",据研究,应该是"悼折(哲)王",也就是悼王。所以简文中的柬大王、圣王(圣逗王)、悬王(悼折王)即《楚世家》的简王、声王、悼王。

二、楚人祭祷灶神的记录

目前来看,出土楚简中仅望山简有楚人祭祷灶神的记录。望山一号墓139号简:"☐[祭]窦(灶)。己巳,[祭]☐。""窦"字,整理者考释说此字可分析为从"示"从"窭"。"窭"字从"宀"从"火","告"声,当即"灶"之异体(从"告"声之"造"古音与"灶"极近,汉代简帛文字多借"造"为"灶"),"窦"应为灶神之专字。140号简"☐□裳(尝)祭□☐",整理者云"祭"后一字可能是"灶"字残文。

关于灶神的来历,大致有三说:一是炎帝说。《淮南子·泛论》:"炎帝作火,死而为灶。"二是黄帝说。《太平御览》卷一八六《居处部十四》引《淮南子》佚文:"黄帝作灶,死为灶神。"三是祝融说。《风俗通·祀典》"灶神"条引古《周礼》曰:"颛顼氏有子曰黎,为祝融,祀以为灶神。"《淮南子·时则》高注:"祝融吴回为高辛氏火正,死为火神,托祀于灶。"炎帝、祝融兼火神与日神,那么灶神源于火神的说法,或有所本。

在古史传说中,颛顼系黄帝后裔,祝融既是颛顼后裔,也便是黄帝后裔,那么黄帝为灶神与祝融为灶神可能是同一传说的分化。而楚简中除有祭祷灶神的记录外,亦祭祷楚先祝融。可见,战国时期灶神就已从火神和祖神中分化出来,而加入"五祀"群小神系统之中。

据《礼记·祭法》郑注,灶神主饮食之事。虽然望山一号墓 139 号简残泐严重,从中难以知晓祭灶之缘由,但是根据同墓其他简文屡屡说墓主悼固"不入食",如 9 号简说悼固"昌(以)悆(闷)心,不内(入)飤(食)",37 号简说悼固"☐昌(以)不能飤(食),昌(以)心孛(闷)",38 号简说悼固"☐昌(以)心悆(闷),不能飤(食)"等。或许可以推知,悼固曾因心闷而吃不下东西,其祀灶神很可能即因此,在战国中晚期之际灶神可能就已主司饮食之事。

三、内斋与野斋

楚人的宗教生活中有"斋"的行为,最早见于望山一号墓简文,共有 8 枚简。106 号简"☐逯(归)玉束大王。己巳内斋☐",132 号简"☐君,戠(特)牛。己未之日卜,庚申内斋",137 号简"☐祭橐(厩),甲戌、己巳内斋☐",154 号简"☐日所可昌(以)斋☐",155 号简"☐□己巳、甲子之日内斋",156 号简"辛未之日埜(野)斋☐"。157 号简"☐斋。☐",158 号简"☐斋。☐"

斋,乃祭祀前整洁心身之礼,其内容包括沐浴更衣,不饮酒,不食荤,别居于斋宫。经典"斋"字多作"齐",《论语·乡党》:"齐必变食,居必迁坐。"《左传·庄公四年》:"楚武王荆尸,授师孑焉,以伐随。将齐,入告夫人邓曼曰：'余心荡。'"杜预注："将授兵于庙，故齐。"《左传·庄公十三年》楚恭王埋璧请神择嗣，"使五人齐，而长入拜"。

　　简文中的"内斋"与"野斋"区别明显，无疑是一组互相对应的祭祷方法。新蔡葛陵简中也有一条简文提到"内斋"，见于甲三134＋108："☑甲戌闢（辟），乙亥祷楚先与五山，庚午之夕内斋。"虽然新蔡简中未见"野斋"，但这种"内斋"与"野斋"的区别，无疑也是存在的。但是在迄今所见的楚简中，尚未有将内斋与野斋书写于同一枚简上的辞例。

　　望山简的整理者认为："疑野指城外，内指所居宫室。或谓'内'当读为'人'。"但商承祚先生指出，"内斋"与"野斋"就是文献中的"致斋"和"散斋"。这一意见，得到多数学者的认同。《礼记·祭义》"致齐于内，散齐于外。齐之日，思其居处，思其笑语，思其志意，思其所乐，思其所嗜。齐三日，乃见其所为齐者"，郑玄注："致齐，思此五者也，散齐，七日不御、不乐、不吊耳。"是内斋犹致齐（斋），野斋犹散齐（斋）。

　　杨华先生继而指出，望山132号简中的己未为卜日，次日庚申为斋戒之日，卜日之次日斋戒，正与《周礼·大宰》贾公彦疏所说相合。比较新蔡简和望山简中内斋之日与祭祷之日的关系，望山132号简中庚申是己未的次日，新蔡简甲三134号简中斋戒之日（庚午）是祷日（乙亥）的前五天，望山137号简中斋戒之日（己巳）也是在祭日（甲戌）的前五天，可以确定楚人祭祷礼俗中存在着"卜日→斋戒→祭祷"的顺序。望山简和新蔡简中记载"内斋"的简文之末尚有空白，推断楚人是将斋戒（至少内斋）记在祭祷记录的最后。

【释文】

　　☑□癙（瘥）。[1]【152】

　　☑□癙（瘥）☑【153】

　　☑日所可㠯（以）斋☑【154】

　　☑□己巳、甲子之日内斋。【155】

辛未之日埜(野)斋☒^[2]【156】

☒斋。☒【157】

☒斋。☒【158】

☒韹(闻)臱(爨)月之良☒^[3]【159】

☒□乙亥之日☒【160】

☒甲子之日□☒【161】

☒乙亥☒【162】

☒甲子☒【163】

☒乙丑之☒【164】

☒□乙丑。☒【165】

☒辛未☒【166】

☒己☒【167】

☒亚(恶)☒^[4]【168】

☒唇(辰)☒【169】

☒□告軓(范)䐗(获)☒【170】

☒苛怆☒【171】

☒苛怆☒【172】

☒□鄑(归)☒【173】

☒日,观□☒【174】

☒□之。䧹☒【175】

☒杀,坪樊(乐),^[5]思(使)攻解于下之人、不壮死。^[6]☒【176】

☒思(使)攻☒【177】

☒城(成)。门既城(成)。^[7]☒【178】

【注释】

　　[1] 第一字存底部,为"止"。(陈伟等 2009)疑是"述"字之残。(武汉

大学简帛研究中心、湖北省文物考古研究所、黄冈市博物馆 2019)

〔2〕埜斋，"埜"即"野"。埜斋即《礼记·祭义》所载"散齐"(齐、斋通假)，据《礼记·祭统》等载，祭祀前七日清心洁身，能外出，但不御、不乐、不弔。(商承祚 1995)

〔3〕良，据红外影像释。(陈伟等 2009)

〔4〕亚，据红外影像改释。(陈伟等 2009)

〔5〕杀，一说字当从上读，约为"格杀"一类，是祭祷的对象。(晏昌贵 2005B)

坪樂(乐)，一说相当于"乐之"，为"祷"的内容或仪式。(晏昌贵 2005B)

〔6〕攻解，亦见于包山楚简。攻是责让，《论衡·顺鼓》所述甚详。简文中说"攻解于不辜"，是作祟的冤鬼，故需加以攻解，即责让冤鬼，解除灾患。(李学勤 1989)一说攻是祭名，重在以辞责让。解即解脱。攻解对象中，均是非正命而死的厉鬼。对这些作祟的外鬼，古人大多不予祭祷。(于成龙 2004)

下之人，即《礼记·檀弓》"死而不弔者三：畏、厌、溺"之"厌"，孙希旦《集解》谓覆厌而死者。(于成龙 2004)天星观简有"将有亚(恶)于车马下之人"，不知"车马下之人"与本简"下之人"是否有关。(武汉大学简帛研究中心、湖北省文物考古研究所、黄冈市博物馆 2019)

不壮死，即夭殇，属于"非正命"而死之类。(董珊 2007)或说当读为"臧"，训为"善"。"不臧死"即不正常死亡。(武汉大学简帛研究中心、湖北省文物考古研究所、黄冈市博物馆 2019)

〔7〕"城""门""城"，据红外影像释出。(陈伟等 2009)

【延展阅读】

攻解、解、攻除

"攻解"见于望山简、包山简和天星观简，不见于新蔡葛陵简和秦家嘴简。一般写作"由(思)攻解于××(神灵名)",也有的写作"命攻解××(神灵名)"。从简文书写的位置看,攻解一般位于祭祷之后,且祭祷用牲,攻解不用牲。攻解的对象包括人禹、不辜、岁、兵死、水上、溺人、日、月、强死等,大多是比较低级的神灵。《周礼·春官·大祝》:"掌六祈,以同鬼神示,一曰类,二曰造,三曰禬,四曰禜,五曰攻,六曰说。"郑玄注:"祈,嘄也,谓为有灾变,号呼告神以求福。"引郑司农云:"类、造、禬、禜、攻、说,皆祭名也。"郑玄则以为:"攻说,则以辞责让。"又以为"造、类、禬、禜皆有牲,攻、说用币而已"。说"攻"不用牲,与简文同,《论衡·顺鼓》:"告宜於用牲,用牲不宜於攻。"亦以"攻"不用牲。简文"攻解"大概是以"攻"法以解除其祟祸之意。

楚简中另有单记"解"的简文,见于天星观简、新蔡葛陵简。天星观170号简:"解于二天子与云君以佩珥。"新蔡甲三300、307号简:"□齐(文)君与啻(谪)。□解于太,遫(逐)亓(其)疋祝(说)。八月壬午之日鹰(荐)太。"新蔡零151号简:"□解于太,亯(就)祷□□□□。"新蔡甲三239号简:"□解于北方。罪(择)□。"天星观222号简:"思速解安。"其与"攻解"的不同之处在于,一是"攻解"位于简文之末,后不再接祭祷一类的简文,但"解"类简文后多接祭祷内容;二是"攻解"不用牲币,而"解"用牲币。"解"与"攻解"可能是两种不同的方术。

楚卜筮简中另见"攻除"一词。包山229号简:"思攻叙于宫室。"望山一号墓117号简:"思□□于宫室。"两相对照,望山简中的缺文可能也是"攻叙"。"攻叙"在简文中的位置与"攻解"相同。"叙"读为"除","攻叙"即攻除,是攻而除去的意思。从简文看,攻除可能只用于宫室。古人认为宫室多恶鬼厉气。睡虎地秦简《日书·诘咎》里就详细记载了宫室之鬼及驱除之法。

【释文】

　　□既□□【179】

　　□悥(喜)之□【180】

☑之未【181】

☑□辛☑[1]【182】

☑怀□☑【183】

☑□夕□☑【184】

☑□公(容)☑[2]【185】

☑为□☑【186】

☑□疾☑【187】

☑贞☑【188】

☑又☑【189】

☑吕(以)☑【190】

☑□楚☑[3]【191】

☑屵☑[4]【192】

☑子☑【193】

☑死☑【194】

☑毋☑【195】

☑□审(中)☑[5]【196】

☑呆☑[6]【197】

☑己☑[7]【198】

☑□☑[8]【199】

☑□。☑【200】

☑□。【202】

☑□子☑【203】

☑☑[9]【204】

奠☑[10]【206】

☑□☑[11]【207】

【注释】

[1] 辛，据红外影像释出。（陈伟等 2009）

[2] 厺，为"容"字异体。（李守奎 2003）"容"上一字，似是"之"。（陈伟等 2009）

[3] 整理者："楚"上一字残损，从残画看似是"於"字。此简与 122 号简可能是一简之残片，缀联后可释读为"□于楚先老橦□"。

[4] 屵，《望山楚简》图版贴反，整理者字释为"方"。《江陵望山沙冢楚墓》图版订正，字改释为"长"。此字与包山简 140"四百"、140 背"八十"下一字以及上博竹书《采风曲目》2 号简整理者疑读为"媺"的"屵"相同。（陈伟等 2009）

[5] 第一字据红外影像，该字下部似从"日"，疑是"昌"字之残。（陈伟等 2009）

[6] 呆，整理者：似为"保"字之半，似为"保豪"残文。

[7] 己，整理者：此字不清，可能是"己"字。

[8] □，张光裕、袁国华释为"哉"。（张光裕、袁国华 2004）

[9]《江陵望山沙冢楚墓》204 号图版是无字短片，释文似依 205 号简（《望山楚简》204 号简）图版所作。（陈伟等 2009）

[10] 奠，夏小寒改释。（夏小寒 2020）商承祚归入望山二号墓（63 号简）。（商承祚 1995）此片也许属于签牌。（武汉大学简帛研究中心、湖北省文物考古研究所、黄冈市博物馆 2019）

[11] 此片商承祚缀合于 127 号简之下，字释为"陀（地）"。（商承祚 1995）

【延展阅读】

一、楚简的用字习惯

用字习惯是指人们记录语言时选择用哪一个字（形体）来记录哪一个

词（音义）的习惯。文献中的用字习惯常因时代或地域不同而出现差异。关于出土文献的用字习惯差异问题，学界早已提出，并将有关分析运用到具体的文字考释实践中。如中山大学古文字研究室楚简整理小组在对望山楚简进行整理考释时就曾指出楚简"大小"之"小"均写作"少"，为战国楚人用字的习惯。

战国楚简在记录同一个词的用字选择上，与传统的阅读习惯（从秦系文字到《说文》系统到传世文献）时有不同：或采用别的已有字形，或另造专字，具有鲜明的地域个性。如美丑之"美"，楚简一般写作"㣿"或从"㣿"之"媺""敚"等；又如传世古书和秦诅楚文所载楚先公名号及氏名之"熊"，楚简中多记作"酓"，新蔡葛陵简偶尔作"嬴"；再如"匹"字楚简多作"佖""駜"，从"人"从"马"，"必"声等。

望山简中亦多见此类现象，如用"哉"或"㦤"表示"岁"，用"軋"表示氏名"范"，用"豢"表示"家"，用"愿"表示悼王、悼氏之"悼"，用"憙"表示"喜"，用"飤"表示"食"，用"嬰""遹"表示"举"。又如用"雀"记写"爵位"之"爵"，又增"竹"旁作"篧"。"行"本指道路，古人以为道路也有神名，故道路之神也称"行"，又写作"綍"。楚人先祖老童之名号，又写作"禥"等。

这些用字差异，有些与文字分化有关，有的可能是方言方音的反映，也有一些，现在还不太清楚其原因何在。用字选择的差异，反映的是不同地域文化或族群文化的差异，对于探讨使用者的文化心理与思维方式有重要价值，对于相关学术研究亦有重大意义。如自从陈伟先生怀疑包山楚简"由"字为"使"字的假借，刘信芳先生明确读楚帛书"思"字作"使"，后经多位学者反复论证，楚系简帛中存在以"由"和"思"记录使令、致使之"使"的现象已得到学界普遍承认。又如楚简中有"目"下从"卩"的字形，也有"目"下从"人"的字形，一开始都被释为"见"。后来学者发现这两个字形在使用上是有所分工的。裘锡圭先生根据楚简中有关线索，指出殷墟甲骨文中上从"目"下从"人"的字形应读为"视"，字即"视"的表意初文，使有关文例均得到很好的解释。再如裘锡圭先生根据武威汉简《仪礼》和马王堆帛书《缪和》中"设置"的"设"记作"埶"的现象,正确地指出传世古书中有些"埶"也应读作"设",更进一步纠正了一些因不明此用字习惯而造成的讹误。后来在郭店楚简、上博楚简中也能看到"埶"表"设"的情况。这进一步将"设"用"埶"字形表示的实物证据提前到了先秦时代。

二、楚人尚巫的风俗

尚巫是原始民族中的普遍现象。巫术是原始宗教的一种形式,以信仰和崇拜某些超自然的神灵为前提,并按照个别人或某些人的愿望,以一定的方式,作用于超自然的神灵或其他人。随着科学技术的发展和人类社会的不断进步,此俗日渐淡化,但在楚地,尚巫之俗却久盛不衰。《汉书·地理志》说楚地"信巫鬼,重淫祀"。又《国语·楚语下》说:"九黎乱德,民神杂糅,不可方物,夫人作享,家为巫史。"可见其风。

纵观楚史,上到君臣,下至庶民,都笃信巫鬼。自春秋以来,楚地尚巫之俗经久不衰。据《史记·日者列传》记载,西汉文帝时,楚人有著名日者司马季主,卜于长安东市。宋忠、贾谊曾结伴游卜肆,为其所折服。《隋书·地理志》说:"大抵荆州率敬鬼,尤重祠祀之事。"元稹《赛神》诗云:"楚俗不事事,巫风事妖神。"一直到清代,顾炎武还在《天下郡国利病书·湖广》中说:"湘楚之俗尚鬼,自古为然。"由此可见,楚地巫风之长盛不衰。

多神崇拜是巫术赖以存在的基础。楚人多神崇拜的神祇大致可分天神、地祇、鬼神及其他精灵。天神地祇主要是与日、月、星辰、风、雨、雷、云、四方、山川、土地等有关的神祇。常见的主要有东君(日神)、司命(包括大司命和少司命)、司祸、云君(或作云中君)、岁(木星)、二十八宿星系、北斗、朱雀和苍龙等四像、地宇、荆山、武夷君、大水、江、汉(包括汉水女神)、沮、漳、湘灵(湘君、湘夫人)、后土(土神)、行(路神)、社神、灶神等。其中最为重要的则是太一天神。

古人认为,人死后可成鬼也可成神,有功德的人死后即可成神。据上古传说,圣明的帝王为神者在楚地主要有神农、炎帝、帝舜。祖先崇拜是鬼神崇拜的核心内容,上至帝王下至寻常百姓都是如此。先秦楚王室祭祷的祖先是楚君先公先王,其中最主要的有老童、祝融、鬻熊、熊绎、武王以及直系父祖,并有一套完整的祀典。屈死之人和非正常死亡者即变为厉鬼,厉鬼就是恶鬼。人们还相信某些动物、植物亦可变成精灵,其中大多与恶鬼相同。这些厉鬼、精灵会危害人,故要加以祭祀和驱逐。

周成王承认楚国的诸侯地位后,楚人向周王朝进贡的方物中,最主要的就是苞茅、桃弧、棘矢、龟等。这些都属于祭祀鬼神和驱邪禳灾的重要物品。这在一定程度上反映出楚人信巫鬼的情况。

楚君具有巫文化的传统。据东汉桓谭《新论》记载,春秋后期,楚灵王曾在宫中带头跳巫舞,其文云:"昔楚灵王骄逸轻下,简贤务鬼,信巫祝之道,斋戒洁鲜,以祀上帝,礼群神,躬执羽绂,起舞坛前。吴人来攻,其国人告急,而灵王鼓舞自若。顾应之曰:'寡人方祭上帝,乐明神,当蒙福佑焉,不敢赴救。'"楚平王初即位时,吴灭州来,令尹子期请求伐吴,平王不许。其不许的理由就是"吾未抚民人,未事鬼神"(《左传·昭公十三年》)。"事鬼神"与"信巫祝之道"是一个意思。这些记载大致可以反映楚君信巫的情况。

占卜是一种广为流行的巫术。在楚国中央机构中,设有卜尹等职,《左传·昭公十三年》记载平王曾以观从为卜尹。占卜的范围甚广,但不像商代遇事皆卜,而是有疑才卜。《左传·桓公十一年》记载楚武王四十年(公元前701年),楚与郧、随等国发生蒲骚之战,战前莫敖屈瑕想占卜一下。大臣斗廉反对,他说:"卜以决疑,不疑何卜?"表明了楚人占卜的基本原则。

战国时期的占卜情况在楚辞和出土楚简中多有记载,均属于楚臣的占卜。其占卜原则仍是有疑则卜。望山简、包山简、新蔡简、天星观简、秦家嘴简等都有卜筮祭祷的内容。占卜本来是一种巫术,配上祭祷,巫风特色更浓。占卜结果中如"小有忧戚",就认为是鬼神作祟,应向鬼神祈说以求解脱。于是祭祷鬼神祈求福佑,并按解脱忧戚的办法行事。祭祷的对象有老童、祝融、鬻熊、熊绎、武王、昭王、简王、声王、悼王等楚国先公先王，以及求卜人的直系父祖等，此外还有其他神祇，如后土、行、宫、社、人禹、不辜、岁、大水、高丘、山川等，其中较多的属于自然神祇。

祭祷是巫术的一种手段。楚地有祭灶神的习俗，出土材料中见于望山简。传世文献亦有记载。《后汉书·樊宏阴识列传》记载，西汉宣帝时，汉北(今河南南阳新野县)阴子方，至孝有仁恩，大约在腊日晨炊幻觉见到灶神形，贫困，无其他祭物，仅以家中黄羊(《荆楚岁时记》称："汉阴子方，腊日见灶神，以黄犬祭之，谓之'黄羊'。")祭祀，不久暴富，以为灶神福佑，便常在腊日以黄羊祀灶神，后也成为一种楚俗。

"禁忌"迷信，也属于巫术的一种。有岁忌、月忌、日忌等等，都涉及宜(适宜做什么)忌(不能做什么)两个方面，而以忌讳为主，故以"禁忌"加以涵盖。楚帛书中的"月忌"和九店楚简中的《日书》，是我国考古发现时代最早的有关记载。这些发现都在一定程度上反映出先秦楚人的"禁忌"迷信。

楚帛书中的"月忌"，在每月之下都有宜忌两种而以忌讳为主，内容涉及做大事、会诸侯、出师、征伐、嫁女、娶女、筑室、畜生等国事和日常生活。如帛书"月忌"：正月，"曰取：犯则至，不可以□杀。壬子、丙子凶，作□、北征，率有咎，武□其歇。"二月，"曰女：可以出师，筑邑，不可以嫁女，娶臣妾，不亦得，不成。"凡此皆属于式占一年各月的行为宜忌。

九店楚简主要是指九店五十六号楚墓所出竹简。这批竹简主要属于占候时日宜忌的《日书》。主要内容是：一为历忌，包括楚《建除》(以建、陷等十二名排列岁月地支，并述其宜忌)、楚《丛辰》(以秀、结等十二位排列地支，并述各日宜忌)。二为四时吉凶类，包括十个天干日的吉凶，十二地支日的宜忌，以及"成日""吉日"和"不吉日"的宜忌。三为相宅，主要述建筑住宅方位的宜忌。四为朝夕启闭，以十二地支日(如"五子""五丑"等)朝夕启闭占方向吉凶、逃入、疾病。五为"岁"忌，述凶煞星神游行的方位，及其"往亡归死(出行还入)"的忌日"移徙吉凶"。六为"行"的宜忌，即以十二地支占行,并述出行宜忌。七为裁衣宜忌。八为死生阴阳,讲岁时阴阳消长,以供选择时日。诸种宜忌所涉事项十分庞杂,涉及人生的方方面面。

楚地巫风盛行的原因很多,大致可以归纳为以下几点:

一是受所处地理环境的影响。楚在立国之初,所封之地僻处南方,筚路蓝缕,以处草莽,跋涉山林,以事天子。荒蛮之地,生存实属不易,再加上水灾频仍,疾病肆虐,毒蛇猛兽横行,使人产生了对鬼神的敬畏之情。生活在这种恶劣环境中的楚人没有能力摆脱这种困境,就只好寄希望于神灵庇佑。

二是受周围少数民族的影响。楚人在其居住地周围,西有巴蜀,东有东夷,南有三苗、百濮、九黎,西北有狄,在楚国境内也有苗、濮等少数民族,居住环境十分复杂。特别是其中的三苗,"家为巫史",巫风盛行。在长期的相处过程中,苗人风俗对楚人必然产生深远影响。

三是受历史文化传统的影响。《史记·楚世家》载楚人的祖先祝融为"火正","火正"即火师,是司火之官,主持一系列祭祀活动,以通天地神人。楚人先祖鬻熊在归附周文王时继承了其先人的"火正"之职。后来,始封的楚君熊绎,在周成王"盟诸侯于岐阳"时曾"守燎"。从重黎到鬻熊再到熊绎,都曾参与祭祀活动,说明楚人的先祖有担任巫觋的历史传统,可以说楚国统治者的身体力行,助长了巫风的盛行。

二、签　　牌

【释文】

　　☑箽(箕)二箄。[1]☑【146】

　　☑□。[2]☑【201】

【注释】

　　[1] 箽,"箕"的省体,从竹巽省声,疑读为"筍",今通行作"笋"。(刘

国胜 2013)

箄,《说文》:"箄,筲箄也。从竹,卑声。"《方言》十三:"箄,籧也。"注:"今江南亦呼笼为箄。"(何琳仪 1998)

此片上端残缺,下端削尖,当是签牌。类似签牌见于长台关一号墓、曾侯乙墓和包山二号墓。(陈伟等 2009)

[2] 契口大,异于其他简。类似情形见于包山二号墓签牌 404 - 1 和 469 - 1,亦当是签牌。(陈伟等 2009)

【延展阅读】

关于签牌

战国楚墓中出土有一些与竹简类似的竹质签牌,如信阳长台关一号墓、江陵望山一号墓、曾侯乙墓、包山二号墓、江陵马山砖厂一号墓、沙洋严仓一号墓等均有见,数量一枚至三十余枚不等。

签牌或称"楬"。《周礼·职金》:"辨其物之媺恶与其数量,楬而玺之。"郑玄注:"既楬书楰其数量,又以印封之……今时之书有所表识,谓之楬橥。"《广雅》云:"楬,橥杙也。"战国时期的签牌所用之材料大多用竹制,而汉时竹、木都用,以木为主。战国时期的签牌长度在几厘米至十几厘米之间,其宽度与竹简相当,外形与竹简相似。签牌在一端开有契口或削成契形,以便插在所标示的物品之上。

秦代里耶简牍中有多件木楬,均为官文书所用木楬。长沙走马楼三国吴简中的楬也是官府文档签牌,但形制为多边形(上部为三边形而非半圆形,且以腰部缺口代替穿孔)。西北出土木楬形制略异于楚地出土楬,如居延木楬一般长而窄,形体小者如宽简、大者如木牍,常书一至两行文字,上部半圆或三角状,画网或涂黑,一般上部只有一个穿孔。

长沙五一广场东汉简牍中的木楬形制最全:有上部为"凸"字形,即整体六边形的;有上部为半圆形的;有上部为三角形的;有上顶部平齐或三角形;有上部两侧有三角刻槽的。与西北地区所出签牌不同的是,五一广场东汉简牍签牌上部不涂黑或画网格。

望山二号墓简册

第一节　竹　简　概　述

　　二号墓竹简置于随葬品之上，未被叠压，故有五枚保存较完好，但编绳已朽烂，许多简曾随浸水四散漂动，且已残断，经拼接缀合，共编为 66号。整简最长者 64.1 厘米，残简最短不足 1 厘米，一般多在 4 至 10 厘米左右，宽 0.6 至 0.7 厘米，厚 0.1 至 0.16 厘米。竹简的竹黄一侧边缘有三角形契口，用以固定编绳，完整简所见有两道编绳，先写后编。文字皆书于篾黄，留天地未书字，每简多者七十三字，少者三四字，简文共有九百二十五字，书体工整，笔迹不尽相同，当出自多人手笔。竹简内容为遣策，所记随葬品达 320 种之多，许多器名不见于文献，它为考定当时楚国各类器物的名称提供了文字资料。简文所记器物，有一部分与墓中随葬品吻合，有些则与器物相符而数量不同，另有一些是仅见简文而未见出土实物，或有实物而简文未载。

　　1 号简前半部分以大事纪年，当是遣策首简。后半部分记"车与器之典"，林清源（林清源 2004）以为篇题。

　　资料的刊布情况与一号墓相同。

　　本书释文沿用整理者在《江陵望山沙冢楚墓》中使用的简号和顺序。49、50 号简，按照整理者意见作连读处理。60、61 号简，按照刘国胜先生意见（刘国胜 2010）作缀合处理。

第二节　释文、注释、译文及延展阅读

遣　策

【释文】

□周之哉(岁)八月辛□之日，[1] 车与器之典。[2]【1】

女簞(乘)一簞(乘)：[3] 龙杸(辀)[4]，齿孚，[5] 翟轮。[6] 月緅聏(联)綿(縢)之鞌冃。[7] 轩反(軘)，[8] 绢緅聏(联)綿(縢)之綵(縜)，[9] 丹緅之里，丹砫(重)緅之纯。[10] 亓(其)韦(帏)，[11] 丹緅聏(联)綿(縢)之綵(縜)。亓(其)并(屏)橅，[12] 丹砫(重)緅之綵(縜)，黄支(纁)组之纗(缀)三十。[13] 丹组之屋，[14] 纺里，[15] 绢【2】

緅聏(联)綿(縢)之纯□[16]【3】

【注释】

[1] ……周之哉(岁)，整理者：此当是以事纪年的残文。可能这一年楚与周王发生过关系，即以其事纪年。

哉，整理者：字从"日"不从"月"，比较特殊。

八月，整理者：楚的八月相当夏历五月。

"辛"下之字不清，整理者推测当是可以与"辛"相配的地支，如"丑""卯"之类，其下当是"之日"二字。此三字，一说释为"丑之日"。（商承祚

1995)

[2] 与,用作连词。简文"车与器"指送葬的车马和随葬器物。包山遣册首简有"用车"之词,曹家岗遣册首简有"葬器"之词。(刘国胜 2011B)

典,商承祚释。(商承祚 1995)

[3] 女乘,整理者:疑指妇女所乘的四周遮蔽得比较严密的车子。《诗·卫风·氓》"淇水汤汤,渐车帷裳",毛传:"帷裳,妇人之车也。"《释名·释车》:"容车,妇人所载小车也,其盖施帷,所以隐蔽其形容也。"一说《周礼·春官·巾车》"王后之五路……安车,雕面鷖总,皆有容盖",郑玄注:"安车,坐乘车,凡妇人车皆坐乘。"《释名·释车》:"軿车,軿,屏也。四面遮罩,妇人所乘牛车也。""女乘"大概与"容车""安车""軿车"相类,其车箱遮罩较严,可供坐卧。但是否只容妇女乘坐,有待考证。(刘国胜 2003)

[4] "杒",读为"辀",指车辕。"龙辀"当指辕首端雕刻作龙头的车辕。(刘国胜 2011A)

[5] "齿"下一字,整理者:似当释为"孚",所指未详。古代称象牙为象齿,亦简称齿。简文"齿孚"疑指用象牙装饰的"孚"。一说释为"爰",(滕壬生 1995、程燕 2004)读为"辕"。(何琳仪 1998、刘国胜 2003)

[6] 翟轮,曾侯乙墓 26、28 号简有"鄻轮",疑是用翟羽装饰的车轮或绘有翟羽纹饰的车轮。(裘锡圭、李家浩 1989)

[7] 肙,读作"绢"。(李运富 1997)一说是丝织品的颜色,疑应读为"䵷",《广雅·释器》:"䵷,黑也。"(李家浩 2006)

絲,整理者:是此墓简文中最常见的织物名,疑当读为"紬",即后代的"绸"。肙絲,当读为"缁紬",即黑色之紬。一说隶为"纐",读为"缪",指一种作为衣服等物的镶边的丝织品。江陵马山 M1 出土一件"纐(缪)衣"。(刘钊 1999)或说读为"绣",指"刺绣品"。(刘国胜 2007)

綊,"縢"字异体。一说是"縢"字的省文。《说文》:"縢,绳也。从糸,朕声。"《诗·鲁颂·閟宫》:"朱英绿縢。"传:"縢,绳也。"(何琳仪 1998)

冐緅聅(联)綇(縢)，整理者：简文屡见，似是一种织物的名称。一说是用绢绸等织物编织而成的绳或带，是一种混合织物。(古敬恒 2002)

釐冐，整理者：车上之物，待考。包山 267 号简写作"輓绢"，275 号简写作"緐绢"。釐，一说隶作"釐"，"辌"的繁文。《集韵》："辌，车轴。"(何琳仪 1998)或说"釐"读为"緐"，"冐"读为"鞄"。《说文》："鞄，大车缚轭靻也。"鞄是用来把轭绑缚在车衡上所用的皮带。"緐鞄"就是缚轭之鞄。(田河 2007)

[8] 轩反，整理者：《文选·羽猎赋》李善注引韦昭曰："车有轓曰轩。"《汉书·景帝纪》"令长吏二千石车朱两轓"，颜师古注引如淳曰："轓音反，小车两屏也。"简文的"轩"不是车名，应指车两旁的"轓"。"反"疑当读为"軬"。古代比较高级的车，两轓上部向外翻，名为軬，亦称车耳。《说文》："軬，车耳反出也。"一说"轩"不是单指车厢两旁较高的屏藩或车耳，而是由厢舆之上的屏藩、车盖以及车耳共同构成的一个形似屋室的整体结构。在车轮之上，车厢之侧，屏之下有一对用以遮挡车轮带起的尘泥之物，是为"軬"。"轩反(軬)"乃"轩"之"反(軬)"，"反(軬)"应是"轩"的一部分。(李守奎 2000)

[9] 緤，李零释，所从乃"枼"字。(李零 1999)"緤"即天星观遣册的"褋"，天星观遣册"□轩褋，索(素)锦之里"，"褋"显然是车器部件。古文字中从衣、从糸可以通用，"褋"与望山之"緤"可能是同一字的异写。褋是轩或车阑上的覆盖物，天星观和望山遣册所记之"褋"正是轩上之物件。(田河 2007)

[10] 碷，释为"重"。(李守奎 2003)

纯，整理者：《广雅·释诂二》："纯，缘也。"疑指用织物包在"轩反"周围作边。"丹厚緅之纯"当是指"緤"的缘饰。(刘国胜 2011B)

[11] 韦，整理者：疑当读为"帏"，"帏""帷"古通。此处疑指车的帏帐。一说帏似指车箱正面的帷幕。帷幕应系挂于车藩前面，需要时将其张开，可遮蔽车箱正面。(刘国胜 2003)或说《诗·卫风·氓》"淇水汤汤，

渐车帷裳",毛传:"帷裳,妇人之车也。""韦(帷)"大概就是这种帷裳。秦始皇二号铜车马属于安车,车舆分上下两层。简文的"韦(帷)"应该类似其上层衣蔽。(田河 2007)

[12] 并櫨,整理者:"并"似当读为屏蔽之"屏"。櫨即栏杆的孔格。古书又有"軨"字,亦作"軨",专指车上的栏杆,是"櫨"的分化字。屏櫨疑即汉代人所谓的屏星,是车前屏蔽之物。一说櫨既包括车箱前面的栏杆,又包括车箱两端的栏杆,则屏櫨应是遮罩这三侧的栏杆,而不仅仅是"车前遮罩之物"。(古敬恒 2001A)

[13] 攴,整理者:似当读为"緶"。緶与"编""辩"音义皆近。

组,《说文》:"组,绶属也。其小者为冠缨。"《礼记·内则》"织丝组紃",疏:"组、紃,俱为条也。纴为缯帛,薄阔为组,似绳者为紃。"(何琳仪 1998)

纅,隶作"纅",读作"缀"。《诗·商颂·长发》"为下国缀旒",笺:"缀,犹结也。"(何琳仪 1998)一说"缀"疑是装饰在车衣上的一类饰带或系带。(刘国胜 2011B)"缀"可以用数量表示。《礼记·丧大记》:"君锦冒黼杀,缀旁七;大夫玄冒黼杀,缀旁五;士缁冒赪杀,缀旁三。"1968 年河北满城西汉中山王刘胜墓出土铜壶甲颈铭:"盖(楹)圜四叕(缀),牺尊成壶。"这与简文"缀十又八""缀三十"可以合观。(石小力 2019)

[14] 组,为马勒之里,读"靻",柔革。(刘信芳 1997B)一说疑读为"缚"。《仪礼·聘礼》"贿用束纺",郑注:"纺,纺丝为之,今之缚也。"包山 268 号简记"一纺盖",即指用"纺"做的车盖。(刘国胜 2003)

屋,整理者:《说文》"屋"字古文与此字相似。《汉书·陆贾传》"去黄屋、称制",颜师古注:"黄屋,谓车上之盖也。"一说"丹組之屋"应该是指车盖的盖面由红色纺织品制作。(罗小华 2017)

[15] 纺,整理者:《仪礼·聘礼》"贿用束纺",郑注:"纺,纺丝为之,今之缚也。"

[16] 整理者:2 号、3 号两简文字似相接。

【译文】

☑周那一年的八月辛☐日,车辆与器物的典册。【1】

女乘一辆:辕首端雕刻作龙头的輈,用象牙装饰的㝏,有翟羽纹饰的车轮。昌緅联縢做的鞶昌。轩軨,绢緅联縢做的綅,丹緅做的里子,丹重緅做的缘边。车的帏帐,丹緅联縢做的綅。屏樀,丹重緅做的綅,三十件黄缠组做的缀饰。丹组做的车盖,纺做的里子,绢【2】

緅联縢做的缘边☑【3】

【延展阅读】

一、遣策的命名

遣策是墓葬当中记录随葬物品的清单,是丧葬文书中极为重要的一类,是古人"事死如事生,事亡如事存"的实录,对研究古代丧葬礼制、名物制度、社会习俗、思想观念、经济生活有重要的价值。20世纪以来,考古发现的遣策类文书达160多份,主要分布在新疆、湖北、甘肃、江苏、湖南、山东等地。

"遣策"见于先秦文献,《仪礼·既夕礼》"书遣于策",郑玄注云:"策,简也。遣犹送也。"贾公彦疏:"云'策,简'者,编连为策,不编为简。故《春秋左氏传》云南史氏执简以往,上'书赗'云'方',此言'书遣于策',不同者,《聘礼》记云'百名以上书于策,不及百名书于方',以宾客赠物名字少,故书于方,则尽遣送死者。明器之等并赠死者玩好之物,名字多,故书之于策。"北宋聂崇义根据世传六种三礼旧图,参互考订,撰成《三礼图集注》一书。该书第十八卷《丧器》章绘有题名"遣策"图,图下引郑玄注及贾公彦疏。聂氏图像题名与所征引解说文字已经明确提出"遣策"的概念,认为"遣策"记录遣送亡者之明器、用器。而现在学界普遍使用的"遣策"这一概念是20世纪50年代叶恭绰为史树青《长沙仰天湖出土楚简研究》一书作序时提出的。叶氏说长沙仰天湖竹简"所书各物,大抵皆金属、丝属,其为赠赠遣送之物,无可疑者,因断此项竹简,当即《仪礼》中之遣策"。并以"遣策"指称出土文献中记录随葬物品的简牍。"遣策"这一命名很快被学界所接受,以后出土的此类简牍多沿用这一名称。

根据已经公开发表的发掘报告或简报资料来看,出土遣策的墓一般为诸侯国国君或封君墓、上大夫墓、下大夫墓、士一级贵族墓,葬具规模由多重棺椁到一棺一椁,而王墓和庶民墓尚未见到有遣策出土。墓葬规模较大,墓主身份地位较高,其所出遣策内容相对更加丰富,反之则较简略。遣策所记内容一般为随葬物品,且普遍存在遣策记录与随葬实物不完全相符的现象,不相符主要表现为数量不符、遣策未记或出土物未见等情况,其原因可能是赠奠之物只用于祭奠、遣奠而不用于随葬,墓中随葬的是遣送死者之明器。

二、出土战国遣策的形制与内容

出土战国遣策多采用竹简墨书,简的长度没有统一标准,长者达 70 多厘米,短则 20 多厘米,甚至同一墓中的遣策简也长短不一。总体而言,战国早中期遣策用简较长,中晚期以后,趋用短简。楚遣策习惯用两道编绳编连。凡系两道编绳的遣策,书写时上下不留空,顶格书写,即没有所谓的天头地脚。系三道编绳的遣策(仅包山遣策一部分)有天头地脚,简册的上、下两道编绳分别将天头地脚留出在外,而文字书写大体局限于上、下两道编绳之内。

战国遣策所记内容主要是随葬的乐器、酒器、水器、食器、车马器、兵器、武器、旗帜、服饰、食物、日常生活杂器等的名称和数量。战国遣策记录格式主要有:一、一般在开头写有题记。如曾侯乙墓遣策 1 号简记:"大莫敖阳为适豻之春,八月庚申,轵趄执事人书入车。"包山楚墓遣策267 号简记:"大司马悼滑救郙之岁,享月丁亥之日,左尹葬,用车。"望山二号墓遣策 1 号简记:"☐周之岁,八月辛☐之日,车与器之典。"湖北老河口安岗一号楚墓遣策记:"周客南公痈跎楚之岁,夏栾之月,癸酉之日,君葬贤子,列尹命执事人为之藏。"这些题记中交代的时间应是遣策的造册时间,记录的内容为"书入车""用车""车与器之典""为之藏"等;二、遣策按照分类布局,同类相从的原则记录,一般将同类和相关器物记录在一起。如包山遣策 255 号简:"食室之食:雀醢一缶、蜜一缶、葱菹二缶、蔓菹一缶。苣苙之菹一缶、蜜梅一缶。"265 号简:"大兆之金器:一牛镬、一豕镬、二乔鼎、二蠶鹰之鼎、二馈鼎、二升鼎、二鉴、二卵缶。"信阳遣策 2-12 号简记录"集厨之器"、2-18 号简记录"乐人之器"等;三、战国遣策注重器物形制特征描述,并记录其附件。如信阳遣策 2-10、15 号简:"一青屏□之璧,径四寸间寸,博一寸小寸,厚釱寸。"望山遣策 49 号简:"九盲童:其四盲童皆缇衣,其三盲童皆丹緅之衣,其二盲童皆紫衣,皆赤缘之屯颈,素缘之屯夬。"包山遣策、曾侯乙墓遣策尤其注重对车马器、武器附件的记载;四、遣策登记的物品并不全部都随葬。仰天湖遣策就使用"句"字来说明登记在册却未实际入葬的物品。其 18 号简记:"一策柜,玉首。一焚柜,有锦绣。其焚柜句。"简文"句"通"勾",勾销之义。"其焚柜句"意为两件"策柜""焚柜"中的"焚柜"未入葬。

三、遣策的学术研究价值

　　遣策主要记录随葬礼器、乐器、水器、车马器、武器、饮食器、服饰、布帛、家具、食品及日常生活杂器的物名和数量。遣策是时人以时文记时器,乃实录,所记器物又多能与墓葬器物相对应,可谓名实相应,使我们对这些名物的称谓、形制、功用甚至器物组合有较为丰富的认识,为我们解读古文献中的名物提供了最原始的第一手资料。所以遣策在名物训诂方面有其独特的优势,是十分难得的名物资料。比如通过对遣策名物与墓葬器物对比分析,可以推知信阳遣策、望山遣策、包山遣策所记的"汤鼎"实际上就是对应墓葬发掘报告中所说的"IV 式鼎""E 型鼎"和"汤鼎",这是古楚地习见的一种小口鼎,常与迠缶搭配使用。

　　遣策名物材料可以补正古注旧训,判定是非,有助于解决因古名物训释模糊、形制不明所造成的文献悬案。如作为周代五兵之一的"殳"，后世学者对其解说存在诸多分歧。有说是"杖"；有说是"无刃兵器"；有说是"农林之器"；有说是"三棱矛"等。曾侯乙墓遣策记有"殳"和"晋殳"两种殳，墓中所出有刃殳自名"曾侯之用殳"，又另出无刃"殳"。而据《考工记》注，殳的两端有铜套，显然是无刃。夏侯湛《猎兔赋》："拟以锐殳，规以良弓。""锐殳"应是有刃殳。裘锡圭、李家浩先生据此三重证据对两种殳做了很好的分辨，指出简文所记的殳正好有两种，一种称"殳"，一种称"晋殳"。显然"殳"就指有刃的殳，"晋殳"则指两端有铜套的无刃殳。殳之疑惑自此涣然冰释。

遣策名物为古书流传提供了新的认识。如孙诒让早已怀疑《逸周书·器服解》内容为遣策。后有学者认为今本《逸周书·器服解》必非原书，而是将汲冢的遣策混入了今本《逸周书》中，由于遣策中有"器服"字样，就方便地顶替了已经亡佚的《器服解》的位置。《器服解》云："器服数：犊四，棓、禁、丰一，觚、荒韦独。食器：甂迤膏侯、屑侯。乐：铋瓋参，冠一，竽皆素独。二丸弇焚菜脍五昔。"这样的文例、内容确实与遣策相类，如果将《器服解》从遣策名物、文例的角度解读，一定会有新的认识。

【释文】

軒□车一䢣（乘）：[1]龙□□[2]【4】

畋（田）车一䢣（乘）：[3]齿孚□[5]

□□臾（纛），紃縍（缝），[4]又（有）鋧镮。[5]奥（衡）、㔻（轭），[6]骨玫（骹），[7]㸧（漆）敝（雕）革（勒）。[8]绲绅（靷），[9]琢絲縂，[10]𤞞（狸）莫（貘）之冢，[11]紫韦之帅，[12]皆紃。紫黄之组。丹砫（重）緅之鏊冐，黄里。丹砫（重）緅之两童（幢），[13]黄支（缏）【6】

组之寳（缀）十又八。轩反（軬），冐緅耼（联）□[14]【7】

【注释】

[1] 軥车，整理者：此字有合文号，右旁不能辨，当是一种车的名称。

[2] "龙"下一字，看红外影像，似即 2 号简"龙"下之字的右上部。（陈伟等 2009）

[3] 畋（田）车，整理者：指田猎所乘之车。

[4] 臾，整理者：即"爨"字，其义待考。一说似当读为"鞲"。《说文》："鞲，车衡三束也。"是指将车衡与车辕、车轭绑固的革带。（刘国胜 2011B）

緷缚，整理者：疑当读为"緷缝"，指在皮革或织物的缝合之处嵌緷条为饰。一说"缚"字很可能是"缝"的一种异体。楚系文字中，既可以用从"衣""丰"声的"表"表示"缝"，也可以用从"系""奉"声的"缚"表示"缝"。简文"表（缝）"取其"汇合"之义。（刘刚 2020）

[5] 镮，"环"的异体字，泛指圆圈形物。（古敬恒 2001B）一说"鍉镮"应与车器有关，或读作"提环"，指"车上可以悬物之铜环"；或读作"题环"，指"车马具中马首上之环饰"。（袁国华 2002）或说江陵九店楚车马坑出土的车，在车衡与车辕、车衡与两轭这三处交接的地方发现有"二连环""三连环"。简文"提镮"似指这类环。天星观简记有"雍爨之环""爨环"。（刘国胜 2011B）

[6] 衡，整理者：《说文》"衡"字古文与简文相似。

叀，整理者：读为"轭"，本车轭之象形字。

[7] 玹，整理者：仰天湖 7 号简有"骨交"，与"骨玹"当为同语的异写，此墓 18 号简又有"黄生角之交"，19 号简又有"白金之交"。"交"当是器物上的一种饰物或附件。一说"玹"和"交"并读为"骹"，简文中的"骨骹"可能是指套在车衡和车轭端头的箍帽，其形如腿胫，上粗下细。（刘国胜 2011B）

[8] 郂敚革，整理者读作"漆彤勒"。"郂敚革"疑指有漆饰的勒。《周礼·春官·巾车》"革路，龙勒"，郑玄注："龙，駹也。以白黑饰韦，杂色为

勒。"可见古代的勒确有纹饰。

［9］绲，该字偏旁的写法，与《古文四声韵》所引《碧落碑》的"昆"更为相似，当是古文"绲"。（李家浩 1999）按，安徽大学藏战国竹简 46 号简《诗经·秦风·小戎》"竹枕绲縢"，《毛诗》作"竹闭绲縢"，其中"绲"字形作 ，同样的字形也见于曾侯乙墓简，此类字形所从之"昆"与望山简"绲"所从之"昆"的部件位置有所不同。

绅，读为"鞙"。《说文·革部》："鞙，引轴也。"出现在遣册简中记载车马器的文例中，是车器中引轴之"鞙"，与《说文》的"绅"字是同形字。（李守奎 1998）

［10］琢，整理者：《说文》"涿"之古文奇字作"叿"，亦从"日"，不知"琢"字是否与之有关。一说从"琢緜緃"的辞例来看，"琢"指颜色的可能性较大。（罗小华 2017）

緜，联的初文。（何琳仪 1998）

緃，整理者：不见于字书。信阳 2 - 07 号简有"纯悳"，疑"悳"与"緃"为一词的异写。《礼记·玉藻》"君羔幦虎犆"，郑注："犆读皆如直道而行之直。直谓缘也。""悳"字从"直"得声，与《玉藻》"君羔幦虎犆"之"犆"不知是否有关。

［11］狸莫，整理者：8 号简作"狸獏"，当指狸皮。

冢，整理者：即蒙覆之"蒙"的本字。一说望山简中的"冢"是放在鞙之后，"狸獏之冢"指蒙覆在鞙上的狸皮，23 号简的"鱼皮之冢"与"狸獏之冢"属于同类物品。（田河 2007）

［12］帅，字形又见于清华简《楚居》7 号简，为楚君酓帅之名，即史籍所记蚡冒熊率。"帅"与"率"通。《说文》："帅，佩巾也。"

［13］两，郭店竹书《语丛四》20 号简"两轮"之"两"正如此作。（陈伟等 2009）

童，整理者：疑当读为"幢"，是一种仪仗用的旗帜。《汉书·高帝纪》"纪信乃乘王车，黄屋，左纛"，颜注："李斐曰……纛，毛羽幢也。"

[14] 整理者：6号、7号二简文字似相接。这两简提到"衡厄""鞶肯""轩反"，显然与车有关。前面女乘一条已有"鞶肯""轩反"之文，田车不大可能有"轩反"，这两简似应属于4号简的"軥=一乘"条。但是此墓竹简已有残损，如果本来所记的车不止三辆，我们的推测就很可能不正确了。

【译文】

軥□车一辆：龙□□☑【4】

田车一辆：用象牙装饰的刳☑【5】

□□鑮，在缝合处嵌缅条为饰，有锟镮。车衡、车轭，骨头做的骹，有漆饰的勒。绲做的靷绳，琢絿做的縤，靷绳上有狸皮蒙覆，紫韦做的帅，都嵌缅条为饰。紫黄色的组。丹重緅做的鞶肯，黄色的里子。丹重緅做的两件幢，黄缠【6】

十八件组做的缀饰。轩軓，肙緅联☑【7】

【延展阅读】

一、古车的构造

车是中国古代最主要的陆路交通工具，它的出现是中国交通发展史上的一个重要里程碑，在人类社会生活中一直发挥着举足轻重的作用。关于车的发明，我国古代传说是黄帝造车，另一说是奚仲造车，并说他是夏代专管车舆的长官，称为"车正"。不过，夏代和夏代以前的车还没有发现，目前考古发掘出来的最早的实物车属商代晚期。在河南安阳殷墟发现的车是独辕的，约有18根辐条，有长方形车厢。一般可以坐两三人，大多数车由两匹马驾辕。车子木构件的轮、辐表面光平，以榫卯相接，有的车表面还涂成了红色。

古车中用于装载乘者的车箱称为"舆"，这是乘人的部分。舆前部的横木可以凭倚扶手，叫作轼。《释名·释车》："轼，式也；所伏以式敬者也。"在车上行礼时，须伏轼以示敬。车箱底部的四周木框叫轸。在车轸间装木梁，名枕。居中之枕在靠近车轼的位置上挖圆窝，以备容纳盖柄底端。在枕以上，自各轸的内侧牵引涂漆的革带交叉编成箱底，名轖或革轖。《说文·车部》："轖，车藉交错也。"轖上再铺车席，即"茵"，以构成适于坐乘的软垫。早期茵席为苇草编织，晚期则有用锦类丝织物编织而成的，豪华的车则以兽皮铺垫。车舆周围装栏杆，名轑。车轑在后部留出缺口，名輂，以便上下车。左右两侧的车轑较高，名輢。輢顶上装把手，名较，用于扶持。《说文·车部》："较，车輢上曲钩也。"有些车在輢顶另向外侧横出车耳，名軓，亦即所谓车轓。车身上拴有一根绳子，称为"绥"，供上下车时使用。《论语·乡党》说："升车，必正立，执绥。"

　　车的运转部分主要为轮和轴。轮的中心是一个有孔的圆木叫"毂"，毂内的大孔名薮，亦名壶中，用以贯轴。为了美观，毂上刻画有各种纹饰，称篆。车轮的边框叫"辋"。连接辋和毂的叫"辐"。四周的辐条都向车毂集中，称之为"辐辏"。车轴是一根横梁，上承车舆，两端套上车轮。轴的两端露出毂外，末端套有青铜或铁制的轴头，称作"軎"。轴头上有孔，用来纳"辖"，以防车轮脱落。辖呈扁平长方形，俗称"销子"。辖端又有孔，用以穿皮条，将它缚住使不脱。

　　古车中驾车部分的构件主要有辕、辀。其中，辕又称为"辀"，为一根直或稍弯的木杠。辕的后部装在车箱底下，与轴垂直相交。当它伸出箱底前沿的轸木后，有一段较平直的部分名軓。軓上横放竹编之笭。《释名·释车》："笭，横在车前，织竹作之，孔笭笭也。"軓前逐渐昂起，接近顶端处稍稍变细，名颈，衡就装在这里。颈外的顶端名軏，此处所装之包头，也叫軏。由于辕高于轴，所以箱底两侧之轸木不能落到轴上，而须在轸、轴之间垫以伏兔。伏兔的轮廓有点像一只木屐，故又名屐。《释名·释车》："屐，似人屐也。又曰伏兔，在轴上，似之也。又曰輹。輹，伏也，伏于轴上也。"缚伏兔于轴的革带名輁。

从商代直到春秋末，我国古车只装独辀，战国时才出现双辕。独辀车至少需驾两匹马。先秦之车多以"乘"为单位，表明一般驾四匹马。双辕车则驾一匹马，虽也有驾三匹马的，然而少见。到了西汉中期，作为交通运输工具的车，已基本上都是双辕的了。

衡是用以缚轭驾马的横木。其两端装衡末，常作圆筒形。独辀车于辀之两侧在衡上缚轭，双辕车的轭则位于两辕之中。在这两种车上，轭的作用并不完全相同。独辀车采用"轭——靷式系驾法"，轭既要牵曳靷绳拉车，又是车前部的支点。双辕车采用"胸带式系驾法"，轭只起支撑的作用。在车衡上，每个轭的两旁还要装軜，用以贯辔。

独辀车上采用"轭——靷式系驾法"，至少须驾两匹服马，在这两匹马所负之轭的内軥（即靠近辀一侧的軥）上各系一条靷绳，即《左传·哀公三年》所称"两靷"，两靷的后端系在车箱前的环上，再用一条粗绳将此环与轴相连接。而双辕车由于只驾一匹服马，所以将两条靷绳都直接系在轴上。两靷在绕过马胸的部位上加宽为鞅，亦名胸带。马拉车时由胸带承力，所以称为"胸带式系驾法"。胸带和腹带（鞧）、后鞦（鞧）组成整套鞍具。驾车人通过操纵手中的辔，便可使车子行进自如。这种驾车的方法在当时的世界上是很先进的，欧洲直到公元8世纪才出现同样的系驾法。在此之前长期采用的是相当不方便的"颈带式系驾法"。

车上一般有车盖，车盖可以遮阳避雨，而且高级马车还可以通过车盖的颜色和装饰显示其等级。商代的马车上未发现车盖，此物最早见于北京琉璃河1100号西周车马坑。车盖一般为伞形，其柄名杠。盖杠分为上下两节，严格说，杠仅指下节，此节又名桯（《考工记·轮人》）。两节之间由杠箍相衔接。先秦时，在某些场合中必须取下车盖，如《周礼·巾车》说："及葬，执盖从车。"《周礼·道右》说："王下，则以盖从。"

杠箍上面的那节盖杠之专名为达常。达常的顶端膨大，名部，也叫盖斗或保斗。《考工记·轮人》先郑注："部，盖斗也。"桓谭《新论》："北斗极天枢。枢,天轴也,犹盖有保斗矣。"环斗凿出榫眼以装辕即盖弓。盖弓的中部和尾部常有小孔,以备穿绳将各条盖弓牵连起来。据《考工记》《大戴礼记·保傅》及《续汉书·舆服志》刘注引徐广说,盖弓应有二十八根,以象征二十八宿。但此说并未形成严格的制度。盖弓末端装盖弓帽,多为铜质。其顶部一般作圆形,讲究的则作花瓣形,名金华。另在盖弓帽中部向上突起一个棘爪,名蚤,用来钩住盖帷的边缘以将它撑开。金华与蚤合称华蚤或金华爪。一般华蚤之花朵的方向与弓帽蚤的方向一致,也有的花朵自盖弓帽中部折而上昂,则名曲茎华蚤。《东京赋》:"葩瑶曲茎。"李注:"葩爪悉以金作华形,茎皆曲。"即指此种华蚤。

古代车马还有许多装饰性的附件,如銮、马冠、繁缨等。其中"銮"是装在衡和轭上的响铃,出现于西周。其下部为方銮座,上部为扁球状的铜铃,铃上有放射状孔,内含弹丸。车行时震动作响,声似鸾鸟齐鸣,所以也可以写作"鸾"。一般车子只装四銮,高级的车子则有八个之多。有的车上还插有旌旗,屈原的《国殇》在描述车战场面时就提到"旌蔽日兮敌若云"。

此外还有轫。轫是阻止车轮转动的一块木头。行车时必须先将轫木拿开,车子方能启动。因而,后世常用"发轫"一词来泛指事情的开端。

先秦时期的车从乘坐方式来看,可分两种类型,即立乘与坐乘,立乘车与坐乘车的最大区别在车舆形制不同。立乘车,车舆浅小,呈横长方形,四周围以栏杆,后留缺口而无车门,上不封顶,只立车盖。而坐乘车的车舆宽广,呈纵长方形,四周屏蔽,上封顶,后设车门。

二、望山简遣策中所记车名

战国楚简遣策中车类字词甚多,多与传世典籍所载车类不合。究其原因,除一部分是战国时代楚地专有的名称之外,其余或为异名别称,或因文字异构、通假所致。

望山二号墓出土遣策中记有三种车名,即 2 号简所记"女輂(乘)"、4

号简所记"轪车"及 5 号简所记"畋（田）车"。其中"轪车"当是一种车的名
称，然因文字漫漶而不能辨识。

"女乘"又见于信阳 2 - 4 号简、武汉丁家咀一号墓出土楚简。曾侯乙
墓 48 号简、165 号简记有"安车"，50 号简记有"新安车"，164 号简记有
"旧安车"。"安车"是古代常见的一种车辆。据《周礼·春官·巾车》，安
车属王后之五路，皆有容盖。郑玄注："安车，坐乘车。凡妇人车皆坐乘。"
郑玄注引郑司农云："容谓幨车，山东谓之裳帏，或曰幢容。"据清末孙诒让
考证，安车上有盖，幨帷从盖弓四旁悬垂而下。安车可供大夫和女性乘
坐。又称"容车"。《释名·释车》："容车，妇人所载小车也。其盖施帷，所
以隐蔽其形容也。""女乘"所载有轩反，韦（帏），屋（车盖），形制与安车极
为接近。但女乘只是"女性所乘车"之义，应非这种车的专名。学者认为
很可能就是女性所乘较小安车的别名。

1980 年冬出土的秦始皇陵二号铜车马就是一种驾四马的安车。该
车在一条辔绳末端刻有"安车第一"四字，御者又跽坐于前舆，当属安车。
而其车舆又有容盖衣蔽及后辕，与辒车形制相仿。它与旧式安车有别，是
一种辒车型的安车。曾侯乙墓简文中同时出现了安车、新安车、旧安车三
种车名，可能是用来对传统的安车和经过改进后的安车加以区分的。

"畋（田）车"，又作"敀车"。曾侯乙墓 65 号简："黄鼦（豻）驭郙（鄟）君
之一篝（乘）敀（畋）车。"67 号简："所駸（驭）坪夜君之敀（畋）车。"70 号简：
"所駸（驭）䣕尹之敀（畋）车。"天星观一号墓遣策中亦多处出现。古代"田
车"一词常见，指打猎用的车子。《诗·小雅·车攻》："田车既好，四牡孔
阜。"朱熹集传："田车，田猎之车。"《周礼·考工记序》："故兵车之轮六尺
有六寸，田车之轮六尺有三寸。"敀，从攴，甸声，即"畋"字的异体。故敀车
又作畋车、田车。其实古书中"甸"也通"畋""田"。《周礼·春官·司服》：
"凡甸，冠弁服。"郑玄注："甸，田猎也。"

曾侯乙墓 120 号简记"游车九篝（乘）"，整理者云"敀车""安车"均包
括在内。敀车与游车均为田猎用车，言游车是总名，以区别于兵车，言敀

车是区别于游车内部其他的车如安车、轩车等。大约游车之中以畋车为主，故总名又可称之为田路。所谓"路"，《周礼·春官·巾车》"王之五路"，郑玄注："王在焉曰路。"也就是说，"路"是王、诸侯专用车名。考古发现如洛阳中州路战国车马坑出土的一辆马车，有伞形车盖，整车华丽精美，殉犬，并随葬弩机和铜镞，似即畋车。

三、先秦时期的马具和马饰

马用于驾车究竟始于何时，现尚难断定。据出土的商代实物来看，商车主要以马为动力。商代车马坑中，大都埋一车两马，这大致可说明商车一般驾两马。到了商末周初，驾马数量有所增加，开始出现一车四马。一车四马也正是周代车驾的常例。战国时期，四马驾挽虽然未废，但六马驾挽已逐渐实行。《荀子·议兵》："六马不和，则造父不能以致远。"《韩非子·外储说右上》："夫猎者托车舆之安，用六马之足。"《史记·李斯列传》："夫人生居世间也，譬犹骋六骥过决隙也。"说的都是六马驾挽。

战车的挽马各有其名。驾两马称为"丽"，驾三马称为"骖"，驾四马称为"驷"。夹辀负轭的两马称为"服马"，在左叫"左服"，在右为"右服"。服马旁侧的马称"骖马"，在左叫"左骖"，在右称"右骖"。《诗·郑风·大叔于田》："两服上襄，两骖雁行。"郑玄笺云"两服，中央夹辕者"，"在旁曰骖"。六马最外两马叫"騑"。

马之用于驾车，就其所配置的器具而言，在古代文献中，有不少特定的称谓，如鞶、鞅、靷、靳、靽、鞪、勒、衔、镳、辔、策等。

"鞶"是横置于马腹胁下的革带，俗称肚带。《释名·释车》云："鞶，经也，横经其腹下也。"《说文》说："鞶，箸亦（腋）鞿也。"鞶的主要作用是把服马与衡连成一体，防止因舆重辀轻、辀端上翘而使鞅勒迫马的咽喉。

"鞅"是联结轭下两軥的颈带。《释名·释车》说："鞅，婴也。喉下称婴，言璎珞之也。"《说文》说："鞅，颈鞿也。"可知鞅的位置在马的颈部咽喉之下。因鞅在颈下，多以柔软的皮条制作，故《说文》称其为"颈鞿"。鞅是把服马约束于轭中的关键鞍具,服马挽车主要是通过衡上之轭,一是支撑车辀,使车保持平衡;二是轭与靷相连,马进则引车向前。如无鞅的约束,服马曳车时轭就会从马颈上向后滑脱,致使车与马分离,车即无法前行。

"靷"是服马引车向前的索带。《释名·释车》:"靷,所以引车也。"《说文》:"靷,引轴也。"说明只有引轴的索带才称为靷。靷分前后两段,前段在舆前,前端系在服马轭的内軥,后端系在舆前辀上的索环上;后段在舆下,前端系在辀上的索环上,与前段索带以环相连接,后端系在轴上。

"靳"是骖马当胸引车的索带。《说文》云:"靳,当膺也。"《左传·定公九年》王猛对东郭书说:"吾从子,如骖之有靳。"

"鞥"是从两马腿间穿过拘系马尾的索带,又作"绊"。《广韵》:"鞥,羁绊也。"

"鞶"是盘绕于马腹背间的腰带,又称作"大带"。《周礼·巾车》郑玄注云:"鞶,谓今马大带也。"它的作用是控制靳、靷和辔。靳和鞶在包山楚墓所出土的漆奁画上都有反映。

"勒"是带有嚼口的络头,俗称马笼头。《说文》:"勒,马头络衔也。"《释名·释车》说:"勒,络也,络其头而引之也。"因其以络头、衔口的方法控制马,故名勒。勒又称为"革"。《尔雅·释器》云:"辔首谓之革。"《诗·小雅·蓼萧》云:"鞗革忡忡。"毛传云:"革,辔首也。"辔是驭马的绳子,它的首端连着络头,所以络头即辔首,又叫作辔头。勒一般由项带、额带、鼻带、咽带、颊带等几条皮带网络而成,各衔接处多以铜制的节约相联结,两颊带的下端有一横置的衔。

"衔"是横于马口中的勒马器,俗称马嚼子,其中央突出部分叫作镳。《说文》:"衔,马勒口中。从金从行。衔者,行马者也。"因其含于马口之中而名衔。从出土实物看,衔一般是由两节带环的金属棍套连组成,两端有椭圆形环,用来与辔相接。

"镳"是置于马嘴角两旁、与衔端相连的金属御马具。因最初多以骨角制作,故字亦从角作"觼"。衔在口中,两端与辔相接,勒辔御马,衔容易左右滑出,且造成马嘴角磨伤。两旁各置一镳,便可以起到把衔固定于口中和保护马嘴不被勒伤的作用。

御马的绳子叫作辔。《释名·释车》云:"辔,拂也。牵引拂戾以制马也。"辔与衔相连。驾车者主要通过牵动辔来控制马。包山简中的"拜",李家浩先生读为"辔",指出包山简中的"紫拜",就是望山简中的"紫辔"。

以竹竿制作,前端安有刺的驱马器具叫策。《说文》:"策,马箠也。""箠,击马也。"《淮南子·道应》高诱注:"策,马捶,端有针以刺马,谓之錣。"可知策是以锥刺的方法驱马。后人多混策、鞭为一物。策与鞭不同,策从竹,乃竹竿制作;鞭从革,以革制作。策对马而言,鞭对人而言。唐代以后驱马才普遍用鞭。天星观简中记有"策",可能就是驱马之策。

马身上还配备着不同的装饰,称为马饰。主要的马饰有当卢、钖、樊缨等。

当卢是缀于络头、装饰在马额中央的金属饰具。卢即头颅之颅,因其在马头颅正当中,故名"当卢"。一般来说,马的络头上都有当卢。

钖是悬饰于马头顶上的青铜镂刻兽面饰具。字又作"鐊"。《说文》:"鐊,马头饰也。"饰钖是尊贵的象征,并非所有的马都可饰钖。饰钖之制主要行于西周和春秋初期,以后渐废。故汉以后多混淆钖与当卢为一。

楚简所记马器中又常见"面",如"四马之囗(曰)面"(包山简271)、"白金釦(勒)面"(包山简272)、"四马皓面"(包山牍1)、"锆面"(望山简12、13)、"白面"(天星观简)、"鐈面"(天星观简)等。从望山简和天星观简的"面"位于辔之后,说明其用途与辔有关。辔系于勒。古代马勒之当面的装饰叫作"面"。《周礼·春官·巾车》:"王后之五路:重翟,钖面,朱总;厌翟,勒面,缋总;安车,雕面,鹥总,皆有容盖。翟车,贝面,组总,有握。"郑玄注:"勒面,谓以如玉龙勒之韦,为当面饰也。雕者,画之,不龙其韦。……贝面,贝饰勒之当面也。"孙诒让对郑注"当面"作疏证时说:"当面,即前注之当卢,以其着马面谓之面,犹膺饰谓之膺也。"《说文》:"䩢,勒靼也。从革,面声。"段玉裁注:"谓马勒之靼也。勒在马面,故从面。"简文

"面"当是《巾车》所说的"面"和《说文》所说的"𩧄",指的是马的面饰。

樊缨是挂在马胸之前、以析缕的革条或旄制作的马饰,亦作"繁(緐)缨"。樊缨是区分尊卑等级的马饰,为王与诸侯之车挽马所佩。《左传·成公二年》:"请曲县,繁缨以朝。"杜预注:"繁缨,马饰。皆诸侯之服。"贾谊《新书·审微》:"繁缨者,君之驾饰也。"望山二号墓简12、13记有"緅(缨)纀项",有学者认为其中的"緅(缨)"可能是"樊缨"之"缨"。

四、"绲"之释读

望山二号墓出土6号简有一字字形作"𦁚",整理者释为"縺"。此字亦见于同墓22号简"𦆲"、49号简"𦆥"和50号简"𦆗"。参照同批竹简"革"的字形,如"𩊚"(简6)、"𩊡"(简49)、"𩋆"(简50),此字的右半部分与"革"有些相似,但并不相同,其差别主要在头部。

李家浩先生通过与《古文四声韵》所引《碧落碑》的"昆"字写法"𦥑"对比,认为该字偏旁的写法,与"昆"更为相似,当是古文"绲"。

在郭店简《六德》简27+28中,有一段讲丧服的文字作:"綻(疏)衰【27】齐戊(牡)枺(麻)实(絰),为𦥑弟也,为妻亦肰(然)。"简29又说:"为𦥑弟幽(绝)妻,不为妻幽(绝)𦥑弟。"裘锡圭先生在为郭店简作的注释中说:"弟'上一字不识,但可知其在此必当读为'昆弟'之'昆'。据《仪礼·丧服》,服昆弟之丧,'疏衰裳齐,牡麻絰……',一与简文合。在《尊德义》16号简中,还有一个从"心"从"昆"的字,辞例作:"教以权谋,则民淫𢙯远礼无亲仁。"学者也都指出,这里的"𢙯"应隶定为"惃",《玉篇》心部:"惃,惽也。乱也。"

安徽大学藏战国竹简46号简《诗经·秦风·小戎》"竹枙𦆗縢",与此句对应的《毛诗》作"竹闭绲縢",其中的"𦆗"即"绲"字,同样的字形见于曾侯乙墓简,此类字形所从之"昆"与望山简"绲"所从之"昆"的不同之处在于部件位置有所不同。

【释文】

　　☑黄支（缠）组之纁，[1]组缵（缀）。貍（狸）䑏（貘）之韔，[2]□纯。[3]丹緅之軚（轼）安（鞍），[4]生紸之里，[5]丹緅之釐[6]【8】

　　☑紫韦之帅，紫□，[7]白柔（鞣）之妥（绥），[8]□□，[9]紫韦之軜軜，[10]反芋之坒軚（轼），[11]支（缠）组之童（幢）。墙韔，[12]𠃊（绝）纯。[13]两马[14]皆菨（戴）耑（短）𦼆（旄），[15]猴[16]【9】

【注释】

　　[1] 纁，一说疑即后来的"绫"，是一种较宽的丝带。（古敬恒 2001B）或说从"纁"是用组带制成的情况来看，疑是一类系带。（刘国胜 2011B）

　　[2] 韔，整理者：《说文》："韔，弓衣也。"即弓囊。

　　[3] 整理者："纯"上原空一字地位。

　　[4] 軚，疑读为"轼"。（刘国胜 2011B）

安，整理者：字似从"女"，疑为"安"之省体。

　　[5] 紸，整理者："生紸"亦见 25 号简。"紸"疑当读为"纤"。一说"紸"即"绢"，前者可能是后者的省体，也可以当成另从"占"声的同符异构字。（李运富 1997）

　　[6] 整理者：2 号、6 号二简皆有"釐𦙾"，此简首尾完整，下一简首字当为"𦙾"，但在现存竹简中未发现。推测此简可能原属田车条。

　　[7] "紫"下一字，看红外影像，似从系从占，或是"紸"字。（武汉大学简帛研究中心、湖北省文物考古研究所、黄冈市博物馆 2019）

　　[8] 绥，整理者：似指车绥。《说文》："绥，车中把也。"《仪礼·士昏礼》"授绥"郑注："绥，所以引升车者。"

　　[9] 二字较模糊。（陈伟等 2009）

　　[10] "之"下二字，整理者：皆从"车"，右旁残去，疑即见于 10 号简的"軚軨"的残文。

[11]反芋,整理者:信阳222号简有"番芋之□","番芋"与"反芋"当是同语的异写,其义待考。一说"反芋"作为连绵词,文献作"盘纡",《高唐赋》:"水澹澹而盘纡兮。"李善注:"纡,回也。""繙""反""盘"古音相通。简文"繙芋"应是绞结状的丝织物,用作马头上的饰物。(刘信芳1997B)或说"番芋""反芋"疑并读为"繁华"。(刘国胜2011B)

坒,读为"往"。(张光裕、袁国华2004)

[12]"墻韔",一说读作"雕韔",盖指有画纹的弓衣,不是指雕皮做的弓衣。(程燕2002、2003)或说此字下从土,"土"之上似当从"鹿"从"耳",疑是"麛"字的异写,简文"麛韔"指用幼鹿皮制成的韔。(刘国胜2011B)

[13]㒻,整理者:"绝"字异体。亦见15号、17号简,右侧皆有"刀",此简因右侧有磨损,"刀"形不可见。曾侯乙墓竹简所记矢箙上有"繼聶"装饰,"聶"读为"摄",训为"缘"。"剉纯"与此"繼聶"同义。一说"绝"可读"絜"。"绝纯"即"絜缘",盖指用麻一类的丝织品做成的弓衣之边,以作保护或装饰之用。(程燕2002、2003)

[14]两,整理者疑是"两"字。

马,整理者:《广雅·释宫》:"庮麻、虜、廌、粗、幕、易、厠、庵也。"王念孙《疏证》谓"廌以幕也,方俗语有轻重耳。"疑简文"马"也是指幕一类东西。

[15]菁,包山简作"楮",字读如"翿"。又"菁"谓马之首胄。(刘信芳1998、2003)一说此字亦见于上博简《慎子曰恭俭》5号简"首菁茅蒲",读为"戴"。(刘洪涛2007)

"峝",或读为"短"。(田河2007)

罞,矛与柄之间饰以短繸如羽,故作罞以示意。(商承祚1995)一说亦见于天星观简及包山遣册,疑读为"旄",指戴在马头上系有旄牛尾或鸟羽的旄。或疑"罞"读为"翿"或"纛"。(刘国胜2011B)

[16]鍭,《集韵》卷八侯韵鍭、猴引《尔雅》:"金镞翦羽,谓之鍭。或从

羽。"徐灏《说文解字注笺》："箭以羽为用,古矢亦名鍭,又因金镞而改从金旁作鍭。"(商承祚 1995)

【译文】

☑黄缠组做的繻,组做的缀饰。狸貘做的韅,□做的缘边。丹緅做的轼鞍,生紶做的里子,丹緅做的釐【8】

☑紫韦做的帅,紫□,白鞻做的绥,□□,紫韦做的軩軩,繁华做的坐轼,缠组做的幢。墙做的韅,厽做的缘边。两匹马都戴短旄,鍭【9】

【延展阅读】

用作"华"的"芋"

望山二号墓 9 号简记有"反芋之坐軕(轼)",30 号简记有"☑芋之紶,肙緅☑";信阳 222 号简记有"番芋之□";包山牍 1 记有"四马晧面,繙芋结项,告紵",牍 1 反记有"番芋之童"。望山简整理者说"番芋"与"反芋"当是同语的异写。刘信芳先生说"反芋"作为连绵词,文献作"盘纡"。刘国胜先生说"番芋""反芋"疑并读为"繁华"。从目前的出土文字资料来看,楚文字中的"华"都写作"芋",故后一种说法较胜。

《说文》收有"芋"字："大叶实根,骇人,故谓之芌也。从艸亏声。"指的是俗称的"芋头",与楚文字中的"芋"用法不同。楚文字中的"芋"还见于以下文字资料：上博简一《孔子诗论》简 9："《菁菁者莪》,则以人益也。《裳裳者芋》则……"上博简一《逸诗》简 2："皆芋皆英。"上博简五《竞建内之》简 9："隰朋与鲍叔牙皆拜起而言曰：公身为无道,进芋孟子以驰于倪廷。"清华简二《系年》简 56："宋右师芋孙元欲劳楚师,乃行。"安大简《诗经》简 11："桃之夭夭,灼灼其芋。"安大简《诗经》简 39："棠棣之芋。"曾侯与编钟铭文："嘉鼓芋英。""芋"在这里都读为"华"。

战国楚文字中,尚未见"华"字形。战国秦文字中,记录"华"字都用

"华"字形,且出现了表示"芋头"义的"芋",里耶秦简 8－1664 列举的蔬菜名中就有"芋",与"芹""韭"并列,其为"芋头"之"芋"无疑。

　　楚文字中为什么用"芋"来记录"华"这个词? 有两种解释:一是楚文字中的"芋"是一个形声字,从"艸""于"声,上古音"于"在匣纽鱼部,"华"也在匣纽鱼部,读音相同,所以楚文字用"芋"来表示"华"。另一个解释是楚文字的"华"在演变过程中逐渐产生变化,上下两部分发生分离,上部保留了"艸"字头,下部则简化成了"于"形。由于材料所限,目前还不能完全确定其原因。

【释文】

　　☐聯(联)縢(縢)之軓軐,[1]丹組之里,鄻(卫)霝光之纯,[2]黄攴(缠)且(组)之贅(缀)八。☐【10】

　　☐𢃇八十。[3]紫盍(盖),[4]軥、杠皆敃(雕)。[5]又(右)杸(輈),儲(赭)肤(魗)之纯。[6]杸(輈)中,襞娄,[7]紫☐【11】

　　☐霝光之童,[8]緌(缨)繸项。[9]紫𦅾,紃受(绥),锴面。[10]攴(缠)组之霝。一紫箸(盖),[11]儲(赭)肤(魗)之里,肙緅之纯,白金之𦥑(范)钓(瑶)。[12]【12】

【注释】

　　[1] 軓軐,一说释读为"軓(饰)軐(勒)","軐"是"勒"之异体,意思是"刻"或"记"。(董珊 2010)或说"軓"当从"车","弋"声,疑读为"轼",指车轼。軐,疑与曾侯乙墓 48 号简"鼾加"之"加"是同一个词,属覆轼之饰物。(刘国胜 2011B)

　　[2] 鄻,当即卫地之"卫"。"卫霝光"与 13 号简"秦缟"及 61、62 号简"宋霝光"文例类似。"卫霝光之纯"仍是记"軓軐"处所装饰织物的缘饰。(刘国胜 2011B)

霝光，整理者：疑是某种织物之名，简文屡见。按，北京大学藏汉简《妄稽》有“纯以灵光”，可能与“灵光之纯”所指相同。

［3］，商承祚释为“轪”。（商承祚 1995）

［4］盍，整理者：车盖。此墓边箱出伞盖骨一件，盖弓上有残存的丝帛痕迹，不知是否简文所记之物。

［5］軥，整理者：《说文》：“軥，轭下曲者。”简文以軥、杠并列，軥也应是车盖部件，义当与《说文》有别。《方言》卷九有“车枸篓”，即车盖弓。一说指车轭。（何琳仪 1998）

杠，整理者：当指盖柄。《考工记·轮人》：“轮人为盖，……桯围……六寸。”郑玄注引郑司农曰：“桯，盖杠也。”但此墓边箱所出的伞盖骨，盖弓及盖柄皆黑漆无纹，似此处所谓“敝”即指漆饰而言。一说指车盖柄下节。（何琳仪 1998）

［6］[饣者]，整理者：当指一种颜色，即“赭”之异体。“[饣者]肤”二字亦见于本墓 12 号简及信阳 215 号简。

肤，读为“黸”。《广雅·释器》：“黸，黑也。”（李家浩 1999、2006）

［7］蹼，整理者：《说文》“僕”字古文。一说疑读为“轐”。（刘国胜 2011B）

娄，疑读为“屦”，“轐屦”似指车舆下伏兔。《说文》：“轐，车伏兔也。”（刘国胜 2011B）

［8］童，一说读为“[衤童]”。《方言》卷四：“襜褕，江淮南楚谓之[衤童]裕。”《急就篇》卷二颜师古注：“襜褕，直裾禪衣也。谓之襜褕者，取其襜襜而宽裕也。”（商承祚 1995）或说盖指身穿某种丝织物的木僮。（程燕 2002）

［9］[纟日女]，整理者：饶宗颐在《战国楚简笺证》中据《汗简》“缨”字古文释作“缨”。其说可信。

繏，整理者：疑当读为“纂”。纂、组为同类物。“繏”从“巽”声，“纂”从“算”声，古音极近（古“选”“算”二字通）。一说是彩色丝线所编之絛。

（何琳仪 1998）

项，整理者：可能即仰天湖简"戀"字的借字，其义待考。古音"项"属东部，"行"属阳部，东阳相通是楚方言的特征之一。一说秦始皇陵出土铜车马，在两匹骖马的颈部各套有一金项圈，"缨繏项"大概是指这类项圈。因是其项饰，故名为"项"。（李家浩 2003）或说"緌繏项"疑当断读为"緌、繏项"。"緌"疑读为"綠缨"之"缨"。"繏项"之"繏"，疑读"纂"。"项"疑为"结项"的简称。"繏项"疑为彩色"结项"，有可能为马具。"结项"一般都是用丝织物，而非金属，不太可能指秦始皇陵铜车马骖马的金项圈。（罗小华 2017）

［10］紃受，即"紃绶"，应是辔之执手。（刘信芳 1997B）

锆，包山简 271 记有"四馬之凵面"，牍 1 记有"四马晧面"。疑"凵面"之"凵"是作为"臼"字来用的，也应当读为新旧的"旧"。"晧""锆"二字皆从"告"声。"告""臼"二字古音相近。"告"属见母觉部，"臼"属群母幽部。见、群二母都是牙音，幽、觉二部阴入对转。疑"晧面""锆面"即"臼面"的异文，"晧""锆"二字也应当像"臼"字一样皆读为"旧"。（李家浩 2003）

面，"面"位于辔之后，说明"面"的用途与辔有关。辔系于勒。古代马勒之当面的装饰叫作"面"。（李家浩 2003）

［11］箸，车马器，当读为车盖之"盖"。（李家浩 1999、2006）

［12］白金，是含锡量高的青铜合金。（李家浩 2001）

"之"下一字，释为"钯"，读为"葩"。（李家浩 1999）

钧，读作"盅（瑶）"。"瑶"是为玉瑶而造的专字。因讲究的瑶有花形的装饰，故又名"葩瑶"或"花瑶"。即盖弓帽。望山二号墓出土盖弓帽二十个，当即简文所记的"白金之葩瑶"。（李家浩 1999、2006）李家浩的意见可从。《说文》："瑶，车盖玉瑶。""葩瑶"即《释名·释车》释为"盖叉"的"輮"，也就是一般楚墓报告里称作"盖弓帽"的车盖头端的构件。（刘国胜 2003）

【译文】

☐联縢做的軑軝，丹組做的里子，卫霝光做的缘边，八件黄缠组做的缀饰。☐【10】

☐八十件𡧛。紫色的车盖，軥、杠都有雕饰。軥的右边，有赤黑色的缘边。軥的中部，礫娄，紫☐【11】

☐霝光做的童，缨繠做的项。紫色的䡊，紃绶，锆面。缠组做的霝。一柄紫色的车盖，赤黑色的里子，肙緅做的缘边，白金做的范瑶。【12】

【延展阅读】

一、"朹"之释读

望山二号墓出土简文记有"朹"字。见于 2 号简"龙朹"、11 号简"又朹"及"朹中"。"朹"字，整理者隶为"枕"，疑读为"楯"，指"阑槛"，"龙楯"疑指"有龙纹装饰的车阑"。11 号简中的"又朹"，整理者怀疑读为"右楯"，指"楯栏的右边"。"朹中"，整理者认为"指楯栏的中部"。

商承祚先生改隶为"朹"，认为"同樛，木下曲。"刘国胜先生改读为"軥"，并指出"龙軥"一词见于古籍，是指"辕首端雕刻作龙头的軥"。《周礼·考工记·輈人》："輈人为輈。"郑玄注："輈，车辕也。"孙诒让正义："小车曲輈，此輈人所为者是也；大车直辕，车人所为者是也。散文则輈辕亦通称。王宗涑云：'析言之，曲者为輈，直者为辕。小车曲輈，一木居中，两服马夹輈左右。任载车直辕，两木分左右，一牛在两辕中。'《说文》云：'輈，辕也。辕，輈也。'浑言之也。"从文献记载看，"輈""辕"应该指的同一车构件，至于是同物异名，还是具有细微区别，还有待研究。

天星观简中记有"蟷輈"（或作"䡇輈""龙輈"）、"蟷周"（或作"䡇偶"），刘国胜先生怀疑皆读为"龙輈"。天星观一号楚墓出土"龙首车辕"。车辕侧面有卷云纹、勾连云纹、星点纹及鳞片纹等浮雕，髹有黑漆，有红黄漆彩绘。刘国胜先生指出天星观简所记"龙辀"似当指同墓出土的龙首车辕，望山遣策所记的"龙辀"亦当指这类辕首端雕刻作龙头的车辕。

楚人对龙的崇尚由来有自，楚先祖们就有龙骖之说，即驾龙车。晋郭璞《祝融赞》："融火神，云驾龙骖。"长沙战国楚墓所出《人物龙凤帛画》与《人物御龙帛画》的龙凤形象，就是楚人借龙凤把亡者之灵引入天堂或地府的具体表达。出土"龙首车辕"的楚墓规模大小有别、年代或早或晚。形体上有大小，质地上有铜、木区别。地域上，分布在楚地的南、北、中。体胎皆为硬木雕刻，首部为龙首。表面有素面、彩绘分别。有的龙首末端套有铜箍，示具插立特点。

二、望山简所记车盖

望山二号墓 11 号简记有"紫盍"。整理者释为"紫盍（盖）"，认为是"车盖"，并指出"此墓边箱出伞盖骨一件，盖弓上有残存的丝帛痕迹，不知是否简文所记之物"。同墓 12 号简记有"紫箸"。李家浩先生认为"箸"读"盖"，"紫盖"是"紫色的车盖"。陆云《泰伯碑》："吴启金车，晋迁紫盖。"同墓 2 号简记有"丹组之屋"、15 号简记有"纺屋"。整理者也认为是"车盖"。《汉书·陆贾传》："去黄屋、称制。"颜师古注："黄屋，谓车上之盖也。"李守奎先生认为车盖的形状"似屋顶"，故称为"屋"。

战国简册中，车盖分为"盖"和"屋"，尤其是在望山二号墓遣策中，"盖"（简 11 作"盍"，简 12 作"箸"）和"屋"（简 2、15）同时出现，二者应该存在区别。

包山二号墓出土木质车伞 5 件。望山一号和二号墓均出土青铜质车伞构件共 24 件，其中二号墓出土各件组合而成车伞，伞通高达 211.8 厘米。河南新乡辉县琉璃阁墓地出土的 19 号车有车篷，像"建筑物上四阿式的屋顶"，也像"露营用的帐篷"。车篷"顶上有一根长约 150 厘米、粗约 6 厘米的横梁。两扇梯形的席子向左右披下，两扇三角形的席子遮住两端。……席子似是由芦苇编成，芦条的宽度是 0.5 厘米"。1978 年，河南省固始县侯古堆一号墓随葬坑出土"肩舆三乘",可分为"屋顶式"和"伞顶式"。学者推测,战国简册中的"屋",形状上像屋顶,但不会是由几条纺织物简单地搭建而成,可能是"屋顶式"的车盖,"盖"可能指"伞顶式"的车盖。

【释文】

霝光之童,緌(缨)纂项。紫綮,紃受(绶),锆面。角麃(镳)。[1]
隹(凫)胥(旌),[2]白市(巿),[3]罷(翡)翆(翠)之首。[4]彤开,[5]黄末,[6]翠胸罷(翡)羸,[7]豕(龙)毛(旄)之首。[8]二霝光之中干,[9]一秦高(缟)之中干,[10]亓(其)箪,[11]丹秋(緧)之褒。[12]秦高(缟)之坪胥(旌)。[13]【13】

☑盍(盖),綌(锦)纯,黄支(缠)组之☑☑【14】

【注释】

[1] 麃,整理者读为"镳",指出此墓出土多件马衔及角质镳。

[2] 隹胥,"隹"即"凫"字。《集韵》"旌"字有异体"旌",故知"胥"即"旌"字。"隹胥"即《逸周书・王会解》之"凫旌"。(单育辰 2007)

[3] 市,整理者:亦作"韨",古音与"巿"相近。巿是古代旌旗正幅之下所接的一段旗的名称。《诗・小雅・六月》:"白巿央央。"毛传:"白巿,继旐者也。"

[4] 罷(翡)翆(翠)之首,整理者:《周礼・春官・司常》:"全羽为旞,析羽为旌。"郑注:"全羽、析羽皆五采,系之于旞、旌之上,所谓注旄于干首也。"旌以系鸟羽于旗杆之首为特征,此旌盖用翡翠鸟之羽,故称翡翠之首。

[5] 开,读作"旜"或"旆"。简文"彤旜(旆)"即一种红色的旌旗。(范常喜 2018)一说读为"杆",指旗杆。"彤杆"即红色的旗杆。(罗小华

2017）

　　[6] 末，整理者：大概指"旆"一类东西。《仪礼·士丧礼》记铭旌之制云："为铭，各以其物，亡（无）则以缁长半幅，赪末，长终幅。"郑注："今文'末'为'旆'也。"

　　[7] 朐，疑读为"拘"。（刘国胜 2003）一说读为"句"，《说文·句部》："句，曲也。""翠朐"就是用翠鸟羽毛系于旗杆弯曲处，即曾侯乙墓竹简所言"翠颈"之意。（时兵 2008）

　　赢，此字亦见于曾侯乙墓编钟铭文。一说读"嬴"。《易·井》："嬴其瓶。"虞注："嬴，钩罗也。"（何琳仪 1998）或说读为"赢"，作"拘系、缠绕"讲。（刘国胜 2003）

　　"翠朐羆赢"疑读为"翠拘翡赢"，似指旌旗旗杆上缠有翡翠鸟羽的装饰。（刘国胜 2011B）

　　[8] 冢，应当是表示颜色的字，疑读为"蒙"。"蒙""龙"音近可通，"龙"有杂色之义。"冢毛之首"盖指用杂色的牦牛尾系于旌旗杆之首。（李家浩 1983）

　　毛，整理者：古代旌旗杆首饰牦牛尾，称为旄。疑此文"毛"字当读为"旄"，"冢毛之首"即指旗杆顶上有旄。简文"堆旌，白旆，翡翠之首"似是记一面羽旌，自"丹尖"至"冢毛之首"似是记一面有旄的旌旗。

　　[9] 中干，整理者补正云：当与旌、旆同类。古有名"罕"之旗，疑简文"中干"之"干"当读为"罕旗"之"罕"。一说"中干"应是旗杆，而非旗。（田河 2007）

　　[10] 高，读为"缟"。"秦缟"即秦地所产之缟。《小尔雅·广服》："缯之精者曰缟。"（商承祚 1995）

　　[11] 簧，包山简之"中干"有"七游"，望简之"中干"无游而有"簧"，说明望山二号墓墓主的地位远不及包山二号墓墓主，此所以没有标识身份地位的"游"。据此知"簧"仅是"中干"上的束缨而已。（刘信芳 1997B）一说疑读为"幢"，《汉书·韩延寿传》"建幢棨"，颜师古注："幢，麾也。"（刘国

胜 2011B)

[12]褧,与"宛"为一字异体。读为"缘",指缘饰。(单育辰 2012)一说"褧"疑读为"希"。此处指"簟"杆有丝织物包裹。(刘国胜 2011B)

[13]"之"下一字,看红外影像,此字与楚简中有的"坪"字写法类似,如包山 181 号简"坪夜君"的"坪"。(陈伟等 2009)一说"坪胥(旌)"可能是指"幢"之顶部圆盖周围之条状旌旒。其中的"坪"可能当读作"平",幢顶圆盖周围所缀旌旒相对比较平齐,故称作"平旌"。(范常喜 2017)

【译文】

霝光做的童,缨繳做的项。紫色的帑,紃绶,锆面。角质镰。绘有凫的旌旗,白色的斾,旗杆顶上系有翡翠鸟羽毛。红色的开,黄色的末,旗杆上缠绕着翠鸟羽毛和翡鸟羽毛,旗杆顶上系有旄。两件霝光做的中干,一件秦缟做的中干,中干上有簟,丹緅做的褧。秦缟做的坪旌。【13】

☑车盖,锦做的缘边,黄缠组做的☐☐【14】

【延展阅读】

一、望山简遣策中的纺织物

在望山二号墓出土的遣策所记各类器物名称中,有许多对丝织品和衣物服饰的描述,这些内容对研究楚国乃至战国时期的纺织品生产有着重要的历史价值。

绢

绢是由经、纬线一上一下交织而成的平纹素织物,较轻薄,其经纬密度较为紧密。绢是织造最简单、出现最早的织物,在战国时期的考古发现中最为常见。望山简中"绢"常常与"緅"并列,且多次出现"肙(或绢)緅联縢"之类的固定用语。

缟

缟是一种未经精炼的本色精细生绢，其特点是细白、致密，文献多见。春秋时期鲁国的"鲁缟"曾是一种地方名产，时谚"强弩之末势不能穿鲁缟"。从望山简简文可知缟多用作衣服的内里及旌旗的面料。

纺

纺是一种平纹丝织品，质地薄而细软，战国时期也被大量使用。在望山简中多有出现，如2号简"丹组之屋，纺里"，49号简"筶（席）十又二，皆纺繻（褥）"，61号简"一少（小）纺冠▢"，可知纺主要用来制作冠、收藏囊袋及车盖内里等。

綸（锦）

綸屡见于战国遣策，即"锦"字。其织造工艺较为复杂，根据出土实物分析，战国时期的织锦多是平纹经锦。在纺织技术史上，相对于绢、缟等简单的平纹素织物，这种以经线起花的中国传统平纹经锦为代表的提花多彩织物，则是战国丝织织造技术进步的标志之一。望山简中常以"綸纯"的固定词组出现，作为服装、竹席、车驾具等的缘边装饰。

緅

緅在楚简遣策中出现次数极多，在望山简中约出现三十次，是该批遣策中出现最多的纺织名目。学术界有关緅的考释多有分歧，主要有"䌷（绸）""繐""绣"等几种观点。从望山简中大量有关緅的记载来看，可推测出其用途极为广泛，可用于车马具上物品的内里或镶边、丝履、套在物件外面的囊袋、随葬木俑衣服等。

组

战国时期编织技术已相当成熟，以组为代表的丝质手编织物十分流行。组大多作袍领、衣缘、腰带、穗带、车绳或囊袋的扎口。望山简中多次出现"黄支（缫）且（组）"，它应该是一种黄色的丝织物编织成的绳或带。而"组绥"疑指装在车器上以作登车时拉手用的车绳。"组緌（缨）"当是帽子系带的专用称谓。

綯

綯为嵌在衣缝中的彩色圆形细带。《礼记·内则》有"织纴组綯"之记载。从在望山简简文中出现的次数来看,同样都是编织织物,綯的用途范围没有组那么广泛,但其色彩较之组则更为绚丽多彩。"綯缝"主要作为细带镶嵌于车器饰物、大带上或做车绳、帽缨等。

二、"隹(凫)"之释读

望山二号墓 13 号简:"隹(凫)脅(旌),白市(斾),羆(翡)翠(翠)之首。""凫"字原字形作"",摹本作""。整理者隶定作"隹",认为当即"堆"字,在此疑读为"綏"。古代称旌旗上所加的羽旄之类装饰为"綏"。李家浩先生释为"隹",认为"隹旌"当指画有鸟的旌。

曾侯乙墓 46 号简:"旃,墨毛之首。"86 号简:"旃,朱毛之首。"89号简:"旃,翠首,貂定之颈。""旃"前一字裘锡圭、李家浩先生隶定为"雐",读为"隹"。单育辰先生认为此字中间的部件"ㄇ"乃"勹"。甲骨文和金文中的"凫"字作:

　　　　　　　　　　　　　　(《甲骨文合集》18328)

　　　　　　　　　　　　　(禹簋,《殷周金文集成》3913)

　　　　　　　　　　　　(凫弔匜,《殷周金文集成》10181)

这些字形"隹"下所从的实为俯伏之人形,《说文》"凫"字小篆从"几",隶书、章草和早期楷书里的"凫"字,下部从"力",都是早期文字"凫"字下部所从俯伏之人形的讹变。在典籍中有"凫旌"一词,《逸周书·王会解》:"堂后东北,为赤弈焉,浴盆在其中。其西,天子车立马乘,亦青阴羽凫旌。"朱右曾云:"阴羽以饰,盖凫羽以为旌,皆建于车上。"此处的"凫旌"恰可以和曾侯乙墓竹简的"凫旃"对照。

1980 年 9 月,安徽舒城孔集镇九里墩村窑厂在取土时发现一座春秋晚期墓葬,所出器物中有一件鼓座,鼓座的外围上下各铸有一圈铭文,但由于锈蚀严重,大部分模糊不清,其自名作"▨鼓"。其中"▨"旧释都有问题,单育辰先生利用于省吾先生和裴锡圭先生考释出的甲金文"凫"字,考证出楚简中的"凫"字后,亦将此字释为"凫"。

望山二号墓 13 号简的"塤"字"土"上所从为"隼"之省声,应严格隶定为"堆",也当释作"凫","凫旌"即《逸周书·王会解》之"凫旌"。

三、先秦时期的旌旆

望山简、曾侯乙墓简以及包山简中记载了许多与旌旆有关的信息,为我们了解先秦时期旌旆的形制提供了难得的原始资料。

旌在先秦古籍中常见,《周礼·春官·司常》:"司常掌九旗之物名,各有属,以待国事。日月为常,交龙为旂,通帛为旜,杂帛为物,熊虎为旗,鸟隼为旟,龟蛇为旐,全羽为旞,析羽为旌。"旌是九旗的一种。

旌的形制,古书中的记载不尽相同。《周礼·春官·司常》:"析羽为旌。"郑玄注:"全羽、析羽,皆五采,系之于旞旌之上,所谓注旄于干首也。"《尔雅·释天》:"注旄首曰旌。"郭璞注:"载旄于竿头,如今之幢,亦有旒。"邢昺疏引李巡曰"旄牛尾著竿首",引孙炎曰"析五采羽注旌上也,其下亦有旒縿"。《说文·㫃部》:"旌,游车载旌,析羽注旄首,所以精进士卒。"

可见对于旌的定义有两种不同的说法:《尔雅》认为旌是将旄牛尾载于旗竿的顶部,"注旄首"之"旄"是名词,作宾语;《说文》则认为旌是将五彩的鸟羽绑于以牦牛尾修饰的竿首之上,"析羽注旄首"之"旄"是用以修饰"首"的。郝懿行调和二说,根据《释名·释兵》的"綏,有虞氏之旌也",认为旗竿之首只有牦牛尾是有虞氏时的形制,到了周代,则在旄牛尾的基础上又加上了鸟羽。因此,《尔雅》说的是有虞氏之制,许慎则是有虞氏与周两制兼言,二者并不矛盾。

望山简、曾侯乙墓简及包山简有关简文提供了解决这一问题的关键资料。其中在曾侯乙墓简文中记载了许多旗的名称及形制,如:

　　鹗(鸮)旆,墨毛(旄)之首。(简 46)

　　一劜(貂)旓,白玫(旄)之首。(简 68)

　　紫旆,玄翠(羽)之首。(简 79)

　　鹗(鸮)旆,朱毛(旄)之首。(简 86)

　　鹗(鸮)旆,鼻(翠)首。(简 89)

　　所谓墨毛、白玫、朱毛之"毛""玫",整理者认为即"旄","分别指用黑色的、白色的及朱色的牦牛尾系于旗竿之首",而玄羽之首、翠首,则是指用玄色或翡翠鸟之羽毛系于竿首。望山遣策 13 号简记有"隹(鸮)晋(旄),白市(旆),罷(翡)翟(翠)之首"。应该也是指用翡翠鸟之羽毛系于竿首。包山简中还记有"毫首",李家浩认为"毫首"犹"旄首",指用豪猪毛装饰的旗杆之首。

　　望山简中说"鸮旆,白旆,翡翠之首",白旆与翡翠之首显然为两物,前者是旆的旗幅,而后者则是竿首的修饰物。可见旆有旗幅,竿首还可装饰不同的毛物,可以是鸟羽、牦牛尾或者豪猪毛。

　　与旆相似的还有旆,《尔雅·释天》云"继旐曰旆",郭璞注曰:"帛续旐末为燕尾者。"《公羊传·宣公十二年》"庄王亲自手旆",何休注:"缁广充幅、长寻曰旐,继旐如燕尾曰旆。"《说文·㫃部》:"旆,继旐之旗也。沛然而垂。"《释名·释兵》:"白旆,殷旐也,以帛继旐末也。"知其形制细长,以帛为之,接于旗末如燕尾。除了接于旗末外,旆还可用来作旐的旗幅。望山简中说"鸮旐,白旆,翡翠之首",白旆、翡翠之首都是"鸮旐"的组成部分,白旆指旐的旗幅,翡翠之首指竿首装饰有翡翠羽毛。在作旗幅时,旆的形制是绑有羽毛的,这与接于旐末、形制细长、用帛做成的旆并不相同,二者需要加以区分。

【释文】

　　☒一杭,[1]一轙(轿),[2]☒絿(缐),[3]纺屋,剀(绝)坒,[4]杅(柱),易(阳)马,[5]禺纯,[6]虎☒【15】

☑杅(柱),昜(阳)马,肙緂☑【16】

韔,劐(绝)纯,□☑【17】

☑黄生角之交(骹),白金之[illegible]戠☑[7]【18】

☑紫㛹,[8]白金之交(骹),黄攴(緶)组☑【19】

☑之箬(席),[9]絵(锦)纯。亓(其)遜☑[10]【20】

☑纯緂箬(席),[11]绢☑【21】

【注释】

[1] 杭,陈剑释。(陈剑 2010)“杭”疑读为“抗”,训举。(刘国胜 2011B)

[2] 橇,似当分析为从“市”从“竁”,读为“橇”,作车名。(刘国胜 2011B)一说读为“轿”或“桥”,是一种代步工具,这种代步工具有车舆、车盖一类的构造,应该不是那种比较简陋的“橇”。在河南固始侯古堆东周大墓的随葬坑中,发现有三乘肩舆,是先秦使用“轿”的实物遗存。河南固始侯古堆东周大墓和望山二号墓的墓主均为女性。她们都使用肩舆,大概跟性别有关。(陈伟 2010)或说橇很可能是指“山行”之轿,即《史记集解》所引《尸子》佚文“行险以樶”之“樶”,疑皆应读为“輂”,而信阳简的“𨏥”可能就是“輂”的异体。(邬可晶 2014)按,这类从“毳”得声之字,又见于信阳长台关 2-04 号简记载的“𨏥”、武汉丁家咀一号墓出土楚简记载的“竁”以及荆门严仓一号楚墓出土竹简遣册中所见从毳得声之字。

[3] “絑”上一字整理者释为“约”。“约絑”,一说读为“豹襮”,指豹皮作成的襮,是在轼上面覆盖豹皮。(陈伟 2010)

[4] 坒,疑读为“匡”,指上文“纺屋”的边框,与“纯”“缘”相当。(刘国胜 2003)一说读为“纉”,《集韵》:“纉,绳束也。”(何琳仪 1998)或说“劐(绝)坒(纉)”是“纺屋”的饰件或用于固定“纺屋”的绳索。(彭浩

2012)

[5] 柱易马,"柱""易马"是两个名词,各指一物,应分开读。"柱"是支撑轿顶的立柱。易,读作"阳"。阳马,在古代数学著作中是一种几何体的专名。在中国古代建筑中,"阳马"指"角梁",是"屋四角引出以承短椽者"。位于四阿(庑殿)屋顶、厦两头(歇山)屋顶的转角线上。由此可知,望山二号墓遣册所记的轿顶(即简文的"屋")是四阿式,有四角,平面是矩形。(彭浩 2012)一说"柱易马"即"柱阳马",指承车盖之柱。《文选·景福殿赋》"承以阳马,接以圆方",李善注:"阳马,四阿长桁也。"(刘信芳1997B)

[6] 禺纯,可能指在"柱""阳马"外边布列的带状饰物。(彭浩 2012)

[7] 㘱,整理者释"阞"。一说此字右旁应当是"徵"的古文,可隶作"陞",释为"阞",为登升之"升"的本字。(李守奎 1998)或说此字右旁与常见"阞"不同,待考。(陈伟等 2009)

[8] 叕,整理者:此字亦见 34 号简,又见长沙楚帛书,或释作"癹"。袁国华释"发"。(袁国华 1994)一说此字多与"鞻""鞅"记在一起,似是辔、辔一类的东西,疑读为"绋",古书作"拂"。(刘国胜 2003)或说"发"除了可以读为"绋"之外,还有两种可能性:一读为"靽",靽是在后面约束马足之用;二读为"樊"或"鞶",《周礼·春官·巾车》:"王之五路:一曰玉路,钖,樊缨,十有再就,建大常,十有二斿,以祀。"郑玄注:"'樊'读如鞶带之'鞶',谓今马大带也。"(宋华强 2006B)

[9] 筶,整理者:亦见仰天湖及信阳楚简,饶宗颐释作"席",可信。49号简有"席十又二",当为起居所用。

[10] "其"下一字,滕壬生隶作"遾"。(滕壬生 1995)一说释为"遂",疑通"綏",指旌旗的垂斿或席边的装饰。(古敬恒 2001B)

[11] 緂:《广韵》:"緂,青黄色也。"(何琳仪 1998)一说《说文》:"緂,白鲜衣皃,从糸,炎声。谓衣采色鲜也。"简文中的"緂"也许仍表色彩鲜艳。(田河 2007)

【译文】

☑一件杭，一件轿，□做的緷，纺做的车盖，剐做的坒，柱，阳马，禹纯，虎☑【15】

☑柱，阳马，肙緅☑【16】

韎，剐做的缘边，□☑【17】

☑黄生角做的骹，白金做的𢧵戠☑【18】

☑紫色的雙，白金做的骹，黄缠组☑【19】

☑的席子，锦做的缘边。其遱☑［10］【20】

☑纯緂色的席子，绢☑【21】

【延展阅读】

"緷"之释读

望山简中"緷"字原字形作 ，整理者释写作"綠"。曾侯乙墓竹简所记车马器有"纷墜"，"墜"字所从"杲"与简文"綠"所从杲形近，疑"綠"与"墜"指同一种东西。包山楚墓143号简有字作" "，李零先生认为此字右旁所从乃"楳"字，"楳"即"楳櫨"之"楳"，见《玉篇》《广韵》《集韵》。楳櫨是木瓜类植物。"綠"字右旁正像瓜在木上。

望山简中 右部所从杲形，又见于以下楚简：

信阳长台关简1·23："昊昊杲＝，有扃（月）日☑。"

上博简三《周易》简15："杲夰（豫），成有渝，无咎。"

上博简五《三德》简19："毋曰杲＝，上天有下政。"

清华简三《祝辞》简2："圌（绝？）昷（明）杲，兹我赢。"

从近几年的研究成果来看，将信阳简、上博简和清华简中的这个字读为"冥"，文通字顺，没有什么问题。尤其是上博简三《周易》中的 ，马王堆汉墓帛书《周易》以及今本《周易》均作"冥"，是此释读最有力的证据。

清华简三中这个字的字形作"杲"，上部所从部件的写法较为特别。

通过和其他形体的比较,有学者认为其中间所从的竖笔乃有意歪写。书手之所以这样书写,很可能是要刻意将中间所从之竖笔和木所从之竖笔错开,以表明 🔥 由 🔥 和木两个部件所构成。因此,此字的字形结构可以分析为 🔥 和木两个部件。只是书手在书写过程当中为了书写的方便将 🔥 所从之竖笔和木所从之竖笔发生了借笔。

　　楚文字中的 🔥 这个字,表达的是“冥”这个词,其究竟为何字？构形为何？学界对此众说纷纭,莫衷一是,除了释槙之外,还有释果、释杲、释相、释某、释杳、释枼、释栊等多种说法,从目前的研究成果来看,问题尚没有得到彻底的解决。

　　在楚文字中,🔥 还可以和其他部件组成新的字,如曾侯乙墓简中的 🔥 和 🔥,包山简中的 🔥,从邑,可释为郙;天星观简中的“🔥”,从衣,可释为襛。田河认为“襛”即望山简中的“縸”,天星观遣册“□轩襛,索(素)锦之里”,“襛”显然是车器部件。古文字中从衣、从糸可以通用,“襛”与望山之“縸”可能是同一字的异写。襛是轩或车阑上的覆盖物,天星观和望山遣册所记之“襛”正是轩上之物件。又上博简五《三德》简12:“监川之都,🔥涧之邑,百乘之家。”其中 🔥 字从网从 🔥,整理者疑读为“凭”,也有学者认为可能是“羃(幂)”字异体,读为“密”,“密”“临”义近,皆指靠近、接近。

【释文】

　　☒[之]轙镮,[1]绲筶(席),[2]冐緅聅(联)綈(縢)[之]☒【22】

　　☒冐緅聅(联)綈(縢)之安,[3]黄支(缦)组之纘(缀),[4]啄绅(靷),鱼鞁之冢。[5]革鞁,[6]啄俀(筵)晋(荐),[7]皆綈(锦)纯,丹砫(重)緅之里,黄支(缦)组之纘(缀)。【23】

　　☒聅(联)綈(縢)之綵(縀)☒☒【24】

　　☒生结之☒【25】

　　☒□支【26】

☑［组］之纜（缀）。☑【27】

☑［黄］攴☑[8]【28】

☑童䌛，[9]鼾（豻）☑【29】

☑芋之結，冃緅☑【30】

☑□绥，五凶之紃。[10]革屝紃☑[11]【31】

【注释】

[1] 之，商承祚释。（商承祚 1995）

[2] 绲，疑读为"缊"。《礼记·玉藻》"一命缊黻幽衡"，郑玄注："缊，赤黄之间色，所谓韎也。"（李家浩 1999）一说"绲席"也有可能指用绲带编制而成的席。（田河 2007）

整理者：20 号至 22 号三简所记的席，大概是附属于车的。

[3] 安，整理者：有可能是"安"的省写。

[4] 纜，看红外影像，该字右下部从"贝"，应是"纜"。（陈伟等 2009）

[5] 鞁，"鞁"字异体。（李守奎 2003）

[6] 鞁，整理者：此"鞁"字似不能读为"皮"。《说文》："鞁，车驾具也。"不知是否简文所用之义。

[7] 偊，读为"筵"，《说文》竹部："筵，竹席也。""筵"是复席，所以有"里"。（李家浩 2002）

晋，与"筵"并列，当是同类之物，应该读为"荐"。《说文》艸部："荐，荐席也。"简文所记的"筵"和"荐"都是车上用的席，不是室内坐卧用的席。（李家浩 2002）

[8] 黄，从残存笔画和辞例看，原当是"黄"字。（陈伟等 2009）

[9] 童䌛，疑"童䌛"之"童"读为"鞚"。《玉篇》："鞚，鞁具饰。""童䌛"就是饰䌛，与紫䌛性质相同。（田河 2007）一说"童"既可能是单独的物品，也可能是"䌛"的修饰词。（罗小华 2017）

[10] 五凶之紃,整理者:疑"五凶"当读为"五彩"。五彩之紃是用五彩丝组成的圆绦带。一说是用五种丝线织成的带子。凶,疑假为细。《说文》:"细,微也。从糸,凶声。"(商承祚 1995)

[11] 屌,整理者:西周金文"彤沙"之"沙"或作"屌",从"尾","沙"省声。"革沙紃"似为革制穗状之绦带。(田河 2007)

【译文】

☐的鞁镶,绳做的席子,冃緅联縢做的☐【22】

☐冃緅联縢做的安,黄缠组做的缀饰,豕做的靷绳,鱼鞁做的冡覆。革做的鞁,豕做的筵荐,都是锦做的缘边,丹重緅做的里子,黄缠组做的缀饰。【23】

☐联縢做的緤☐☐【24】

☐生紬做的☐【25】

☐☐缠【26】

☐组做的缀饰。☐【27】

☐黄缠☐【28】

☐童䡇,䡇(豻)☐【29】

☐华做的䋎,冃緅☐【30】

☐☐绥,五彩的紃。革做的屌紃☐【31】

【延展阅读】

先秦的席

望山简遣策中记有"㑹(筵)""筶(席)""晋(荐)""因(茵)""𥳑(莞)"等几种席子的名称。先秦时期,人们习惯席地而坐,使用的坐具主要是席。它可以防潮保暖,可以舒卷,随用随设,轻巧灵便,极受人们喜爱。

席的产生时代已不可详考,古书传说是在神农时代。明代罗欣的《物原》说："神农作席荐。"晋王嘉的《拾遗记》说："黄帝诏使百辟,群臣受德教者,先列珪玉于兰蒲席上,燃沉榆之香。"古书说早在大禹时代,已知道在席上装饰花纹。《韩非子·十过》:"舜禅天下而传之于禹,禹作为祭器,墨染其外,而朱画其内,缦帛为茵,蒋席颇缘,觞酌有采,而樽俎有饰,此弥侈矣,而国之不服者三十三。夏后氏没,殷人受之,作为大路,而建九旒,食器雕琢,觞酌刻镂,四壁垩墀,茵席雕文,此弥侈矣,而国之不服者五十三。"殷商时期,席的使用已十分广泛。从甲骨文来看,甲骨文"宿"字作 𤇇(《甲骨文合集》19586)、𤇇(《甲骨文合集》29351)等,即表示一人卧于席上。商代晚期,席的使用已很讲究,《艺文类聚》引《六韬》说:"桀纣之时,妇女坐以文绮之席,衣以绫纨之衣。"及至周代,甚至设有专门的职官"司几筵"掌管设席之事。

　　席多为长方形或正方形,有大小长短之分,长的可坐数人,方的称为"独坐",仅供一人使用,长者或尊者多独坐。与席同时使用的还有筵,《周礼·春官·司几筵》注说:"筵,亦席也,铺陈曰筵,藉之曰席。"筵和席是同义词,筵比席更长、更大,为了有所区别,便把铺在下面的大席称为筵。使用时,先铺筵,再在筵上铺一层或两层席,人坐在席上,筵席上的几案,亦由司几筵负责陈设。

　　古人在接见或招待宾客时都要设席,并且有一整套很严格的规矩。在就坐之前,还要看席位摆得正与不正,如果不正,则认为不吉利,须先调正席位。如果是宴饮,在就座之前,也必须先调正自己的席位,然后才就座。《论语·乡党》说"席不正,不坐","君赐食,必正席先尝之"。一般情况下,席前不设饮食时,要尽量往后坐,席前摆放饮食的话,要尽量往前坐,坐时须姿态端正。

　　设席作为待客的礼节通常要铺双层,即筵和席。天子、诸侯和士大夫以席的层数多寡来区分尊卑贵贱。《礼记·礼器》记载:"天子之席五重,诸侯之席三重,大夫再重。"

　　席的名称很多。以草、禾秆、麦秸编制的席称为"蒉",或称为"荐"。

荐席为承藉之席,多在下层使用,作用相当于筵。《释名》说:"荐,所以自荐藉也。"这种席通常只用于睡卧,或供罪人使用,是等级较低的席。若是平常人使用藁,是表示他自比于罪人,也是古人请罪的一种方式。如《史记·吴王濞传》记载:"胶西王乃袒跣,席藁,饮水,谢太后。"用蒲草编的席称作"蒲";用小蒲草编的席称作"小蒲",又叫莞;用初生的蒲草编的席叫"蒻";用竹、藤编的席叫"簟"。这是笼统而言,细分则又有别名。茵,即人们所称的褥子,有时和褥并成为"茵褥"。如果单称"茵"的话,通常专指车中所铺的垫子。《诗·秦风·小戎》:"文茵畅毂,驾我骐骝。"陆德明《释文》解释说:"文茵,以虎皮为茵。茵,车中席也。"除此之外,还有许多以丝麻、兽皮等为原料织成的席。

席子的边缘有装饰,称为纯。包山二号楚墓曾经出土有六件席子,包有绢边。马王堆一号汉墓曾经出土有两条保存完好的蒲席,以麻束线为经,蒲草为纬,织法和现代草席相似。席子一条包青绢边,另条包锦边。墓中遣策记载说:"莞席二,其一青掾(缘),其一锦掾(缘)。"即指此包青绢边之席和包锦边之席。

【释文】

☑䋣约。[1]紫鞁,刹奉(缝)☑[2]【32】

☑䋣约。紫☑【33】

☑雙,糼约☐☑【34】

☑緩(缨)篗(筭)。[3]壅☑【35】

☑☐韦之☐☑【36】

☑金之☐首,皆又(有)纟镮,[4]白☑【37】

☑☐貍(狸)之朴,[5]白金之勿,[6]赤金桶,[7]弇,[8]娶(齐)至,[9]白金☑【38】

☑☐白金☑【39】

□□厰(雕),[10]赤金之□[11]【40】

□白柔(鞣)□【41】

□黄□【42】

□□八,亓(其)□[12]【43】

□□二□□[13]【44】

【注释】

[1] 繟,整理者：疑当读为"纂"。《说文》解"纂"为"似组而赤"。(刘信芳 1997B)一说似当读本字,意为绳索。(田河 2007)

约,疑即"豹"。《说文》："豹,白约,缟也。"《广雅·释器》："豹,练也。"《急就篇》卷二："郁金半见缃白豹。"颜师古注："白豹,谓白素之精者。其光豹豹然也。"(商承祚 1995)一说是登车拉手。(刘信芳 1997B)

[2] 剚奉,整理者：疑即 6 号简的"剚綌"。"奉"读为"缝"。(何琳仪 1998)

[3]"筭"上一字,似当作"綬",疑读为"缨"。(刘国胜 2011B)

筭,整理者：又见于后 48 号简,用为盛物器名。此简当为记车马器竹简的残片,此处"筭"字之义待考。或疑当读为"鞭"。一说"缨筭"与包山简"巾筭"同文例,疑为盛缨之筭。(田河 2007)

[4] 畜,刘国胜释"畜"。(刘国胜 2011B)一说该字为"壺",可能是"衔",简文中读为"悬"。简文的意思是(某种器物)皆有悬挂着的镮。(何家兴 2009)

[5] 貍,何琳仪释。(何琳仪 1998)

朴,疑读"鞤",《说文》："车伏兔也。"即车箱底板下两个扣住横轴的装置。(古敬恒 2001A)一说怀疑"朴"右边所从非"美",是一个从"带"的字。(田河 2007)

[6] 勿,疑当读为"軏",指车上置于辕的前端与车横木衔接处的销

钉。（古敬恒 2001A）

　　［7］金桶，整理者：天星观一号墓竹简记车马器有"齿桶"，毛公鼎、师兑簋等铭文记车马器有"金甬"，疑皆指同一种车器。

　　［8］弇，整理者：《说文》"弇"字古文与此字形近。一说该字从收、从容，会掩盖之意。简中读"鞥"，《说文》："鞥，辔鞥。从革，弇声，读若膺。一曰，龙头绕者。"（何琳仪 1998）

　　［9］叟，整理者读为"肯"。一说是"邻"之异文。（何琳仪 1998）

　　［10］"敭"上一字，商承祚释为"之"。（商承祚 1995）

　　［11］"金"字下，刘国胜补"之"字。（刘国胜 2003）

　　［12］"八"下一字，商承祚释为"其"。（商承祚 1995）

　　［13］整理者：自此以上各简，从内容和行款看，大概都属遣策中记车马器的部分。

【译文】

　　☑缦约。紫色的鞁，䌛缝☑【32】

　　☑缦约。紫☑【33】

　　☑雙，紃约☑☑【34】

　　☑缨筓。堻☑【35】

　　☑□韦之☑☑【36】

　　☑金做的□首，都有乡镮，白☑【37】

　　☑□狸做的朴，白金做的勿，赤色的金桶，弇，肯至，白金☑【38】

　　☑□白金☑【39】

　　☑□雕，赤金之☑【40】

　　☑白鞣☑【41】

　　☑黄☑【42】

　　☑□八，亓（其）☑【43】

　　☑□二☑☑【44】

【延展阅读】

一、楚简所记车马器的研究价值

在中国古代，车马是最重要的陆上交通工具，其主要作用是代步和载重。在贵族生活中，车马与衣食同等重要。探讨先秦的车马器以及车马制度，对于先秦礼制以及时代生活场景的复原都有着至关重要的意义。目前看来，学者们的研究对于传统文献与考古材料的结合已相当重视，但对于出土文献尤其是简牍材料的利用则仍嫌不足。

记载车马及其相关器物的出土简册主要有长沙五里牌简、信阳长台关简、江陵望山简、天星观简、包山简、新蔡葛陵简及曾侯乙墓竹简。这些出土材料与传世文献不同，其内容没有经过后人篡改，并且具有比较明确的时间性、地域性以及阶级性，其记载应该反映了当时当地贵族使用车马的实际情况。

出土战国简册中关于车马及其相关器物的记载比较丰富，有的可以与传世文献相印证，有的还见于考古发掘的实物。如曾侯乙墓简中记载有"紫组珥"，可与《续汉书·舆服上》中的"赤珥"、《盐铁论·散不足》中的"鞧"相对照。曾侯乙墓简中的"盾"与"戈"常常被记录在一起，有学者根据《周礼·夏官·司戈盾》的记载认为"盾"和"戈"在使用和管理时应为配套武器，而河南安阳殷墟小屯一百六十七号墓就有成套的"盾"与"戈"实物出土，在金文中也有关于"盾"和"戈"配套存放、使用的例证。另外在曾侯乙墓简中有关于先秦楚地车阵的记载，因未经后人修改而显得非常珍贵。

如此丰富的出土文献材料，使得学术界能够融会贯通，对先秦车马及其相关器物的各个方面进行研究。目前，学界对于战国简册所载车马资料的研究已经取得了较多成果，也总结出了不少经验，然而，仍有一些问题有待进一步研究，如战国简册中存在不少通假字的词，与传世文献中记载的哪一件物品对应；战国简册中所记载的车马器具在数量上多于传世文献,如何做到一一对应;传世文献记载车马器具时,往往混淆不清,有的相互训释,应该如何分辨;考古发掘出土的车马器具虽然数量很多,但品类却很少。另外,望山简和曾侯乙墓简中还有不少残简尚未拼合,一些疑难字尚未释读,出土战国简册与传世文献、考古实物的对照还有待加强。

二、望山楚简中的标点符号

望山楚简中有一些标点符号,商承祚先生《战国楚竹简汇编》对此作了详细记录。书中将这些符号分为两类:一类为横点,“简中句号皆用横点”;一类为总结句号,用“L”形表示,为总结上文的标志。具体标示如下:

一号墓竹简:第 8 简末 1 处 L,第 12 简末 1 处 L,第 31 简末 1 处 L,第 35 简横点 2 处,第 36 简横点 3 处,第 38 简横点 1 处,第 40 简横点 2 处,第 41 简横点 5 处,第 42 简中部 1 处 L,第 46 简横点 1 处,第 65 简横点 1 处,第 72 简中部 1 处 L,第 74 简 2 处 L,第 78 简中部横点 1 处,第 80 简 1 处 L,第 85 简横点 4 处,第 86 简横点 2 处,第 97 简句号横点 1 处,第 101 简横点 1 处,第 103 简横点 3 处,第 104 简横点 2 处,第 105 简横点 2 处,第 107 简横点 1 处,第 109 简横点 1 处,第 123 简句末 1 处 L,第 125 简横点 1 处,第 162 简横点 1 处。

二号墓竹简:所标均为横点。第 1 简 11 处,第 2 简 5 处,第 3 简 8 处,第 4 简 3 处,第 5 简 12 处,第 6 简 12 处,第 7 简 3 处,第 8 简 14 处,第 9 简 5 处,第 11 简 1 处,第 12 简 1 处,第 13 简 3 处,第 17 简 1 处,第 18 简 3 处,第 19 简 2 处,第 20 简 1 处,第 22 简 3 处,第 23 简 2 处,第 25 简 1 处,第 27 简 1 处,第 28 简 2 处,第 29 简 2 处,第 30 简 4 处,第 31 简 2 处,第 33 简 3 处,第 34 简 2 处,第 35 简 2 处,第 36 简 3 处,第 37 简 3 处,第 45 简 1 处,第 60 简 1 处。

商先生不厌其烦地将简上的种种标识符号悉数记录下来,视之为简文内容的一个有机组成部分,是值得提倡的做法,为我们今天著录与研究简牍树立了很好的榜样。其中也存在少量不足,据许道胜先生统计,如二号墓第 11 简称有句号 1 处,但释文没有标出横点,不知在何处。一号墓第 74 简 2 处 L(圣王 L 恕 L)也均应为提示符号。第 114 简注谓"有句号",但释文无横点。美中虽存不足,毕竟瑕不掩瑜。

　　传世的中国古代典籍基本上不使用标点符号,研究古代标点符号的用法主要依靠出土文献。商代甲骨文中已有符号用例,但直到西周,甲骨文、金文中的符号用例还很难被称为标点符号。商周时代用两小横画表示重文或合文,称之为"重文符"或"合文符"。西周永盂铭文中在主题内容和"永拜稽首"等套语之间使用"L"符号表示句读的停顿,划分出了铭文两个不同的意义层次。在云梦睡虎地秦简《日书》中也发现这样的钩识符号。战国早期的曾侯乙墓竹简有"▄"符号表示简文的开头或结尾。春秋末期的侯马盟书、战国早期的信阳楚简中都有"—"符号的运用。战国中期的子弹库楚帛书则用"□"表示段落的结束。战国书写文字资料中出现的标点符号在战国早期已相当成熟,战国中期、晚期使用得更为广泛。从战国早期的曾侯乙墓简、信阳楚简,至战国晚期的秦国以及秦代的睡虎地简等,绝大多数简牍帛书都有标点符号。

　　刘信芳先生就楚简、秦简中的标点符号详作分析,认为其中点号有逗点、小圆点、扁圆点、圈点、折勾等形状,或作句中停顿,或作句末停顿,或作专有名词标志,有的还兼有引号或分号的作用。所用标号有粗墨道、方框、实心五、细墨道、斜墨道、重文合文符等。又有小圆点、扁圆点兼有标号和点号的功用。

　　古人书写简帛,对句读的处理是比较灵活的,凡以句为单位分栏书写者,不再加点号,秦简《为吏之道》是其例;凡韵文不加点号,例如楚帛书,因为是韵文,通篇只有章节号,没有点号;凡句末有语助词者,可能不加点号。早期标点符号尚不规范,有如这一阶段文字之不统一。然其使用之细密精微,已达到了很高的程度,这对于表达文义,揭橥篇章层次有极大的帮助。然两汉以后,标点渐少乃至不用,实乃句读由经师专授,章句演变为专门学问,以至因门户主见、学术封闭而导致倒退。经中夹注,使得大部分经书客观上有了句读,亦是导致标点退化的客观原因之一。

近代白话文兴起以后,又普遍使用标点符号并逐步走向规范化。或以为现代汉语标点符号从西方文法引进,其实经史中的句读是从来就有的,现代汉语标点符号应理解为在回归的过程中吸收了西方文法的合理因素。

【释文】

一牛櫺,[1]一豕櫺,一羊櫺,一酓(尊)櫺,[2]一大房,[3]四皇俎,[4]四皇豆,[5]二旂(壴),[6]二枓(爵),[7]一敝(雕)桱(桯),[8]一房机(几),[9]二居(倨)皋(槷),[10]一有(盒),[11]号二十[12]【45】

□金器:六贵鼎,[13]又(有)盍(盖)。四登(鐙),[14]又(有)盍(盖)。二卵缶,[15]又(有)盍(盖)。二盘。[16]二铊(匜),卵盏。[17]三□【46】

【注释】

[1] 櫺,整理者:据文义当是盛放牛、羊、豕等体积较大的食物的木器。《礼记·明堂位》"俎,有虞氏以梡",郑玄注:"梡,断木为四足而已。"又"俎用梡嶡",孔颖达疏:"梡形四足如案。"上古音中"㮶""完"都是元部字,颇疑"櫺"当读为"梡",但二字声母不近,有待进一步研究。一说出土实物有 4 件高足案(标本 B20;18;19;10),此类器物包山简称作"椢",或谓"櫺"读如"梡"。古代祭祀礼仪所用器物,大多有专名。可以认为"椢"是礼仪之雅名,"櫺"是实用之俗名。(刘信芳 1997C)

[2] 酓,读为"尊"。两周铜器铭文中的器名,往往加有修饰语"尊",如"尊鼎""尊簋""尊鬲""尊壶""尊缶"等。按照唐兰先生的说法,"尊梡"指陈设用的梡。(李家浩 2002)一说"尊櫺"指承置两方壶的木案。(刘国

胜 2003）

[3] 大房，整理者：《诗·鲁颂·閟宫》"笾豆大房"，毛传："大房，半体之俎也。"此墓所出大"立板俎"（边箱 28 号），疑即大房。一说置于俎面的侧立板或俎面下的侧立板足的有无是区分房与非房的标志。这块侧立板的有无决定一件器是否具有房的外形特征。它可以适用于俎和几。所谓"大房"可能是"大房俎"的简称。《礼记》有"房俎"，包山、望山、信阳楚简都有"房几"便是明证。（田河 2006）

[4] 皇俎，整理者：此墓出四个小"立板俎"，黑漆，有朱色及银灰色彩绘，当即简文所记"四皇俎"。《周礼·天官·掌次》"设皇邸"，郑注："染羽象凤皇羽色以为之。"孙诒让《正义》："凡礼经言皇者，郑并以凤皇羽为释。"此四俎四豆以"皇"为名，其花纹可能即取象于凤皇羽。

[5] 皇豆，整理者：此墓出四个"粗把豆"，木胎，黑漆，有银灰色彩绘，当即简文所记"四皇豆"。

[6] 旂，整理者：信阳 211 号简有"一厚奉之旂，三彫旂"，与此简之"旂"当为同类物，应是饮食器而非旌旗。或谓此字从"止"从"斤"，即《说文》"近"字古文，简文"近"疑当读为"卺"。《礼记·昏义》"合卺而酳"，孔疏："卺谓半瓢，以一瓠分为两瓢谓之卺。"一说释为"近"，读为"卺"。"祈""近"通用，是楚国"卺"这个词在战国时期的写法，即假借祈求字和远近字为之。包山楚墓东室出土一对"带流杯"，分别以龙凤为图案，正符合古人以龙凤喻男女之意，无疑是古书所说的"合卺"，也就是（包山 266 号）简文所记的"二祈"。（李家浩 1994）

[7] 斜，从斗，毛声，所从之"斗"与曾侯乙墓衣箱 E·66 二十八宿之"斗"字同形。（刘信芳 2003）释为"爵"。（李春桃 2018）

[8] 桱，整理者补正：包山 266 号简记"一食桱，金足"，指一件铜足漆案。疑简文的"桱"应当读为"桯"，不过简文的"桯"是承饮食的几，与《方言》等所说的榻前几在用途上有所不同。

[9] 机，读为"几"。望山楚墓出有"立板足几"一件，当是简文所记的

"房几"。(李家浩 1994)

　　[10] 居枭,整理者:"居"疑当读为倨句之"倨",指柄与器身成钝角。《礼记·乐记》:"倨中矩,勾中钩。"《方言》卷五:"甶,……赵、魏之间谓之枭。"《仪礼·有司彻》郑玄注:"此二匕者(指疏匕、桃匕)皆有浅斗,状如饭樏。"简文之"枭"疑当是饭樏之类。此墓出两件长柄漆圆勺,而未见樏一类器物。一说"枭"与"樏"本一字之孳乳。知简文"居枭"应是匕、勺之类。(刘信芳 1997C)

　　[11] 有,读为"盓"。《说文》:"盓,小瓯也。"

　　[12] 号,整理者:疑当读为"虖"。《说文》:"虖,土鏊也。"清华大学藏战国竹简《祝辞》2 号简"号"字正如此作。(武汉大学简帛研究中心、湖北省文物考古研究所、黄冈市博物馆 2019)

　　[13] "贵鼎"二字合文,整理者:既可能是作为"贵鼎"来用的,也可能是作"䠒鼎"来用的。按照前一种理解,"贵"应读为"馈";按照后一种理解,"䠒"应是"馈鼎"之"馈"的专字。此墓出土有盖通鼎五件(两件较大,三件较小),疑即"馈鼎"。墓经盗掘,故鼎数少于简文所记。一说"䠒"以理解为馈鼎之专字比较合适,如同"鼣"是升鼎的专字一样。(田河 2007)

　　[14] 豋,读为"䉈"。一说似当作"瓡",从瓜得声,读为"壶",指铜壶。此墓出土 4 件铜壶似即简文所记"四壶"。(刘国胜 2011B)

　　[15] 卵缶,整理者补正:中山大学古文字研究室的同志说,卵形椭圆而小,此简云"卵缶""卵盏",亦取其小而椭圆之意。案此墓出土竹简所记之缶有"卵缶""迅缶",信阳简所记有"圆缶""迅缶""浅缶",两相对照,"卵缶""圆缶"应该是同一种缶的不同名称,中大同志的意见是可取的。

　　[16] 盘,整理者:此墓出二素面铜盘。

　　[17] 整理者:疑"二鈚卵盏"当连读,"鈚卵盏"即匜之别名。

　　卵盏,指的就是敦。"卵盏"之"卵",是对"盏"的形制的说明。"卵盏"是因盏的形状像圆卵而得名。(李家浩 1998A)

【译文】

一件牛櫺,一件豕櫺,一件羊櫺,一件尊櫺,一件大房,四件皇俎,四件皇豆,两件杢,两件爵,一件雕桯,一件房几,两件倨椇,一件盉,二十件号【45】

☐金器:六件有盖子的贵鼎。四件有盖子的盥。两件有盖子的卵缶。两件盘。两件匜,卵盏。三☐【46】

【延展阅读】

一、楚地的漆器

漆器具有轻便、坚固、防腐、耐酸、耐热等优点,其胎质轻巧,制作方便,适于造型,便于使用,而且漆彩丰富、光泽绚丽,利于装饰美化,这些条件都优于青铜器,从而深得人们的青睐。

战国时期是中国漆木器早期发展的黄金时期,由于地处南方,有漆源的地利,又由于地下水丰富,有保存的条件,先秦时期漆木器实物遗存,主要出自楚地墓葬。楚地出土漆木器具有明显的楚文化特征,自成一系,其数量众多,品类齐全,几乎囊括了春秋战国时期漆木器的所有种类,具有典型代表性,且造型、纹饰、色彩独具特色,代表了先秦漆木器的工艺水平。

望山一号墓出土漆木器 97 件,二号墓出土漆木器 125 件,大多是实用器,只有少数是明器。按其用途可分为饮食器、乐器、其他用器和明器等四大类。饮食用器有耳杯、豆、樽、酒具盒、盘、酒壶、瓢、勺、案、椸和俎等;乐器有虎座鸟架悬鼓、瑟等;其他用具有几、枕、梳、羽扇、绕线棒、带把椭圆形器、小座屏以及长木架和长木条等构件,明器有镇墓兽、角形器、人俑等。

除一号墓出土的一件铜削鞘为夹纻胎外,其余都是木胎,且大多为厚木胎,这主要是因为木材易得,同时也比较容易加工成型。铜削鞘从制造技术上看已经较为成熟,由此推测楚人使用夹纻胎的时间要早于战国中期。通过观察分析,可以看到其胎体是在预先制造好的模具上用一种纺织品加漆灰涂布而成的,其胎体厚度在 0.4—0.6 毫米左右,比较均匀,内表面也比较平整,断裂处可以看到纺织品的织纹和纤维束外形。在纺织品的两面都有漆灰,据此推测,该漆鞘的制作工序大致为:首先在预先制造好的模具上先涂一薄层漆灰,然后在漆灰上铺织物,织物上再涂漆灰,反复操作一至数次,干燥后去除模具,表面磨光、髹漆、彩绘。

夹纻胎的优点在于因为是采用麻织品经涂布漆灰而成,厚度薄、胎体轻,制造出来的漆器显得轻巧美观。再一个其本身吸湿、去湿较小,在气候发生较大变化时,膨胀或收缩程度比木材小得多。同时,由于没有木材那种膨胀或收缩时的各向异性,产生的膨胀或收缩也比较均匀,因此外形稳定。

楚国漆器木胎的制作方法主要有斫制、挖制和雕刻三种。在雕刻的漆器中,有的是由整木雕刻的,如虎座鸟架悬鼓的虎座;有些是先分别雕刻,如鸟架的鸟之头颈、身与双足,然后安榫构成的;有些是浮雕,如小座屏座上之大蟒等;有些是透雕,如小座屏上的凤、鸟、鹿、蛙等。有些器物系分别制作构件,然后用榫卯接合,如豆、案、俎、几等。还有一些器物分别制作构件后,再粘合而成。如樽、剑鞘等。木胎制成后,先髹底漆,然后用红、黑等色漆或其他颜料描绘花纹。从对这批漆器中的樽和案的初步观察可知,这个时期的漆器与金工结合的工艺,多为木胎制成后就安上铜环、铜足和铜铺首衔环等构件,然后再髹漆与描绘花纹。

漆器有红、黑、黄、褐、蓝和银灰等多种色彩,其中红、黑两色最多,蓝色次之,银灰色最少。有彩绘花纹的漆器,绝大多数以黑漆为地,并用红、黄、蓝、银灰四色彩绘花纹;少数以红漆为地,黑、黄色绘花纹;还有极少数以褐漆为地,用红、黄色彩绘花纹。没有彩绘花纹的漆器,一般髹红漆或黑漆,有些是髹红、黑相间的两色漆;容器大多是器内髹红漆,器表髹黑漆,也有少数是里表均髹黑漆。

花纹图案大致可以归纳为动物纹样、自然景象和几何纹样三种。这些图案线条勾勒交错，流畅不滞。纹样可分为适合纹样与连续纹样两种。适合纹样是在一些器物的中心位置和某一面上，描绘着独立的个体单位的纹样，例如带把椭圆形器的正面描绘勾连云纹等独立纹样。彩绘木雕小座屏等器物则是运用左右对称的构图方法。各种雕刻动物形象的漆器，都是据其形象而描绘适合纹样。连续纹样是在一些器物的中心纹饰周围，用一个或几个单位纹样组成一个单元纹样，向两方反复连续（即边缘纹样）或在一条长形的平面上反复连续（称带形连续纹样）。在豆、耳杯、几等的中心纹饰周围及口沿以外，常常绘有二方连续的边缘纹样与带形连续纹样。大漆案的面上，装饰着四方连续的涡纹等纹样。这些漆器的花纹虽然讲究对称，但常常采用云纹和点纹等穿插的手法，使其达到美观、多变的艺术效果。

楚地漆木器发达的原因很多。楚地具有山林茂密、气候温和、雨水充沛、盛产漆树和木材等优越的自然条件，使得髹漆工艺十分发达。至战国时期，楚国十分重视漆树栽培和生产，设有专职官员进行管理，漆工艺在楚文化中占有重要地位，漆木器得到长足发展。楚人在接受北方中原先进文化影响的同时，又充分吸收本地文化的积极因素，推陈出新，也是另一个重要原因。

从统计数字看，楚地墓葬出土的漆木器以战国中期尤为突出。战国早期就有相当规模，至战国中期已形成了独特的艺术风格。出土漆木器的地区，皆以楚都江陵为中心，主要分布在湖北江汉平原楚国腹心地带，北到河南南部，南至湖南中部。

二、楚式漆豆

豆在先秦时是专备盛放食物的器皿，由豆盘、豆柄、豆底组成，有的豆有盖。先秦时期的豆亦为礼器。漆豆是在木、竹、陶等内胎上髹漆而制作的漆器。考古资料表明漆豆是漆器中出现最早的品类之一。迄今为止，

发现最早的是山西襄汾陶寺新石器时代遗址出土的彩绘高柄豆和朱绘大
型豆,其造型较原始古拙。之后,在商、周墓葬和遗址中陆续出土了漆豆。
楚漆豆最早发现于湖北当阳赵巷四号春秋中期墓葬中。至战国时期楚式
漆豆十分发达,雕饰更加完美。汉代以后的漆豆逐渐减少。

　　楚国漆器制作技艺相当成熟,传承了商、周漆豆的制作技艺,到战国
时期,漆豆的形制更加丰富,逐渐形成了自己的风格,出现了漆制圆豆、漆
制方豆、漆制盖豆以及异形豆等。

　　望山二号墓头箱中出土了四件彩绘漆豆,圆形浅豆盘,腹壁直,上大
下小,底平,柄为粗圆柱形,喇叭形座。器表髹黑漆并绘银色几何纹。该
墓遣策中称之为"四皇豆",故知此类豆的名称应为"皇豆"。

　　包山二号墓遣策中"大兆之金器"栏下也记载了"四合豆,四皇豆",正
对应墓中出土的八件漆木豆。其中四件无盖,浅圆盘,直壁,平底,喇叭
座,通体涂墨,用白粉绘几何形花纹,无论器物形制还是装饰风格均与望
山二号墓的四件漆豆一致,所以它们应该也是"皇豆"。而剩下的四件有
盖豆(两外侈鸟形耳)就应该是"合豆"了。之所以称为"合豆",有学者认
为是因为豆盖边缘留有两缺口,豆盖覆于豆盘上时,两缺口正好与豆盘外
侧外侈的两耳相合。信阳简中则称之为"二会豆"(简 2 - 025),即一号墓
中保留下来的两件Ⅱ式鸟首耳盖豆,与上述"合豆"的形制是一致的。并
且释文中称"会,合也,两物相和之谓也"。可见"会豆"和"合豆"都是指有
盖相合的意思。

　　由包山二号墓的遣策可以知道,"皇豆"和"合豆"应该用于祭祀,所以
它们的数量应该具有比较明显的身份等级意义。

　　学者通过分析楚墓中出土豆的情况发现,"皇豆"和"合豆"虽然单独
来看并没有体现出明显的规律性,但其数量之和却颇吻合礼经的记载。
封君级别皇豆十、合豆二,共为十二件;上大夫皇豆四、合豆四,共为八件;
下大夫皇豆四、合豆二,共六件。虽然亦有用其他类型漆木豆代替的现象
(如天星观二号墓中的两件 C 型漆雕龙凤豆以及四件大的"豆"),但总数

仍是遵循上述规律的。而身份再低者仅用四件皇豆（或用四件合豆），又其次则两件合豆，多见于雨台山及九店墓地之中。由此证明《礼记·礼器》中"天子之豆二十有六，诸公十有六，诸侯十有二，上大夫八，下大夫六"的记载并非空穴来风，这在战国时期的楚国可能确实是如是实行的。

三、房几、几

出土战国楚墓遣策中常见一种名为"几"的随葬物品，如包山楚简260："一偋（凭）几。一丩（收）床，又（有）策（簀）。"简266："二鉌（禁），一房旮（几）。""机"是"几"的异体，即在"几"字上加意符"木"，所以古代的"几"字往往以"机"为之。如《庄子·齐物论》："南郭子綦隐机而坐。"《大戴礼记·武王践祚》："于机为铭焉。"望山二号墓简45："一敝（雕）桱（桯），一房机（几）。"简47："三（四）膚，皆夐（文）宦。一机（几）。一丹緅之因（茵），绿里。""旮"从"几"得声，所以可以读为"几"。"桱"是"机"字的异体。信阳楚简2-08："一钞（纱）箸，羍（驿）绵之纯。一房桱（几）。"

"房几"的"房"可能是针对几的面板上下皆有挡板，形成上下两间而言。在长台关一号墓二号墓、包山二号墓、曾侯乙墓、天星观一号墓二号墓中都有出土。从遣策记录位置及实物出土位置看，房几与饮食有关。望山二号墓出有一件两旁为立板，几面安在立板中部的漆几，应当就是简文所记的"房几"。

包山简中"偋（凭）几"的"凭"是依靠、倚靠的意思。《说文解字》："凭，依几也。"凭几又称倚几、隐几，本是跽坐疲倦时用来将胳臂和肘部扶倚安放，以分散压力的器具。古人生活习惯，先在室内地上铺席，然后在席上设几，人就屈膝坐在席上，可以靠在几上休息。由于席、几用途相关，所以古书中往往席、几连言。如《周礼·春官·司几筵》："设莞筵纷纯，加缫席画纯，加次席黼纯，左右玉几。"

望山二号墓简45所说的"一敝（雕）桱（桯）"，是一种绘有图案的几。墓中出一件"矮足案"，通体黑漆，案面有朱绘圆形图案两排，每排五个，当即简文所记。《广雅·释器》说:"桯,几也。"王念孙《疏证》说"桯"之言"经"也,横经其前也。床前长几谓之"桯",犹床边长木谓之"桯"。包山简记有"食桱",就是墓中所出的"矮足案",形制与望山墓所出基本相同。

几与俎是形制相似又有所区别的家具。几呈狭长面,下有足,常设于座侧,以便凭倚或置物的家具,多为木制。俎是切肉用的案板,在先秦祭祀、宴享时是盛放牲体,类似几形的一种器物,亦为礼器。祭祀时,常与鼎、豆配合使用。商代晚期的安阳大司空村五十三号墓出土了用大理石做的俎,可以看到此类器物较为原始的形态。

几是我国较早出现的一种漆木家具。战国时期的漆几主要出土于楚系墓葬。从统计数字看,楚系墓葬出土的漆几以战国中期尤为突出。出土漆几的楚系墓葬所流行的地区,皆以楚都江陵为中心,主要分布在湖北江汉平原楚国的中心地带,北到河南的南部,南至湖南中部。

几在先秦文献中多有记载,《周礼·春官·司几筵》曾记载先秦的所谓"五几"之制,文中指出先秦礼仪活动中不同场合以五席与玉几、雕几、彤几、漆几、素几五种古几相配使用。对于五几之名,汉儒认为多与古几之设饰有关。有学者对战国时期楚墓中出土的古几进行统计,认为从装饰、绘色上体现了这五种几的区别:

玉几,如信阳二号楚墓在侧室出土一件立板足几,编号 2-166。器体呈 H 型,通体髹黑漆,周沿绘朱色卷云纹。就形制而言,与其他楚墓所出立板足几并无二致,但在它的立板外面及横板的侧壁上,则均匀地镶嵌着白玉二十块,玉块形制不甚规整,可颜色洁白醒目。这与《尚书·顾命》"华玉仍几"之文若合符契。而且,古人多以玉名其所饰之物。

雕几,信阳一、二号楚墓中各出一件经过雕饰的古几,两件形制相同,但雕镂部位不一。报告称一号墓所出为"雕花木漆凭几",整个几面全部浮雕兽面纹,刀法甚为熟练,十分精美。二号墓所出一件几面两端翘起,其上及三侧面浮雕饕餮纹兽面。江陵雨台山三〇三号楚墓亦出土一件经过雕饰的漆几,几面两端和两侧雕刻云纹,未髹漆。

彤几,见于曾侯乙墓,出自该墓中室中部,由三块木板嵌榫接成,与其他楚墓所出立板足几同呈 H 形。以黑漆为地,在面板和立板的侧面画绘朱红色云纹,立板外部则绘朱红色几何云纹,在面板的两缘及当中,画出三条粗大的朱红色彩道。此几突出的色彩即是丹朱色。

漆几,信阳一号楚墓出土一件编号标本 1 - 714 的古几,也是呈 H 型的立板足几。立板上端外卷,横板中部下凹成弧形。通体髹黑漆,在几面周沿和侧棱上涂有连续的细道朱色云纹。但该几整体色彩仍然是以黑色基调为主。《周礼》的漆几可能并非指用漆制作或漆髹几身,而是指其黑色而言。古人多用漆字以示物黑。如《周礼·春官·巾车》"漆车藩蔽",郑玄注云:"漆车,黑车也。"漆含黑意甚明。

素几,见于包山二号楚墓标本 2 : 18。该几面板长方形,两端略宽,几面中间微凹,两端立板顶部向内卷曲,中部凿一长方形铆眼与面板榫头相接。通体涂黑,但在黑色之上则用白粉绘出很多白色纹饰。面板正面中间及四周、立板外侧和内侧上部用粉画出许多白色绚纹,面板、立板外侧绘白色∽纹。在先秦古文献中,素色通常是指白色而言。《国语·吴语》有"白裳、白旗、素甲、白羽",韦昭注:"素甲,白甲。"《周礼·春官·巾车》有"素车",郑玄注云:"素车,以白土垩车也。"《说文》云:"垩,白涂也。"段玉裁注:"以白物涂白之也。"

若按几的形制来分,则变化很多。学者从考古类型学上分析,将之分为平行发展的四大类型:(一)几面主要为长条形,有的为平面,有的两端雕刻有纹饰。足为栅形。(二)几由三块长方形薄板斗合成 H 形。可以看出,此类几既可凭倚,亦可用作放置器物。(三)几面呈长条直形,有的呈中部微向下弯呈弧状,二足,是古老而典型的凭几样式之一。此类样式的凭几造型沿用很久,经汉魏隋唐直到北宋时期仍可见其踪迹。(四)为三足以上的一种凭几,几面呈弧形条状。如江陵马山一号墓出土的几,发掘报告称为"木辟邪",置于头箱正中,用树雕成。虎头,龙身,圆竹节状四足,暗红漆,朱红漆彩绘。两前腿皆位于身躯的右侧,两后腿皆位于身躯的左侧,形成一个半弧形。此器不排除有巫文化的含义,但其器面所形成的半弧形和利用树枝形成的几足,以及35厘米左右的高度,都非常适合人们"曲木抱腰"凭几而坐。

楚式几具有自己独到的艺术风格,精美绝妙的艺术水平令世人惊叹。楚人精确、周到、细腻和务实的设计理念,在漆几一类小巧家具上体现得淋漓尽致:第一是功能设计合理。先秦时期家居习俗为席地而坐,所以人们的视线和身体所及的高度、倚靠点,决定了漆几的高度一般在30厘米左右,科学的设计适宜人们"隐几而坐"。第二是装饰精美。漆几装饰手法有彩绘、雕刻和阴刻几种,其中以彩绘为主。漆几图案一般采用适合长方几造型的二方连续纹饰或四方边续纹样,构图疏密有致、节奏鲜明,各臻其妙。第三是造型优美。楚国工匠们设计出既实用又优美的家具形态。漆几在当时是席地而坐、供人伏凭的小家具,所以漆几设计得较低矮,几面微凹,有的几面靠身体面略有弧度便于凭倚。最富于曲线变化的要数束腰的S形足凭几,造型优美,绝无矫揉造作之弊。第四是色彩绚丽。楚几用色绚丽多彩,黑、红、金、银、黄、绿等各色常见于漆几的装饰上。楚人由于对祖先崇拜的缘故而尚赤,所以家具的主色调以红色为主,并配以黑色,形成强烈对比,气质典雅,这成为楚式漆器家具独特的艺术特征和民族风格。

四、卵盏、卵缶、合盏

楚地所出东周铜器有自名"盏"者,如中(仲)姬□盏(《新收殷周青铜器铭文暨器影汇编》502)、大府盏(《殷周金文集成》04634)等。楚地所出遣策亦记有此类器物,其前多有修饰语,如望山二号墓46号简:"二铊(匜),卵盏。"54号简:"二盦(合)盏。"李家浩先生指出"卵盏"之"卵"和"合盏"之"合",都是对"盏"形制的说明。"卵盏"是因盏的形状像圆卵而得名,"合盏"是因盏由器盖相合成而得名。"盏"多与"敦"形近,整体呈球形或半球形,作球形者,由盖、器合成,各为半球形,"卵"与"合"都是对其形制的描述。

　　除"卵盏"外,在遣策所记器物中还有"卵缶",见于望山二号墓 46 号简,包山 265 号简。此"卵"字亦应读其本字,是对器物形制的说明。1977年,中山大学古文字学研究室楚简整理小组对此已有明确的认识:卵形椭圆而小,此简云"卵缶""卵盏",亦即取其小而椭圆之意。楚故都纪南城凤凰山西汉墓出土简牍亦屡见"卵",字作✦✦,或云"小卵检",实物为朱绘云纹小椭圆奁(八号墓),或云"卵小检",实物为素面小圆漆奁(一六八号墓),或云"卵检"(一六九号墓),可证楚地器物而言"卵"者皆指其小而圆或椭圆。

　　在出土青铜器中,亦有自名"卵缶"之器,见于 1984 年 5 月江苏丹徒县(今镇江市丹徒区)大港镇北山顶春秋墓所出次缶,整理者释其为"卅(盥)缶",不确。据上引中山大学古文字学研究室楚简整理小组意见,"卵"应指器之鼓腹。此器之腹部甚鼓,恰如椭圆之卵形。总之,目前在青铜器铭文和楚遣策中位于器名之前的"卵"字,应皆为对其器形的描述。

五、"酋"之释读

　　望山二号墓 45 号简记有"一✦✦櫋",其中"✦✦"字,整理者隶定为"酋",说"酋"字从"酉""关"声("关"即"朕"字所从声旁,又作㟨、𡵆)。此字亦见于信阳 2-11 号竹简,唯"关"字写在"酉"字上方。

　　在郭店简《尊德义》中,此字屡见。其中简 1:"酋惪(德)义,明臺(乎)民仑(伦),可㠯(以)为君。"简 3+4:"惥(仁)为可新(亲)【3】也,义为可酋也,惷(忠)为可信也,斈(学)为可嗌(益)也,善(教)为可頪(类)也。"简20:"酋惥(仁)、新(亲)惷(忠)、敬壮(庄)、遝(贵)豊(礼)。"裘锡圭先生说从文义看,似是"尊"之异体。"尊德"一语古书多见,如《礼记·中庸》"故君子尊德性而道问学",《孟子·尽心上》"尊德乐义"等。而古书"德""义"

又多连言。因此,将此字读为"尊"很合理。但从"关"声的"酨"字何以能读为"尊",尚无令人信服的解释。

2001 年,刘国胜先生在编联长台关简 2 - 10 和 2 - 15 时,为这一问题的解决提供了关键说法。他说:

> 寸,原文作尖,即"朕"字所从声旁……简文中的尖很显然是一个计量佩玉的长度单位名称。文献中对玉器长度的计量多制以尺、寸。尖,《说文》所无,义未能详,其音当与"朕"相近。朕,属侵部端纽(或谓蒸部定纽);寸,属文部清纽,文、侵通转,端、清邻纽,二字古音应相去不远。我们知道寸与尊古音近可通。……"尊"字所从寸充作声符,是一个形声兼会意字。战国楚文字"尊"尚不见有从酉从寸之例。郭店楚简《唐虞之道》4 号简有"尊"字,形作从酉从廾。值得注意的是,郭店楚简《尊德义》20 号简亦有"尊"字,形作畚,从酉从尖,尖旁在上,酉旁在下。同形字还见于长台关《遣策》2 - 011 号简,记作"一畚椢"。又望山楚简《遣策》45 号简记有"一酨櫸",第二字亦从酉从尖,惟尖旁在右,酉旁在左。上两文"一"下一字都应该就是《说文》谓之"酒器"的"尊"字……从战国楚文字几见将"尊"写作从酉从尖,且二偏旁配置不唯一式的情况看,从酉从尖的"尊"肯定不是从酉从廾之"尊"的讹变,其字构造似当如战国秦文字"尊",可视为形声字,从尖得声。如是,则尖与寸两字音近可以落实。因此,我们将简文"尖"读为"寸",尺寸之"寸"。

2007 年,上博六《天子建州》发表,其中甲本简 10 和乙本简 9 都有"畚且(俎)不折(制)事"一句,其中的"畚且"和典籍相较,就是古书中常见的"尊俎"。2008 年上博七发表,其中《郑子家丧》甲本和乙本简 5 都有"利(梨)木三眷"一句,《凡物流行》甲简 9 有"足䣊(将)至千里,必從舲訇(始)"一句,这里的"眷"和"舲"无疑就是"寸"。湖北荆门严仓一号战国楚墓出土遣策中,对随葬物品的尺寸大小记载十分详细,其中的"舲"也用作量词"寸"。这样,把"尖"读为"寸"、把"酨"或"畚"读为"尊",就可以成为定论了。

【释文】

　　☐四金匕。[1]二金勺。[2]一鼗（箕）。[3]敂（雕）杯二十盦（合）。[4]一大羽翣。[5]一大竹翣。一少（小）篓。[6]一少（小）敂（雕）羽翣。三（四）膚，[7]皆叟（文）帛。[8]一机（几）。一丹緅之因（茵），[9]绿里。一霝光之尻（裾）。[10]二瑟（瑟），[11]皆秌（緅）衣。[12]【47】

【注释】

　　[1]四金匕,整理者：此墓出四件铜制"铲状勺",当即简文所谓"四金匕"。勺多用于挹取液体。此种"铲状勺"不适于挹取液体,过去多称为勺是不妥当的。《双剑誃古器物图录》把寿县出土的两件"铲状勺"称为"匕",实具卓识。

　　[2]勺,出土物中有长直柄铜勺一,曲柄铜勺一,当即简文所言二金勺。（商承祚 1995）

　　[3]鼗,一说释为"箕","凸"即"期"字的异体。头箱出土有一件陶箕。（刘国胜 2003）

　　[4]盦,整理者：从"曰","合"声,当读为"合"。"合"字古训"配",训"对"。二十合即二十对。此墓出漆耳杯 36 件,当即简文所谓"雕杯"。耳杯数量较简文所记少四件,疑是盗掘所致,此墓盗洞出漆耳杯一件可证。

　　[5]翣,或从竹作篓。《小尔雅·广服》："大扇谓之翣。"《说文》："翣,棺羽饰也。"今出土器物中有圆形木棍,中有缝,残存羽毛根,当即羽翣。并有小翣柄出土。竹翣乃以竹为之,其用相同。（中山大学古文字研究室楚简整理小组 1977）

　　[6]篓,整理者：为竹翣之专字。《集韵》："篓,竹翣。"《仪礼·既夕礼》："燕器：仗、笠、翣。"注："翣,扇也。"

　　[7]膚,楚墓遣策中"膚"屡见,其义待考。

　　[8]叟,读为"文",作纹饰解。（李天虹 2000）

宫,释为"宛",一说膚是器物名,宛是与之有关的饰物,可以读为帋。《说文》巾部:"帋,幡也。"(赵平安 2003)或说读为"缘",是"缘饰"的意思。(单育辰 2012)

[9] 因,读为"茵"。乃褥子,为床、车上所用,绿里。(商承祚 1995)凡"茵"或用皮革,或用丝织品缝制,内着以绵或麻、草之类。此"因(茵)"与"几"相配使用,演奏瑟时,瑟搁置于几上,演奏者席坐于茵上。(刘信芳 1997C)

[10] 尻,整理者补正释,是居住之"居"的本字,疑当读为"裾",《玉篇》:"裾,被也。"一说释为"处",读为"裾"。(何琳仪 1998)

[11] 瑟,刘国胜、李家浩释。(刘国胜 1997、李家浩 1998B)

[12] 秋(緅)衣,指用"緅"做的装瑟的袋子。与马王堆一号汉墓《遣册》276 号简所记"瑟一,越闰锦衣一,赤缘"一句中的"越闰锦衣"文例相同。(李家浩 1998B)"衣"字之下,尚残存墨迹。(武汉大学简帛研究中心、湖北省文物考古研究所、黄冈市博物馆 2019)

【译文】

☑四件金匕。两件金勺。一件箕。二十对雕杯。一件大羽翣。一件大竹翣。一件小篓。一件小雕羽翣。四件缘边都有纹饰的膚。一件几。一件丹緅做的绿色里子的席子。一件霝光做的裾。两件瑟,都有緅做的瑟套。【47】

【延展阅读】

一、遣策所记的匕

匕是用来挹取食物的一种器具。《仪礼·士昏礼》:"匕俎从设。"郑玄注:"匕,所以别出牲体也。"《易·震》:"不丧匕鬯。"王弼注:"匕,所以载鼎实。"在考古发掘中,匕常常发现于鼎、鬲、簋的腹中,如殷墟五号墓出土的一件玉簋内，就放有铜匕一件。陕西永寿出土的西周仲枏父匕，发现时在鼎内。淅川下寺的王子午鼎出土时，腹中带有匕。同时，由于鬲的功用与鼎类似，且常常起到"陪鼎"的作用，有时匕也会随鬲一起出土，如安徽寿县蔡侯墓中出土的七件鼎和八件鬲，腹内都附有一件匕。随州曾侯乙墓的铜鼎和铜鬲内也附有匕。出土的匕与鼎、鬲、簋的共存关系，证实匕的主要用途是挹取肉类、黍稷或舀取羹等。另外，曾侯乙墓出土的金盏附一金质匕，匕体镂孔，较为少见，其用途可能是从液体中挹取固体食物，有如现在的漏勺。

过去学者们曾将匕与勺混淆。罗振玉先生根据鱼颠匕的器形将"匕"的形制明确了下来，他说："古匕旧无传世者，有之自《陶斋吉金录》始。但陶斋不知为匕，而称之曰勺。勺为容器，匕则以取肴胾。用不同，故制亦殊。勺深而匕浅，固不容混也。"后来出土的微伯瘨匕和仲枏父匕器形与鱼颠匕基本相同，且都自名为"匕"，可证罗振玉先生将鱼颠匕称为"匕"是正确的。

总的来说，匕是挹取肉食、黍稷或羹的用具，考古发现中常与鼎、鬲等共出。勺是挹酒用的，常与盛酒器如尊、方彝等共出。勺作为舀水的器皿时则称斗。在名称上，匕有自名。古文献中又称某种有特殊用途的匕为"柶"或"勺"。舀酒的勺可称斗、爵。舀水用的斗文献又写作枓。

匕与勺两种挹取器有各自的发展演变序列。大体是商代铜匕形制多样，西周至春秋战国的铜匕，匕部大多呈长扁圆形而前端尖，柄或直或折。商代铜勺多圆形圜底，直柄；西周铜勺多圆鼓腹和圆柱状，柄直或曲；春秋战国的铜勺形式多样，有圆形、簸箕形，至秦代又有椭圆形。

匕与勺在造型上的主要区别是匕体最初一般呈工具斧状，有弧形刃，之后发展成勺状，匕部前端大多为尖形，也有圆形和平刃的。匕部如有凹槽，则都很浅。匕柄一般为长扁平状而无銎，个别柄作弯折形。勺一般多圆形而深腹，也有簸箕形的。柄直或曲，春秋战国大多作有銎的短柄，銎可安木把。

　　楚简遗策中有"匕"的记载，如"金匕"见于望山二号墓 47 号简："☐四金匕。二金勺。"包山 253 号简："☐鼎，一金比（匕）。"254 号简："一鼎，一金比（匕），二刀。"望山二号墓中出土了四件铜制"铲状勺"，即简文所记的"四金匕"。整理者说勺多用于挹取液体，此种"铲状勺"不适于挹取液体，过去多称为"勺"是不妥当的。墓中出土的这种器物无论是从器形还是数量上都能与遗策所记相合，因此整理者的看法是可信的。包山楚简中将"匕"写为"比"。刘信芳先生指出，包山二号墓出土的木柄铜匕六件，即简文所记的"金比（匕）"。

　　学者认为简文中的"匕"多与鼎、刀、勺并列在一起，应是取食之器具。"挹"不仅仅是舀之意。《仪礼·有司彻》："二手执桃匕枋，以挹湆注于疏匕。"郑玄注："今文桃作抓，挹皆为扱。"《广雅·释诂一》："扱，取也。"王念孙疏证："扱之为言挹取之也。"可见"匕"作为挹取器也不是不妥，楚墓中多见此类器物。

　　楚简遗策中还可见"埮匕"或"铱匕"，如望山二号墓 56 号简："☐埮匕。一玗（盂）。"信阳 2-27 号简："一铱柶（匕）。"信阳简中的"铱柶"，朱德熙、裘锡圭先生早已指出"柶"就是《说文》中解释为"匕，亦所以用比取饭，一名栖"的"匕"。他们将"铱"释为"铦"，认为简文的铱柶就是《仪礼》的桃匕。铱（铦）与桃（挑）义训相因，总而言之，铦、铱作为名词，训为锹舌；作为形容词，是锋利的意思；作为动词，则是挑取的意思。这三类意思显然是有联系的。铱（铦）的三项意义，桃（挑）也都具备。这样的看法得到了多数学者的认可。

　　至于信阳简中所记"铱柶"对应墓中的何种器物，学者有不同看法。刘国胜先生认为"铱柶"是右侧室出土的一件陶匕，纵剖面呈弧形，似铲。田河先生则认为"铱柶"与"鼎"相接，怀疑"铱柶"应是指信阳一号墓与鼎同出的五件Ⅰ式铜匕（标本 1-31），有学者认同田说。

　　望山简中"埮匕"之"埮"字，商承祚先生引《龙龛手镜·土部》说"埮"同"坛"。并引《正字通·土部》"埮，甀属。俗作坛"，又云"盛酒器"，认为这里的坎匕，应该是附属于坎之匕。望山楚简的整理者认为"坎匕"当指陶制的锬匕，相当于古书的桃（挑）匕。整理者的解释较为可信。

匕与鼎、俎常常配合使用，如《仪礼·公食大夫礼》："雍人以俎入，陈于鼎南。旅人南面加匕于鼎，退。"《仪礼·士昏礼》："除鼏，举鼎入，陈于阼阶南，西面，北上。匕俎从设，北面载，执而俟。"《仪礼·有司彻》："雍正执一匕以从，雍府执二匕以从，司士合执二俎以从，司士赞者亦合执二俎以从。匕皆加于鼎，东枋。"

二、楚地的扇子

楚人称呼扇子为"翣"或"篓"，在传世文献中早有记载。《淮南子·说林》："被裘而以翣翼。"高诱注："楚人谓扇为翣。"《淮南子·精神》："冬日之篓。"高诱注："楚人谓扇为篓。"《说文·羽部》："翣，棺羽饰也。……从羽妾声。"《说文·竹部》："篓，扇也。从竹聿声。篓或从妾。"《方言》卷五："扇，自关而东谓之篓，自关而西谓之扇。"

出土战国楚简亦可以提供例证。"翣"字或写作"篓"，如望山二号墓47号简："一大羽翣。一大竹翣。一少（小）篓。一少（小）敝（雕）羽翣。"整理者注曰："篓为竹翣之专字。《集韵》：'篓，竹翣。'"包山260号简："一羽篓，二竹篓。"整理者注曰："篓读作翣。《仪礼·既夕礼》'燕器：杖、笠、翣'，注：'翣，扇也。'羽翣，以羽毛作的扇。"信阳长台关2-19号简："一长羽翣，一羿翣，二竹篓。"从该墓出土实物来看，左后室出有一长一短的两件木翣柄，翣柄一端粗，一端细。细的一端当为结羽处，形成羽形扇面。此两物应即简文所记一长羽翣，一羿翣。黄冈曹家岗五号墓出土竹简记有"二羽篓"，即墓中所出的扇子。

可知，"翣"或"篓"用来表示"扇"，在战国时的楚地非常流行，东汉时期的扬雄、高诱所记汉代的楚地方言当是这一用词习惯的延续。

迄今为止出土年代最早、保存最完好的实物扇子是江西靖安李洲坳春秋中晚期墓所出竹编扇子。此扇用精细的竹篾编织而成,扇柄偏向一册,形状有点像现在的菜刀,这说明至迟在春秋中晚期已经出现了扇子。楚地出土的扇子实物有 1982 年江陵马山一号楚墓出土的一把短柄竹编扇子,形如菜刀,扇面略近梯形,用细薄的红、黑两色篾片编织而成,纹饰规整,制作精美,是一件工艺水平较高的竹编制品。另外还有江陵九店东周墓出土的扇子以及天星观一号楚墓和枣阳九连墩二号楚墓出土的扇子残件等。

三、楚简中的楚方言用字

楚人本是华夏族的一支,后南迁至江汉流域,建立国家,发展壮大。文献记载中所谓“楚辞”“楚声”也不过是诸夏汉语中的一种古方言而已。古人早已指出楚方言有不同之处,如《山海经·海内东经》郭璞注:“历代久远,古今变易,语有楚夏,名号不同。”《左传·庄公二十八年》记载,楚人攻战喊话都操“楚言”。又《左传·成公九年》:“晋侯观于军府,见钟仪,问之曰:‘南冠而絷者,谁也?’有司对曰:‘郑人所献楚囚也。’使税之,召而吊之。再拜稽首。问其族,对曰:‘泠人也。’公曰:‘能乐乎?’对曰:‘先父之职官也,敢有二事?’使与之琴,操南音。”“公语范文子,文子曰:‘楚囚,君子也。言称先职,不背本也。乐操土风,不忘旧也。’”“操南音”即操土风,也就是演奏楚地的乐曲,晋人范文子一听就明白,可见有鲜明的地方特色。

到战国时期,楚方言已经发展成为影响很大的方言体系,与华夏通语及北方各国存在较大差异,尤其出现了“书楚语,作楚声,纪楚地,名楚物”的《楚辞》。《颜氏家训·音辞》说:“夫九州之人,言语不同,生民已来,固常然矣。自《春秋》标齐言之传,《离骚》目楚词之经,此盖其较明之初也。”又说:“古今言语,时俗不同,著述之人,楚夏各异。”这是明白说楚方言不同于华夏,有其特性。

秦汉时期,国家统一,南北文化进一步交流,随着楚文化同北方文化的融合,楚方言多数词汇都融入华夏共同语中去了,一部分词汇无人再用,仅有少数词语仍然活在后世楚地人的语言中。

楚方言是南方汉语的代表,在楚地出土文献中有突出的反映,如望山简、包山简中出现的"翣"或"篓"字,就是楚方言字。楚人称呼扇子为"翣"或"篓",在传世文献中早有记载。又楚卜筮祭祷简中常出现的"瘥""瘳""间"等字,表示病愈、病情好转之义。《方言》卷三说:"差、间、知,愈也。南楚病愈者谓之差,或谓之间,或谓之知。知,通语也。或谓之慧,或谓之憭,或谓之瘳,或谓之蠲,或谓之除。"与简文相合。

又楚遣策中出现的"桱(桯)"字,《方言》卷五:"榻前几,江沔之间曰桯,赵魏之间谓之椸。"《说文》:"桱,桱桯也。东方谓之荡。"段注:"桱、荡皆床前几之殊语也。"包山266号简"一飤(食)桱,金足",整理者说食桱即食几,用于放食物。

又楚遣策中出现的"篐""箄"等字,《方言》卷十三:"箄、篓、篐、筥,簏也。江沔之间谓之篐,赵代之间谓之筥,淇卫之间谓之牛筐。簏,其通语也。簏小者,南楚谓之篓,自关而西秦晋之间谓之箄。"

在鄂君启节、信阳简、曾侯乙墓简、新蔡简等楚地出土材料中出现的总括副词"屯",训为"皆""都"。在传世文献中也有用例,如《韩非子·外储说右下》:"訾其里正与伍老屯二甲。"这里"屯"就解释为"皆"。"屯"有时写作"纯",如《周礼·考工记·玉人》:"诸侯纯九,大夫纯五。"郑玄注:"纯犹皆也。"或写作"淳",如《左传·襄公十一年》记:"广车、軘车淳十五乘。"这里的"淳"字,朱德熙、裘锡圭先生认为应读为"纯",释为"皆"。"屯"还讹作"毛",在《山海经》中,"毛"字常出现在讲祭祀诸神所用祭品之时,如《南山经》:"其神状皆鸟身而龙首,其祠之礼,毛用一璋玉瘗,糈用稌米,一璧,稻米、白菅为席。"这里的"毛"是"屯"字之误,在同样的语法位置上,《山海经》有时是"毛"字,有时是"皆"字,跟信阳简的情形相同。

在其他战国出土文献中目前尚未发现这种用法的"屯",在楚地出土文献中却大量出现,因此学者认为"屯"是带有楚地色彩的一个词,当属楚人独创。袁珂先生曾考证《山海经》的作者是楚人,在楚地出土文献中大量出现的楚方言用字"屯",反过来从语言上也证明了《山海经》应该是楚人所作。

四、"姦(瑟)"之释读

望山二号墓 47 号简"二姦(瑟),皆秋(緅)衣",其中的"姦"又见于 49 号简和 50 号简。整理者仅作隶定而未释。包山 260 号简:"二㻛,有桊。""㻛"字旧亦无释。包山简的"㻛"比望山简"姦"的多一个"必"字旁,但从辞例看,二者为一字。刘信芳先生和李家浩先生先后指出"㻛"从"必"得声,应释为"瑟","姦"与"㻛"上部相同,也应是"瑟"字。曾侯乙墓漆箱 E·61 漆书:"辰尚若戟,鋂(琴)姦常和。"刘国胜先生在刘信芳先生的基础上,也把"姦"释为"瑟"。他们的释读都是可信的。

上博简一《孔子诗论》14 号简:"吕(以)盥(琴)姦(瑟)之敓(悦),悆(拟)好色之悉(愿),吕(以)钟鼓之乐□"上博简一《性情论》15 号简:"圣(听)盥(琴)惢(瑟)之圣(声),则悸女(如)也斯(斯)难(叹)。"上博简二《容成氏》2 号简:"于是虖(乎)唫(暗)聋埶(执)烛,椙(瞎)戎(瞽)鼓惢(瑟),尳(跛)跙(躃)兽(守)门。"上博简一《孔子诗论》14 号简评论的是《诗经·周南·关雎》,《关雎》正说:"参差荇菜,左右采之。窈窕淑女,琴瑟友之。参差荇菜,左右芼之。窈窕淑女,钟鼓乐之。"而典籍"琴瑟""鼓瑟"等词亦多见。

郭店简《性自命出》24 号简"琴瑟之声"的"瑟"作"开","开"是"姦"的简写。这个"瑟"是二"亓"上下排列。而郭店简《六德》简 29＋30:"为【29】宗族丌朋友,不为朋友丌宗族。"此字学者多释为"瑟(杀)"。这个"瑟"则是二"亓"左右排列。上博简七《君人者何必安哉》有"竽▨衡于前"一句,赵平安先生指出典籍中"竽瑟"常连言,"▨"也应该释为"瑟",这个字形应该就是郭店简《六德》篇"丌"的变体。

【释文】

　　组綬（缨）。[1]二红緅之紟，[2]霝光之纯。一大监（鉴），[3]红緅之室，[4]组□。[5]二苇园（圆）。[6]二夏（文）䈇（筭）。[7]二𣏟（策）芺（莞），[8]霝光之纯，丹緅之䌰（褐）。[9]二筊（莞）侵（筵），[10]霝光之纯，紛（丹）緅之䌰（褐）。一匡（匡）□晋。[11]五鲁白（帛）之㡷（箕）（簌）。[12]二竹同（笥）。[13]七𩫚會（剑）。[14]一崮戈。[15]七會（剑）繡（带）。[16]【48】

【注释】

　　[1]组缨，整理者：当指系冠之缨。

　　[2]紟，似从“糸”，“市”声，疑读为“韨”，指蔽膝。（刘国胜2011B）一说此字从“糸”，很明显，它的质地应为布帛。如果楚国服饰中存在蔽膝，那么，从服饰制度来看，将“紟”字读为“韠”更好。（刘炼2006）

　　[3]监，同镜，大监即大镜。（商承祚1995）

　　[4]室，整理者：当指铜镜的套子。镜套子称室与刀剑鞘称室同意。

　　[5]“组”下一字，或释为“繵（缀）”。（刘国胜2011B）此字右上部不清晰，待考。（武汉大学简帛研究中心、湖北省文物考古研究所、黄冈市博物馆2019）

　　[6]苇园，整理者：“园”当读为“圆”。“苇园”疑是苇编的盛物圆器。长沙五里牌竹简有“革园”。或疑“苇园”当读为“韦园”，犹言“革园”，指皮革制成的盛物圆器。

　　[7]䈇，整理者：以苇竹之类编成的盛物之器。一说隶定作“笥”，读为“笥”。（张桂光1994）或说字从竹，使声，读音与“笥”字极为接近。（袁国华1994）

　　[8]𣏟，整理者：所从即“木”字之半，为“析”字异体。“析”“束”音近，故“策”或作“𣏟”。此简“𣏟”疑当读为“箦”。“责”亦从“束”得声。箦莞盖

谓床簀所用之莞席。一说"策"可能是一种竹名。（李家浩 2007）

芙，整理者：疑当读为"莞"。《诗·小雅·斯干》："下莞上簟。"郑玄笺："莞，小蒲之席也。"

[9] 縟，整理者：当读为"襨"，指收藏器物的囊或套子。《礼记·内则》："敛簟而襨之。"郑注："襨，韬也。"

[10] 㑩，整理者：当读为"筵"。《说文》："筵，竹席也。"简文"笑㑩"疑当读为《周礼·春官·司几筵》"设莞筵纷纯"之"莞筵"。

[11] 匡，即"筐"，盛物竹器。（商承祚 1995）

"匡"下一字，或释为"緪"。《集韵》："緪，引车索。"此处意义不详。（何琳仪 1998）

瞀，整理者释写，补正云：很可能是"枕"字的异体，因枕是"荐首"用的，故字从"首"。一说疑"昷"之异文。（何琳仪 1998）

[12] 鲁白，读"鲁帛"，谓竹器之衣。（刘信芳 1998）一说鲁帛，指鲁地之帛。（刘国胜 2011B）

毉，整理者补正释，疑与"笥"同类，应读为"箕"。《方言》卷十三："箪、篓、箕、筲，籚也。江沔之间谓箕……"

[13] 圎，整理者释为"笥"，此墓出竹笥八件。

[14] "七"下一字，整理者：暂释此字为"商"。此墓出铜剑七把，与简文所记之数正合。一说释为"舍"，疑读如"释"，祭祀之名。（刘信芳 1997B）或说释"啻"，读为"敌"。（何琳仪 1998）

[15] 峀戈，整理者："峀戈"一词亦见于新郑兵器刻铭。此墓出木戈一件，不知是否即简文所记之峀戈。一说疑当读为"短戈"。（刘国胜 2011B）

[16] 剑带，整理者：当是系剑之带。

【译文】

组做的缨。两件红緅做的紟，霝光做的缘边。一面大镜子，红緅做的镜盒子,组做的□。两件苇编的圆。两件有纹饰的筓。两件策莞,霝光做的缘边,丹緅做的褯。两件莞筵,霝光做的缘边,丹緅做的褯。一件匡□瞀。五件鲁帛做的簝。两件竹笥。七柄𩇕剑。一件峀戈。七条剑带。【48】

【延展阅读】

"𦱌"之释读

　　望山二号墓 47 号简:"三(四)虜,皆𦱌(文)袲。"48 号简:"二𦱌(文)筵(筓)。"均见"𦱌"字。整理者疑为"蘆(且)"之简体。郭店简公布后,发现此字多次出现。如《性自命出》简 16+17+18:"圣人比亓(其)颣(类)而仑(伦)会之,鐴(观)亓(其)之〈先〉逄(后)而逆训(顺)之,体亓(其)宜(义)而即(节)𦱌之,里(理)亓(其)青(情)而出内(入)之。"《语丛一》简 31+97:"豊(礼)因人之情而为之即(节)𦱌者也。"

　　"𦱌"字之释读的突破点在郭店简《语丛一》简 31"礼因人之情而为之"这句话。陈伟先生发现《语丛一》简 31 最末"之"字下没有结句标识,说明这支简的文句并没有结束,而《语丛一》简 97"即𦱌者也"恰好可与之相拼。这样,《语丛一》简 31+97"豊(礼)因人之情而为之即(节)𦱌者也"这句话,也可以与《礼记·坊记》"礼者,因人之情而为之节文,以为民坊者也"相对照。类似的表述在古书中还有一些,比如《管子·心术上》:"礼者因人之情,缘义之理,而为之节文者也。"《淮南子·齐俗》:"故礼因人情而为之节文,而仁发恡以见容。"《礼记·檀弓下》:"辟踊,哀之至也,有算,为之节文也。"

　　李天虹先生后来发现,将《语丛一》简 31 与《礼记·坊记》对照,"𦱌"正是用为"文",如果把楚简中的"𦱌"读为"文"的话,文义绝大多数都能读通。这样,再反过来看楚地遣策中的那些"𦱌"字,其实也应该读为"文",是"纹饰"的意思。

"曼"字在后来公布的上博简中还有出现,如上博四《曹沫之陈》11 号简"居不褻曼","褻曼"即"褻文"。上博五《季庚子问孔子》9 号简"丘闻之牀曼中有言曰","牀曼中"即鲁大夫"臧文仲"等,这些"曼"也是用为"文"的。

【释文】

三革繻(带)。[1]一绲繻(带)。[2]一大晃(冠)。[3]一生丝之缕(屦)。[4]一緅缕(屦)。[5]🔲帨(巾)二十二。[6]箬(席)十又二,皆纺缡(襦)。九亡(盲)童:[7]亓(其)四亡(盲)童皆鯷(缇)衣,[8]亓(其)三亡(盲)童皆丹緅之衣,亓(其)二亡(盲)童皆紫衣,皆赤紊(缋)之屯颈,[9]索(素)紊(缋)之屯夬。[10]二磊(瑟),尖(桼),[11]一🔲衣,[12]亓(其)一【49】磊(瑟)丹秋(緅)之阶丝(继),[13]亓(其)一磊(瑟)霝光之阶丝(继)。二即(栚)。[14]一革繻(带),备(佩)一□□□,一囝(摄),[15]一尚睘(环)。[16]一绲繻(带),一双璜,[17]一双虎(琥),[18]一玉句(钩),[19]一睘(环)。一金鞃,[20]又(有)盍(盖)。[21]【50】

【注释】

[1] 革带,以皮革制成,用以系鞸佩。(朱德熙、裘锡圭 1973)楚简中"革带"又写作"缂带",两者有所区别,但在用途上却是一致的。马山一号楚墓出土的彩绘着衣木俑可见使用革带的实例。(彭浩 1996A)

[2] 绲带,编织而成。《后汉书·南匈奴传》:"童子佩刀,绲带各一。"注:"绲,织成带也。"《说文》系部绲下云"织带",段玉裁据《后汉书》及《文选·七启》注于"织"字下补"成"字,并云:"凡不待剪裁者曰织成。"(朱德熙、裘锡圭 1973)

[3] 冠,整理者:《后汉书·舆服志》:"武冠,俗谓之大冠,环缨无蕤,以青系为缘。"简文"大冠"不知是否即武冠。

[4] 生,一说读如"青"。(刘信芳 1997C)或说生丝,大概是未经缫染之丝。(田河 2007)

缕,整理者:当读为"屡"。

[5] "緅"下一字,整理者:可能是"缕(屡)"字。

[6] 帽,整理者释为"帽",以为字从"巾"从"首",信阳简屡见。一说可能是"巾"的别名或异文。(李家浩 1983)

[7] 亡童,整理者:《吴越春秋·夫差内传第五》:"梧桐心空,不为用器,但为盲僮,与死人俱葬也。""盲僮"当即简文之"亡童"。亡童亦称明童、累童。此墓出木俑十六件,头上有假发,身着绢衣,简文所记九亡童当在其中。一说亡通盲,《说文》:"目无牟(眸)子。""盲童"即无眸之童,与俑含义基本一致。(郑曙斌 2005A)

[8] 鯷,整理者:疑即"缇"之异体。《说文》:"缇,帛丹黄色。"

[9] 豕之屯,整理者未释。商承祚释"豕之毛"。(商承祚 1995)一说"毛"也可能是"屯","豕"疑读为"缵"。(刘国胜 2011B)

颈,整理者释。一说隶作"䯏",为"头"的省文。(何琳仪 1998)看红外影像,似以释"颈"为是。(武汉大学简帛研究中心、湖北省文物考古研究所、黄冈市博物馆 2019)

[10] 索,读为"素"。《礼记·杂记下》"纯以素",注:"素,生帛也。"(何琳仪 1998)

夬,赵平安释,通"帨",指佩巾。(赵平安 1997)此处简文似是记"亡童"面、颈部的装饰和头上辫发。据发掘报告,墓内出土的木俑,脸部施红彩,头部粘有丝质假发。(刘国胜 2003)

[11] 夵,即"桼",是指放于瑟下作支撑的瑟座。(胡雅丽 2007)

[12] "一"下一字,李家浩改释为"怂","怂衣"即"緅衣"的异文。(李家浩 1998B)一说是"霜"之异体。"怂(霜)衣"即"缃衣"。《说文·新附》:"缃,帛浅黄色也。"简文"二瑟桼,一怂(霜一缃)衣"是说两件瑟座,装在一件淡黄色的袋子当中。(范常喜 2014)

[13]　\[纟×\]，整理者：可能是"繼"字。一说释"繼（继）"，疑"继"应读为"系"，义同《乐府诗集·和歌辞三·陌上桑》"青丝为笼系"之"系"，指带子或绳子。"阩继"可能是指缠弦的丝带。马王堆一号汉墓出土的漆瑟，靠近尾岳处的外九弦和内九弦，分别缠有丝带。（李家浩 1998B）或说释为"绝"，"阩绝"疑指瑟弦。（刘国胜 1997）

[14]　即，读为"枅"。几批楚墓出土的遣册中几乎都有梳篦、枅的记载，只是写法有异，望山 2 - 50 号简作"即"、包山 259 号简作"椰"。汉晋遣册作"节"，"故练细枅"。即、椰、节都是枅字，它们皆从即得声。《仪礼·士冠礼》"奠纚、笄、枅于筵南端"，郑玄注："古文枅为节"。《左传·僖公二十二年》："寡君之使婢子侍，执巾枅。"《说文》："枅，梳篦之总名也，从木，节声。"《广韵》："枇，细枅也。"枅粗于篦，就等于梳。（田河 2007）

[15]　\[圂\]，滕壬生释。（滕壬生 1995）"圂"又见于上博《缁衣》23 号简，今本相当的字作"摄"。疑简文"圂"读为《诗·卫风·芄兰》"童子佩鞢"之"鞢"。（刘国胜 2011B）看红外影像，此字与上博竹书《缁衣》23 号简用作"摄"之字同，当释为"圂"。《说文》："下取物缩藏之。……读若聂。"用法待考。（陈伟等 2009）

[16]　耑环，整理者："一耑环。"同简下文言"一环"。墓中头箱出玛瑙环一，内棺出玉环一，不知是否简文所记二环。一说"耑"似当读为"瑞"。"一瑞环"是上文"一革带"的佩玉，可能是指出土的那件"玛瑙环"。（刘国胜 2003）

[17]　璜，整理者：此墓出玉璜六双。

[18]　琥，整理者：琥为虎形佩玉。此墓"内棺 10 号"的一对玉佩似为虎形，疑即简文所记之琥。

[19]　钩，整理者：此墓出玉钩一件。

[20]　轗，整理者：疑当读为"坎"。《尔雅·释器》"小罍谓之坎"，《诗·小雅·蓼莪》孔颖达《正义》引孙炎曰："酒尊也"。墓中从出"铜尊"

一件（头 111 号），口大底小斜直壁，有盖，口径 24.4 厘米，高 17.1 厘米，疑即此器。一说指金属杯。（商承祚 1995）或说读"罍"，《说文》："小杯也。"（何琳仪 1998）

[21] 整理者：49 号、50 号二简文字相接。

【译文】

三条革带。一条缁带。一顶大冠。一双生丝做的鞋子。一双緅做的鞋子。二十二件*缙*巾。十二件席子，都是纺做的襡。九个盲童：其中四个盲童穿着丹黄色的衣服，三个盲童穿着丹緅做的衣服，两个盲童穿着紫色的衣服，都有赤缋的屯颈，素缋的屯央。两件瑟，有瑟座，一件*缠*衣，其中一件【49】瑟有丹緅做的阴继，另一件瑟有霝光做的阴继。两把梳子。一条革带，佩一□□□，一件摄，一件崞环。一条缁带，一双玉璜，一双玉琥，一件玉钩，一件环。一件有盖子的金鎝。【50】

【延展阅读】

一、随葬人俑

望山二号墓出土遣策 49 号简："九亡（盲）童：亓（其）四亡（盲）童皆鲲（缇）衣，亓（其）三亡（盲）童皆丹緅之衣，亓（其）二亡（盲）童皆紫衣，皆赤豸（缋）之屯颈，索（素）豸（缋）之屯央。"其中"亡童"，整理者认为亡童亦称明童，此墓出木俑十六件，头上有假发，身着绢衣，简文所记九亡童当在其中。

人俑是为丧葬而特制的明器，以模人像生为旨，并有"侍卫俑、伎乐俑、兵俑、劳役俑"等分类。人俑作为随葬用品，不仅形诸墓内，亦见载于遣策。迄今楚地出土战国遣策中记载有人俑内容的主要见诸信阳长台关简、望山简、包山简、曾侯乙墓竹简等。这些出土遣策尚未见到直名"俑"的记载，而是大多以现实生活中的人物身份指称。经与出土实物比对，证明这些简文"人物"即是人俑。望山二号墓中出木俑十六件,身着绢衣,直立,上肢屈肘向前平伸,整理者认为九亡童当包括在这十六件木俑中,从他们的姿势和着衣来看,合于简文,应均为侍俑。

人俑作为墓中世界的一部分,与丧葬之礼休戚相关,具体而言,这种礼制即是助丧礼制。所谓助丧礼制是指丧礼中以从经济、情感等方面帮助主丧者为目的的一系列礼仪制度,其实施者包括主丧者的亲戚、朋友、僚属等,其仪节包括赗、禭、赠、含、赙、奠、遣等名目。楚地人俑对于助丧礼制的具体反映主要是明器制度和遣策之文。遣策所载之"俑"与墓中人俑实物比对,二者在数目上可能不尽一致,从外形、身份等方面判断却近乎可以一一对应。

统计表明,楚地人俑的随葬位置可分为五类,即椁室类、墓道类、壁龛类、洞室类、陪葬坑类等,其中墓道类、壁龛类、陪葬坑类三类与椁室类、洞室类二类有部分重合。五类之中,头箱是楚墓人俑放置最多的地方,一椁一棺墓人俑多置于头箱,一椁二棺墓人俑多置于边箱。这说明了人俑的"侍从"功能。此外,单棺墓内基本不置放人俑。这说明,随葬人俑可以反映出墓主的身份等级。

二、古文字中的"索(素)"及与"葛"的讹混

望山二号墓 49 号简:"索(素)豢(缋)之屯央。"61 号简:"索(素)豢(缋)之纯。"简文中的"索",整理者读为"素"。曾侯乙墓简 124:"一真楚甲,索(素),紫组之縢。"信阳简 2 - 07:"一索(素)绲缔(带),又(有)玉钩",包山简 254:"二索(素)王絵(锦)之绣(韬)。"简文中的"索"都读为"素"。"索"和"素"本一字分化,已是古文字学界共识。

在古文字中,"索"字的写法与"葛"十分相近,试以楚简字形为例,"索"字形作:⿰ (望山二号墓简 49)、⿰(信阳简 2 - 07)、⿰(曾侯乙简 124)、⿰(包山简 254);"葛"字形作:⿰(上博简三《周易》简 43)、⿰(上博简四《采风曲目》简 1)、⿰(上博简五《季康子问於孔子》简 8)、⿰(安大

简《诗经·葛覃》简 3)、![字](安大简《诗经·樛木》简 9)。"葛"可分析为从"艸"从"索(或素)"。"葛"字为什么从"索(素)",这个问题现在还没有得到最终解决,有待进一步探讨。

传世文献能见到"索"与"葛"讹混的情况,先看误"葛"为"索"的例子:《孔子家语·六本》:"孔子游于泰山,见荣启期行乎郕之野,鹿裘带索,鼓琴而歌。"《墨子·尚贤中》:"傅说被褐带索,庸筑乎傅岩。"《列子·天瑞》与《孔子家语·六本》所记略同,其中"鹿裘带索",向来以为指粗劣衣物,然"索"多指绳索,以绳为带与衣物粗劣义不密合。此"索"应该是"葛"之误,"带葛"即以葛为带。葛带与鹿裘皆指丧服。《礼记·郊特牲》:"葛带、榛杖,丧杀也。"《礼记·檀弓上》:"鹿裘衡、长袪。"孔颖达疏:"鹿裘者,亦小祥后也,为冬时吉凶衣,里皆有裘。吉时则贵贱有异,丧时则同用大鹿皮为之,鹿色近白,与丧相宜也。"荣启期丧服而歌,正示其乐,所谓"能自宽"也。《墨子·尚贤中》的"被褐带索"亦见于《淮南子·齐俗》,又作"衣褐带索",见《荀子·富国》《淮南子·道应》,此"索"亦应是"葛",指直接以葛藤为带。

再看误"索"为"葛"的例子:《素问·平人气象论》:"病肾脉来,如引葛,按之益坚,曰肾病。死肾脉来,发如夺索,辟辟如弹石,曰肾死。"此句之"葛"字,诸家均以作植物讲之"葛"释之,但医书中用葛来描述脉象极为少见,"引"字与"葛"字连用则更为稀见。相比之下,"引"字与"绳"或"索"字连用,在医书中能见到不少。如《素问·至真要大论》:"帝曰:夫子言察阴阳所在而调之,论言人迎与寸口相应,若引绳小大齐等,命曰平,阴之所在寸口何如?"《灵枢·动输》:"故阴阳俱静俱动,若引绳相倾者病。"《脉经·诊百病死生决》:"絚絚然如两人共引一索,至立冬死。"《太素·阴阳·阴阳杂说》:"三阳在头,三阴在手,所谓一也。"杨上善注:"阴阳上下动如引绳,故曰一也。"《太素·诊候之一》:"上下左右之脉相应参春者病甚。"杨上善注:"三部九候之脉,动若引绳□□前后也。"等。从字形和行文上分析,《素问·平人气象论》中的"葛"应是"索"之讹。《平人气象论》

中"引索"之后还有"夺索"一词,与"解索"义近,其与"引索"意义上相对,一前一后,也恰好在文意上形成呼应。

三、瑟座"桊"

出土瑟的楚墓往往伴出有漆木瑟座,学者通过综合考察,将之定名为"桊"。其特征大多犹如一个上窄下宽的小座屏,大部分的长度稍长或等长于瑟的宽度。瑟座中多见彩绘漆描华美绝伦者,更有精雕细镂巧夺天工者,但无论制作多么精细,装饰多么华美,其顶面与底面一律保持平直素面不作任何装饰。每个墓陪葬瑟座的数量一般与瑟相对应,一件瑟配有一个瑟座,放置的位置也往往与瑟一对一交错邻近,瑟座出土时尚有置于瑟下者。出土瑟和瑟座的楚墓有三十多座,大部分为等级较高的诸侯、士大夫墓。

关于瑟座的用途,学者认为主要有二:一是放在瑟首下面,撑起瑟首,给底板上的首、尾二越两个出音孔隔出空间,以便顺利出音。二是增加瑟首高度,让弹奏者将瑟平置于地弹奏时,手能够更方便地触到瑟首的弦面,以有效减轻低头俯身的不舒适感。

楚遣策简中把瑟座记作"桊"或"瑟桊","桊"往往紧随"瑟"之后,二者构成一个相对完整的句式,信阳简、包山简和望山简中都有相关简文。所谓"桊"字,原简文可以隶定作"桊""尖"。据李家浩先生考证,"尖"即"卷"字所从声符,而古代"完""卷"二声极近。"完"和"卷"的韵母同属元部。"完"的声母属匣母,"卷"的声母属见母,上古匣、见二母的字关系非常密切。简文中的"桊"或"尖"均可读作"梡"。"梡"舆"俎""巌"义近,均是上古陈放祭牲宴享物品的礼器,一般为木制。瑟座即放在瑟下支撑瑟的器物,这与"梡"的用途非常相似。战国早期的曾侯乙墓曾出土十件早期瑟座,均作俎形,致使发掘报告将其误称作"俎"。据此看来,瑟座无论是外形还是用途均与"梡"相类,楚人连类而及,也将其称为"桊(梡)"或"瑟桊(梡)"自属情理中事。

四、古文字中继、绝二字的讹混

望山二号墓 50 号简记有"膘 "一词，整理者释作"阴丝"，并说""有可能是"丝"字。李家浩先生将"丝"释为"继"，怀疑读为"系"，"阴继"可能是指缠弦的丝带。另 9 号简有"丝纯"，整理者说此字亦见于 15 号简"剑坐"和 17 号简"剑纯"，右侧皆有"刀"。《汗简》"继"字古文作"丝"，"丝"即其省写。《说文》"绝"字古文从反"丝"，"丝""剑"怀疑是"绝"字异体。"膘 "该作何解，尚可继续探讨。

战国时期古文字中的"绝"作（中山王方壶）、（曾侯乙墓简 140）、（包山楚简 249）、（郭店简《老子》乙 4）、（望山二号墓简 15）、（望山二号墓简 17）、（郭店楚简《老子》甲 1）等形。从"丝"或"糸"，从"刀"，"刀"将"丝"或"糸"割断，会"断绝"意，可以隶定作"丝"。望山简中字形的右边又多写了一个"刀"，可以隶定作"剑"。"丝"和"剑"都是"绝"字。《说文》："继，续也，从糸、丝。一曰反丝为继。"其中"反丝（绝）为继"的说法，从上引战国时期"绝"字的写法看，应该不能成立。

"继"字的古文字字形作（西周鲁国叔卣）、（春秋拍敦盖），会"断丝再联"之意。大概因为"继"字写作""形与"绝"字写作""形很接近，而词义上又有关联，是一对反义词，从战国时期开始，"继"字直接写成从"丝（绝）"作。上博简六《用曰》简 6 和简 14 两见"继"字，都写作从"糸"从"丝（绝）"，已经跟后世的"继"字形体毫无区别。《用曰》简 6："继原（源）流湀（渐），亓（其）古（胡）能不沽（涸）。"其中的"继"用为"绝"。马王堆汉墓帛书《十问》"万勿（物）失之而不丝"，"楼（接）阴将众，丝以蚩虫"，都是用"丝（绝）"为"继"。可见，"继"和"绝"两字形体极易混淆。

"继"和"绝"二字的讹混现象在传世古书中亦有发现，如王念孙《读书杂志》荀子第八指出"皆继"乃"皆绝"之误，刘钊先生指出《吴越春秋·吴太伯传》"绝嗣者也"的"绝"是"继"之讹等。

五、望山楚简的编联与拼合

竹简出土时,编绳多数已经腐烂,竹简先后顺序也被打乱,因此研究出土文献中的一项基础工作就是对原本散乱无序的竹简进行编联与拼合。简文的编联,首先是按竹简的长度、形状、字体归类,然后按竹简的简端、简尾、契口位置等因素对相关残简进行拼合;再依照文义脉络、句式对仗、行文语气等因素将竹简排序,最后得到一个尽可能接近原貌的文本。

竹简的编联是文献复原的基础工作,同时也是学术研究展开的前提。竹简的编联可以从两方面来把握,一是从竹简的形制如长度、宽度、编绳的道数与间隔,书写风格以及标识符号等特点来入手;二是从简文所使用的词汇、句法、体裁和内容来考虑。只有综合分析研判,才能取得比较符合原始面貌的效果。

竹简的拼合首先要看简端、简尾和契口的位置,不仅要看茬口是否相合,也需要注意两段残简拼合后的长度是否与整简的长度相合,另外要看内容,上下文文意是否顺畅,也是一个重要因素。断简的缀合是将全部残简集中整理,力争找到断失者,经拼接恢复到原有的长度,使其尽可能完整。沈颂金先生提出这一工作应遵循五个阶段六种方法:五个阶段即全面熟悉简牍的现存情况,包括出土地点、层位堆积、同地点同层位纪年简的保存现状和完整及残断程度、简牍内容和类别及各种简牍的基本特征、书写格式和书体特点、完整和残断简的比例等;以发掘出土单元为基本单位,将完整与残断简区别开来分析考察研究;将完整简提出,不完整者与本单元邻近相接的其他单元再进行缀合;逐步减少残断数量,扩大单元缀合范围,仍不完整者可与所有单元缀合;系统整理检验,肯定正确者,排除错误者和把握性不大者。具体缀合从六种角度开展研究,即简牍用料和残断特征;简牍残断情况分析;书法字体特征;简牍时代特征;文书类别判定;文书用语和文字分析。这五个阶段和六种方法是断简缀合工作的主要程序,五个阶段必须逐步进行,而六种方法必须同时使用,互相印证,最后确定。

《江陵望山沙冢楚墓》一书对望山二号墓出土竹简作了编联、缀合工作。编号1至66,计66个简号。商承祚先生编著《战国楚竹简汇编》一书将望山二号墓出土竹简编号1至67,计67个简号。该书对竹简拼接、编号的处理与《江陵望山沙冢楚墓》有些不同,如编号为28号的简,为三段残简拼合,在《江陵望山沙冢楚墓》中,这三段残简是单独编号;编号为58号的简,《江陵望山沙冢楚墓》是将其并入54号简;编号为62、63、65号的三枚简,在《江陵望山沙冢楚墓》中是归入望山一号墓出土竹简。

刘国胜先生结合多方因素综合考虑,对望山二号墓出土竹简的编排试作了一些调整:

(一)记"车"简部分,13号简以上,以简文明确记载的四辆车名为纲、通过比对重复出现的盖(屋)、厢、鞁、辔、靬、靷等车马之器及其载具,同时考察简文记载车辆的装饰、颜色及前后行文用语的相似性,尝试将部分记车马之器、物的简文分别编于四辆车名之下。13号简以下,竹简编排照原简号顺序依次排列。以望山二号楚墓用鼎之制不下"五鼎"看,竹简所记车辆数目不排除有五辆。

(二)将51—56号简拼合,一并排在45号简之前。主要是参考了包山简遣策265—266号简的内容及简序。51—56号这六枚残简,总长不及完整简长度。将51—56号简、45号简所记器物与包山简遣策所记的"大庖"之器简对照,可以看出,两者记录的器物有不少是相同的,有的记录顺序也一致,望山简整理者对这6枚残简的编排顺序是可取的。51—56号简可能属同一支简的6片残段,其与45号简当是前后相连的两支简,两简所记器物与包山简遣策"大庖"之器属性相当,为庖厨用器,其中51—56号简大体是记庖厨的铜器,45号简记庖厨的木器。

(三)将49号简排在47号简之后。若以此编排,则47号简所记"瑟"与49号简所记"革带""绲带"就连着记载一起了,释文作"二瑟,皆緅衣。三革带。一绲带"。而其下 50 号简记"瑟""革带""绲带"也是连着记,可能是对 47、49 号简所记"瑟""革带""绲带"的补充记录。同时,48 号简开头的"组缨"与 47 号简末尾的"二瑟,皆緅衣"不相应,有调整的余地。

(四)将 60 号简与 61 号简缀合;将 59 号简排在 61 号简之后;将 62 号简排在 48 号简之前。60 号简与 61 号简,整理者已经将其前后编排,可从。进一步考察,两简当可缀合,缀合后断口处的"霝"字字形基本完整。59 号简排在 61 号简后,主要是考虑 59 号简开头的"缟"字上部所缺残笔有可能与 61 号简末尾字的残画相合。62 号简排在 48 号简之前,主要是考虑 48 号简所记"组缨"可与 62 号简所记"组缨"呼应。

望山一号墓出土竹简的编联、拼合也有一些学者进行了讨论。陈伟先生通过对包山简出现频率较高的一些神祇所享用祭品进行分析,发现这些物品的变化具有对应关系:例如在某一场合享用同一祭品的几位神祇在另一场合祭品亦必相同,而在某一场合享用不同祭品的几位神祇在另一场合祭品亦必不同,显示当时楚人对各种神祇的享祭用品应有一定的规范。他指出在望山简中可见类似现象,据此判断望山一号墓 55 号上、下截简的拼合恐有不当。日本学者浅原达郎先生指出,望山一号墓 40 与 54 简、41 与 47 简、64 与 65 简以及 39 与 62 简,均有可能缀合,分别编联在一起。刘信芳先生通过文意分析,并结合文字长度、字距等情况指出,望山一号墓简 185、196、189 三段残简或可与 180 简连缀起来,185:旨(期),196:中,189:又,180:憙之(之应是志的残部),前三简与后一简文意相属,可缀连为"旨中又憙志",旁证为 26 简"期中又憙于志"。

【释文】

▢医(鑢)。[1]一豕医(鑢)。二觚▢[2]【51】

▢觚。二觚▢【52】

▢二鉼。[3]二监(鉴)。[4]二卵缶。二刲▢▢[5]【53】

☐匝(瑚)。[6]二仓(合)盏。[7]一迲缶。[8]一汤鼎☐[9]【54】

☐□一盘。[10]一舩(匜)。[11]二□☐【55】

☐十月乙丑☐[12]【55背】

【注释】

[1] 匜,与"鑐"为一字异体,指煮牲之鼎,即文献所称"镬"鼎。(刘国胜 2011B)

[2] 鼒,整理者:疑是鼎名。此字左旁缺下部。以所存部分与 52 号简比看,整理者所释可从。(武汉大学简帛研究中心、湖北省文物考古研究所、黄冈市博物馆 2019)

[3] 鼒,整理者:此墓出陶制平底"爬兽鼎"二件,形制与蔡侯墓之鼒相似,当即简文所记之器。一说"鼒"是升鼎的专名。升、登二字音近义通,皆有进之意。《仪礼·士冠礼》郑玄注:"煮于镬曰烹,在鼎曰升,在俎曰载"。《周礼·天官》郑玄注:"实鼎曰脀,实俎曰载。"脀、登义通。鼒大概是这类用途的鼎的专字。(田河 2007)

[4] 鉴,整理者:此墓出陶鉴二件。

[5] 剚,长台关楚简 2 - 01 号"四剚壶",其中"剚"字,整理者释为"剬",读为"团",训为"圆"。可参看。(武汉大学简帛研究中心、湖北省文物考古研究所、黄冈市博物馆 2019)

[6] 匝,整理者:此墓出陶瑚二件。一说即"簠"的古文,为长方形盛稻粱之器。(商承祚 1995)或说是"医"之异文。方器,与圆器簠不同。(何琳仪 1998)

[7] 盏,整理者:楚地所出东周器之自名为"盏"者,多与敦形近,疑合盏即指器盖相合作圆球形的敦,墓中出此类陶敦二件。一说双合敦是春秋晚期到战国时期很典型的器物,它的来源过去不清楚,现在看来应即"盏式敦"。敦与盏是近亲器种。(李零 1987)

[8] 迲,迲缶乃浴缶或盥缶之别名。(李零 1999)一说"迲"当读为

"沐"。"沐缶"这一名称很有可能是楚国的语言习惯。（广濑薰雄 2010）

　　[9] 汤鼎，整理者：此墓出小口有盖陶鼎一，当即汤鼎。鼎口小，不易散热，搬动时所盛汤液不易晃出，用来盛热水比较适宜。

　　[10] 盘，整理者：此墓出陶盘二件，一大一小。

　　[11] 舵，整理者：此墓出一大陶鼎，疑即舵。一说此"舵"字与楚王酓前铊鼎之"铊"同。该鼎有流，形制合匜、鼎于一体，"铊"似应读为"匜"。此墓未出匜鼎，但有二陶匜，一大一小，简文以"舵"与"盘"并列，也可能即指陶匜。一说楚器或作"铊"，读"匜"，特指流如匜之鼎。（何琳仪 1998）

　　[12] 十月乙丑，"十月"二字较清晰，为合文，"乙"字笔画甚浅，"丑"字尚大体可辨，原本可能位于全编的开头或末尾。（陈伟等 2009）

【译文】

　　☒鑐。一件豕鑐。两件觛☒【51】

　　☒觛。两件觛☒【52】

　　☒两件鼎。两件鉴。两件卵缶。两件鄷☒☒【53】

　　☒瑚。两件合盏。一件迠缶。一件汤鼎☒【54】

　　☒□一件盘。一件匜。两件□☒【55】

　　☒十月乙丑☒【55 背】

【延展阅读】

一、望山简所记楚式青铜器

　　典型的楚式青铜器包括以下类型：束腰平底鼎、箍口鼎、束颈折沿鼎、高蹄足子母口鼎、小口鼎、方座簋、尊缶、盏、盥缶、鉴等，楚人对于这些器物均有着独特的称名和使用方法。望山二号墓遣策所记青铜器多种，现择要介绍。

　　鼎，一种束腰平底鼎，立耳，束腰，蹄足。其最早或从曾国铜器中借鉴而来,不见于中原地区。楚人称其为"升鼎"或"登鼎"。春秋中晚期之际,楚人为这类束腰平底鼎专门造了一个新字"鈃"。此后直至战国中期望山楚简里仍把这种升鼎写成"鈃"字。升鼎为祭祀先祖之用,是楚国高级贵族身份地位最重要的象征之一。大夫以下的非王室贵族一般不能使用这样的高规格礼器。

匜,一种束颈折沿鼎,其最典型之处是器体口沿外折以承盖,器盖正压于口沿上,犹如人的上下唇,同时颈部内束。这种鼎在春秋时期多用环形抓手盖,自铭为"于鼎"。这种鼎往往是两件成套使用,形制、大小、花纹一致,遵循所谓"偶鼎制度"。战国以后数量锐减,仅见于高级贵族墓葬内,而且往往没有铜器盖(或改用茅草编织而成),自铭为"牛鑐"或者"豕鑐",主要为烹煮牛、猪之用,类似于周人的"镬鼎"。

鑴:一种高蹄足子母口鼎,这种鼎使用的是子母口扣合承盖,口沿处向内凹折再直上,形成一个反向"L"型,和周人的做法十分接近,而且春秋晚期以后方才出现,应该是仿效周人铜器的结果。但其足部瘦高,和中原地区的矮蹄足形成了鲜明对比。根据墓葬中的遣策可以推测这种鼎多被称为"荐鼎""馈鼎"等,可能是用于某些特别的祭祀场合,往往也以二、四、六、八等偶数件形式出现。

汤鼎,一种小口鼎,鼎口细小,密闭性比较好。有盖,立耳,球形腹,兽面蹄足。原是徐、舒(今皖南、淮河上游地区)一带的青铜器器形,后被楚人借鉴和采纳,自铭为"汤鼎"或"瀡鼎"。楚文字中"汤""康"关系十分密切,"康""庚""瀤"常用作"汤"。"汤"在古汉语中是指沐浴所用的热水,所以推测这种鼎主要是用作祭祀前煮水以备沐浴。因为与日常生活联系密切,所以一般墓葬中均只有一件,并不具有显著的身份等级意义。

卵缶,或称尊缶,是楚人的一种特殊的盛酒器。遣策或自铭常常称其为"尊缶"或者"卵缶",尊是代表其作为宗庙之器的高贵之意,而"卵"则是形容它的形状像鸡蛋一样。尊缶的使用也和周人的"壶"一样,为两件成套,一盛酒,一盛水,但底下并不设禁(承置酒器的案具)。

　　盦(合)盏,盛食器的一种。春秋时期为扁体、圜盖、三小蹄足形,肩部附有双耳,盖中心为环形抓手。战国以后则变为上下同体的西瓜形,且均有三足,可以倒置,不过名称仍然相沿未变。遣策中有时称"合盏"。"合"是指有盖扣合的意思。这种形制的器物春秋战国时在北方地区被称作"敦"。"盏"不像"敦"在各种历史文献中十分常见,由此推测应是楚人的方言。

　　迠缶,即盥缶,一种水器,"盥"代表其与盥洗有关。小口,器盖扣合于直沿之上,鼓腹似球形,肩部有两个衔环耳,底部圈足。遣策或自铭有时会称这种器物为"浴缶"或"迠缶"。"浴缶"的含义不言自明,而"迠缶"有学者读为"沐缶"。盥缶从春秋中期一直沿用到战国末年,通常为两件一组,但亦有大量墓葬仅随葬一件的情况。在墓葬中其一般也与鉴、盘、匜等水器放置在一起。这种器形还被传播至北方地区,促成了"罍"的形成。

　　鉴,敞口、深腹,平底或带圈足,颈、腹部多有铺首衔环耳,口径多在50—75厘米之间。最初是作为盛冰镇酒之器而出现的,有方、圆两种形式,分别与方壶、圆壶或缶搭配使用。

二、"迠"之释读

　　"迠"在楚地出土遣策中多见,如长台关简2-14:"一迠缶,一汤鼎,屯有盖。二浅缶。"包山简265:"大兆之金器:……二卵缶。二迠缶。一汤鼎。"最初不少学者误释为"迅"。1983年8月湖北谷城北河镇禹山庙嘴春秋墓葬出土四件青铜器,其中一件邶子鬓缶铭文作:"邶(中)子彰(鬓)之赵(赴)缶。"其自名为"赴缶",不见于其他铜器。"赴缶"之"赴"应该读为何字?各家看法不同。刘彬徽先生认为"赴"有可能是"浴"之通假字。

　　1998年郭店楚简发表后,《缁衣》46号简"卜筮"一词之"卜"字作"九",李零先生指出所谓的"迅"字实从"卜"而读为"瓿",据《方言》卷五,瓿是缶类器物,并与邶子鬓缶铭文之"赴缶"联系起来,认为"赵""迠"皆

"赴"之异文,"辻缶"乃"浴缶或盥缶之别名"。陈昭容先生亦将郙子鬌缶之"赵缶"与楚简之"辻缶"联系起来,并倾向于刘彬徽先生的意见,把"赴"读为"浴",但同时提出两种可能性,读为"沐"或"湢",其中读为"沐"是季旭昇先生与其讨论时提出的。广濑薰雄先生认为"辻缶"的形制和"浴缶"类似,是洗浴用的,并论证季旭昇先生读"沐"的意见从读音和意思看是最合适的,引 1992 年西安市东郊席王乡唐家寨出土的一件西汉鎏金鎏银铜缶自名为"沐鉟(缶)"为证。"沐缶"这一名称很有可能是楚国的语言习惯。从郭店简《缁衣》46 号简及上博简《柬大王泊旱》4、5 号简"卜"字写法看,此字释"辻"可信。王宁先生认为"辻"字右旁所从的"卜"是"卜"与"勹(匌、伏)"的合书,就是在"卜"字的基础上根据"勹"的写法将右边的笔画拉长弯曲如伏地的人形,它很可能是顿仆、颠仆、仆蹶之"仆"的本字。"赴缶"的"赴"很可能是读若"扑","扑"古也与"拊"通。

2006 年河南淅川徐家岭十一号墓出土的鄬夫人鼎自名为"辻鼎"。广濑薰雄先生撰文认为"辻鼎"与上述楚简遣策中同"辻缶"并列的"汤鼎"一样,其用途也是洗浴。鄬夫人鼎小口,鼓腹,有盖,此特征与"辻缶"相同,多称之为"小口鼎"。其用途都是洗浴,将"辻鼎"读为"沐鼎"很自然。

用在器名之前的"辻"读为"沐",看来是比较合理的。但"辻"字在楚简中还屡屡作为官名或机构名出现,如:新佶(造)辻尹(包山简 16)、大辻尹(包山简 51、112)、辻大敏(令)(包山简 74)、辻御率嘉(包山简 74)、辻命(令)人(包山简 77)、古辻汤昃(包山简 173)、正昜辻畾(畾)秦(包山简 174)、辻史(曾侯乙墓简 155、156)、辻命尹(上博简四《昭王毁室》简 3)等等。这些"辻"字,不当读为"沐",有的学者读为"卜"。楚国有"卜尹"一职(《左传·昭公十三年》),但上述楚简中的"辻",没有一条材料与占卜有关,显然不对。刘信芳先生读如本字,疑其为"行人"之类,乃外交、礼仪官员。石小力先生认为可能皆用其本字,与器名前的"行"同意,作为官名或机构名的"辻",其职掌比较宽泛,有可能指一般办事人员,与金文中的"走马"和《周礼·夏官·司马》中的"趣马"相当。对于此字的释读,目前还不能定于一说,有待进一步研究。

三、带流的匜鼎

望山二号墓 55 号简:"☑□一盘。一舵(匜)。"整理者:一说此"舵"字与楚王酓前铊鼎之"铊"同。该鼎有流(吐水口),形制合匜、鼎于一体,"铊"似应读为"匜"。商承祚先生说亦鼎属,殆为有流鼎。何琳仪先生指出楚器或作"铊",读"匜",特指流如匜之鼎。

出土带流鼎中有两件自名为"匜鼎",一件是枣庄东江村三号墓出土的郳庆匜鼎,其铭文作:"儿(郳)庆作秦妊也(匜)鼎,其永宝用。"另一件就是寿县出土的楚王酓(熊)前铊鼎,其铭文作:"楚王酓(熊)前作铸铊(匜)鼎,台(以)共(供)岁尝(尝)。"

这种带流的鼎在我国山西、陕西、河南、河北、山东、湖北、安徽等地都出土过,容庚先生认为其属于鼎类中"有附耳而口有流者",杜迺松先生认为有流铜鼎应正名为"匜鼎"。这种鼎在殷墟文化时期就已出现,殷墟妇好墓曾有出土,战国晚期寿县李三孤堆楚墓中也有出现。若不计流,这种器物与同时期的铜鼎几无差异。

不同时期、不同地域发现的匜鼎个体大小存在差异,说明它们的功用可能也不相同。学者根据随葬器物摆放位置分析,认为匜鼎具备水器或食器的功用,或兼具二者的功能。《仪礼·既夕礼》:"匜实于盘中,南流。"郑注:"盘、匜,盥器也。"东周墓葬中,青铜匜常被置于盘内。一些随葬器组合中的匜鼎与其他水器相近放置,其中枣庄东江三号墓中的匜鼎被置于盘中,当可说明其具有同匜相近,即盥洗器的功能。另有学者注意到一些青铜匜在出土时腹底残留烟炱痕迹,说明青铜匜可以用作加热盥洗用水。《仪礼·公食大夫礼》:"大羹湆不和,实于镫。"郑注:"大羹湆,煮肉汁也。大古之羹不和,无盐菜。"说明湆即煮肉汁,大羹湆即不加盐菜之肉汁,加盐菜之羹实于铏鼎,称为铏羹。《仪礼·士昏礼》:"大羹湆在爨。"贾公彦疏:"虽有铏羹,犹存大羹,不忘古也。引《周礼》者,证大羹须热,故在爨,临食乃取也。"说明大羹在礼仪过程中要保持温热,以供取用。方便加热的匜鼎正可满足随时取食热羹的需要。一些墓葬中,匜鼎与食器一起摆放,说明其充当了食器的作用。中山王墓出土匜鼎中更有结晶的肉汁,说明匜鼎可能与大羹有关。

商周时期,青铜容器的使用主体是王室及各诸侯国贵族。匜鼎的使用者亦如是。战国时代是匜鼎衰落阶段,这一时期匜鼎的数量虽然变少,但使用者的身份仍然很高。为数不多的匜鼎见于曾侯乙墓、寿县楚王墓、中山王墓、襄阳陈坡楚国贵族墓、洛阳小屯战国贵族墓便是很好的说明。以匜鼎为随葬品的葬者既有男性,如沣西张家坡一百五十二号墓、辉县琉璃阁甲墓、中山王墓;也有女性,如长清邦国墓地五号墓、枣庄东江三号墓等。这表明匜鼎的使用应该并无明显的性别差异。

从目前发现的情况来看,妇好墓出土匜鼎见于安阳,其他早期匜鼎均见于关中地区。春秋时期的匜鼎主要见于三晋、两周及东方地区,如闻喜上郭村、三门峡上村岭琉璃阁及枣庄东江等地。其中尤以三晋地区的发现为最多。战国时期匜鼎在楚国一带比较流行,如曾侯乙墓出土的提链匜鼎、湖北宜城楚皇城外出土的环耳匜鼎、安徽寿县出土的楚王酓前匜鼎等。

匜鼎出土的地域较广,涵盖的时间也相当长,在鼎形器的一侧加流应该有其实际需要。匜鼎主要流行于春秋及战国时期,这与铜器整体的发展情形是一致的。春秋战国时期周王室衰微,诸侯大国分崩离析,群雄割据争霸,铜器的制作在经过西周末年到春秋初年的一度衰退后,重新呈现出多样的面貌与风格。为了配合实际生活的需要,旧有的器形出现了各式变化,甚至出现了前所未见的新造型,匜鼎就在这样的情况下兴起。但匜鼎说到底只是鼎形器中的一个旁支,并未蔚成风气大量制作使用,因此目前所发现的数量也并不多,尤其与一般的鼎形器相较起来相差悬殊。

【释文】

☐埮匕。[1]一圩。[2]【56】

☐軐。[3]一红緅之侸(短)缕(屦)[4]【57】

☐竉吕(以)二膚,丹秋(緅)之宫☐【58】

☐缟里,红緅之纯☐【59】

☐缟里,[5]五囚之纯,组绥。[6]一宋【60】靁光之紙,[7]缟里,索(素)豕(繸)之纯,组绥。一少(小)纺晃(冠)☐[8]【61】

☐三。二觟(獬)晃(冠),[9]二组缎(缨)☐[10]【62】

奉昜(阳)公☐☐[11]【63】

长王孙☐☐[12]【64】

☐之亡☐☐[13]【65】

☐☐☐☐【66】

【注释】

[1] 埮匕,整理者:当指陶制的锬匕。锬匕见信阳 227 号简,相当于古书的桃(挑)匕。一说"埮"读"啖",《广雅·释诂》二:"啖,食也。"(何琳仪 1998)

[2] 圩,整理者:疑当读为"盂"。《广雅·释器》:"盂谓之盘。"一说疑指头箱出土的陶盂,盂与盘形制相似,体较小。(刘国胜 2003)

[3] 軐,整理者:此简有一从"车"之字,也可能本属记车马之组。看红外影像,此字右旁似从"今"。(武汉大学简帛研究中心、湖北省文物考古研究所、黄冈市博物馆 2019)

[4] 侸缕,"侸"后一字原简尚可辨是"缕"字,"侸缕"读如"短屦"。(刘信芳 1998)信阳遣册 2-02 号简记有"一两諰缕(屦)"。"侸缕"与"諰缕"当是同一个词。(刘国胜 2011B)

[5] 缟,据红外影像,疑为"缟"字。(陈伟等 2009)

［6］组绥，整理者：亦见下简。与信阳 206 号、213 号简的"组緣"当是一物（"妥""彖"音近）。

［7］宋，商承祚释。（商承祚 1995）"宋霝光"，宋地出产或宋地式样的"霝光"织物。（刘国胜 2010）

紙，疑读如"袄"，《玉篇》："袄，乌老切，袍袄也。"（刘信芳 1997C）

［8］纺冠，当指用纺丝作的冠。（田河 2007）

60 号、61 号两枚残简应当拼接缀合，茬口处断开的简文即是"霝"字。简文"宋霝光"指"紙"的面料，即宋地出产或宋地式样的"霝光"织物。（刘国胜 2010）按，荆门严仓一号楚墓出土竹简遣册中亦记有"宋霝光"。

［9］觟冠，整理者：即"獬冠"。《淮南子·主术》"楚文王好服獬冠，楚国效之"，《太平御览》引作"楚庄王好觟冠"。"觟冠"与包山 259 简的"桂冠"当是同一种冠。（田河 2007）

［10］组缨，整理者：当指系冠之缨，二组缨与二觟冠相配。《礼记·玉藻》："玄冠朱组缨，天子之冠也。……玄冠其綦组缨，士之齐冠也。"《墨子》亦以"鲜（解）冠组缨"连言。《说文》："组，绶属也。其小者以为冕缨。"

［11］奉阳公，整理者：与下文的"长王孙"疑同为赗赠者之名。或根据里耶秦简中有关"蓬"县的资料，怀疑楚之"奉""郱"与"郱阳"即洞庭郡所辖之"蓬"县，认为此地或作"奉（或郱）"，或作"蓬"。（周波 2017）

［12］长王孙，整理者疑为赗赠者之名。

［13］据原简及红外影像，"亡"字下当还有一字，该字大部已残，仅存首笔一横画，依残划推测，似是"童"字。（陈伟等 2009）

【译文】

☐垤匕。一件圩。【56】

☐靯。一双红緅做的短屦【57】

☐螶以两件膚，丹緅做的缘饰☐【58】

☐缟做的里子,红緅做的缘边☐【59】

☐缟做的里子,五彩的缘边,组做的绥。一件宋【60】霝光做的紙,缟做的里子,素繢做的缘边,组做的绥。一顶小纺冠☐【61】

☐三。两顶獬冠,两条组做的缨☐【62】

奉阳公☐☐【63】

长王孙☐☐【64】

☐之亡☐☐【65】

☐☐☐☐【66】

【延展阅读】

一、觟(獬)冠

望山二号墓 62 号简记"二觟(獬)晃(冠),二组緅(缨)☐",整理者云:觟冠,即"獬冠"。《淮南子·主术》"楚文王好服獬冠,楚国效之",《太平御览》引作"楚庄王好觟冠"。《广韵》"觟"字下亦注"楚冠名"。《墨子·公孟》:"昔者,楚庄王鲜冠组缨。""鲜冠"应即"觟冠"或"解冠"之误。包山259 号简:"一桂冠,组缨。"整理者云:桂疑读作獬。《淮南子·主术》:"楚文王好服獬冠,楚国效之。"高诱注:"獬豸之冠,如今御史冠。"后世均沿袭高诱之说,认为"獬豸冠"又名"獬冠"。

"獬豸冠"在我国传统法文化中是一个非常重要的意象,从东汉时起,它就是监察、执法者所戴之冠,东汉以后又被称为"法冠"。《后汉书·舆服志》:"法冠,一曰柱后。高五寸,以纚为展筩,铁柱卷,执法者服之,侍御史,廷尉正监平也。或谓之獬豸冠。獬豸神羊,能别曲直,楚王尝获之,故以为冠。胡广说(曰):'《春秋左氏传》有南冠而絷者,则楚冠也。秦灭楚,以其君服赐执法近臣御史服之。'"以后历代解释"法冠"皆沿袭此说。《通典》:"大唐法冠,一名獬豸冠。"是唐代尚服之。

"觟冠"本为战国时楚地的一种冠帽,后来写成了"獬冠",继而演变成了"獬豸冠",而獬豸又是一种上古时期的独角神兽,能辨别曲直、协助皋陶断案治狱,于是乎"觟冠"便成了法官所戴帽子"法冠"的源头。

关于觟冠的具体形制,一直不甚明了。《说文》称"觟,牝羊角也",段注:"羘羊多无角,故其角者,别之曰觟也。"《论衡·是应》亦释为"一角之羊",则觟冠的形制应类似于独羊角。包山二号墓的北椁箱中,发现了一个雕刻有三龙相缠的角形器,这个角形器原本很可能就是装在獬冠上的角,即遣策上所列的獬冠之上的独角。在荆门左冢一号墓中出土了一件木冠,冠卷旁伴出有一件木质半管状的饰件,一面平,一面为半圆,末端尖并封闭,另一端为平口,竖立起来颇似一只羊角,可能是一顶觟冠。

二、从遣策看楚国服饰的特点

关于楚人服装的特点,沈从文先生根据木俑、帛画、漆器上的材料概括为:和东周以来齐鲁所习惯的宽袍大袖,区别显明。特征是男女衣着多趋于瘦长,领缘较宽,绕襟旋转而下。特别华美,红绿缤纷。衣上有作满地云纹、散点云纹或小簇花的,边缘多较宽,作规矩图案,一望而知,衣着材料必有印、绘、绣等不同工艺,边缘则使用较厚重织锦,可和古文献记载中"衣作绣、锦为缘"相印证。这是一种直观的描述。我们可以从出土的楚地遣策所记服饰名物和考古实物分析楚国服饰的特点。

(一) 冠

关于楚国之冠,除遣策外,古代典籍也多有记载。楚冠因其形制独特,而被冠以"南冠"之称,比如獬冠(已见上文)。遣策中出现的冠还有缡(包山简 259)、紫韦之韠(帽)(包山简 259)、大冠(望山二号墓简 49)、纺冠(望山二号墓简 61)、綎(疏)布之緧(帽)(仰天湖简 8)、纺帛(帽)(长台关简 2-15)等等。

其中只有獬冠和缡可以在文献中找到印证。獬冠的形制可能类似于独羊角。缡是一种丧冠。至于其他冠则很难判断其形制,像纺冠、疏布之帽、纺帽等,由于没有文献和考古实物可证,难以深究。

从遣策中会发现楚冠在制作上颇为讲究。楚冠的种类繁多,用料丰富。楚冠的制作材料有各种丝织物(包括生丝、熟丝、绢等),麻布,韦(皮革)等。在颜色上,遣策中有"紫韦之帽"的记载(包山简259),大概是染成紫色的熟皮帽。此外,有些帽子上还有不同于冠面的冠里,比如"紫里"的纺帽(长台关简 2-15)等。这些在文献上很少见,可能为楚国所独有。

(二) 衣、裳

我国传统服饰有两种基本形制,即上衣下裳制和衣裳连属制。在楚国,这两种服饰是交互使用的。根据出土实物和遣策的记载,当时楚国的服装,大体上可以分为两种形制,一种为短衣,一种为长衣。河南信阳长台关楚墓中出土了一件瑟,它四周边缘上彩绘有穿着短衣紧身裤的人。楚人穿短衣,据《史记·刘敬叔孙通列传》记载,秦朝博士叔孙通降汉,最初服儒服,但汉王刘邦"憎之",于是叔孙通"服短衣,楚制,汉王喜"。《史记索隐》引孔文祥云:"高祖楚人,故其从俗裁制。"说明楚人有穿短衣的习俗。

长衣,可能指袍一类的服饰。其基本特点为采用交领,两襟相交垂直而下,质地较为厚实,衣袖宽大,形成圆弧形,至袖口部分则明显收敛。这个特点可以从很多楚地出土帛画中见到。

在衣服的颜色方面,楚地衣着有青、白、紫、丹黄等色,特别是衣里的颜色非常鲜艳,如紫色、绿色等。楚遣策所记载的衣裳,颜色混杂。望山二号墓出土遣策中有"二盲童"着紫色之衣的记载。在质地方面,楚服多用丝制。此外,楚服还有种类繁多、鲜艳漂亮的缘饰,比如赭䲉、乐成、绮缟、锦等。

马山一号楚墓、曾侯乙墓出土的服饰验证了传世文献和丧葬文书中的记载,由此可以推想楚人衣裳的风貌。

(三) 鞋

楚遣策中记载的鞋子种类比较丰富,如鱼皮之屦,学者认为可能是一种用鳄鱼皮或鲨鱼皮制成的鞋;鼜(拚)韐(鞔),形制、质地不明,疑为麻鞋;鞻屦,在遣策中出现最多,可能是一种以革制成的鞋;緿屦,可能是以草编织而成的鞋;红緿之侸屦,形制、质地不明;有苴疏屦,可能指有草垫的疏屦;丝屦,应该是用丝制成的鞋。

另外还有韐(鞔)屦、新(薪)智(屐)屦、㞷(蓝)智(屐)屦、綉(画)韠屦、丝纸屦,刹(漆)缇(鞔)屦等。楚人生活中除了用传统的葛麻和皮革制鞋外,还用了些并不常见的材料,比如鱼皮、生丝等,但有些鞋的质地到现在还没有弄清楚。

(四) 佩饰

楚人的佩饰包括带、带钩、佩玉等。其中望山二号墓 50 号简记载得最为详细:"一革繡(带)。备(佩)—□□□,一圂(摄),一尚罬(环)。一绲繡(带)。一双璜,一双虎(琥)。一玉句(钩),一罬(环)。"不同的带佩挂不同的玉饰。其他简的记载比较零散,但也不外乎这几种饰物。

与礼书上的带相比,楚地出土遣策中比较有特色且有点特殊的是缚带。楚简记载中有缚带与革带。据专家考释,两者的意义不同。有学者认为缚应为缝,缚带是缝制而成的带子。另有学者则认为缚应为缚丝的简称。彭浩先生根据《说文》中缚有缝的意义,认为缚字"从纟从革",应不同于一般的绣带,它是用绢、革复合而成的,用这种材料做成的带子叫作"缚带"。缚带与革带两者虽有区别,但用途一致,都用来串挂佩玉。

从考古实物来看,楚人的带制作精巧、美观。江陵马山一号楚墓出土的彩绘着衣木俑,"腰间用丝带束缝,外系长 19.2 厘米、宽 2.3 厘米的灰黑色皮带。皮带两端钻有小孔,以黄色锦带相连"。江陵马山一号楚墓中死者的腰间系有一根丝带,这根丝带就是用手工编结的"组"做成的。信阳长台关二号墓出土的木俑的腰间均绘有较宽的带,从背面可以清楚地看到,带上有花纹,这些花纹或是刺绣或是织结出来的。

(五) 甲胄

甲胄是作战时穿着的一种防护性服装,它的起源很早,商代的胄(后来称作盔)曾被发现过,战国时期的甲胄在不少诸侯国的遗址和墓葬中都有发现。

在长沙浏城桥一号楚墓、江陵藤店一号楚墓等中都曾发现过一些皮甲片。它们大部分都是由双层皮合成,然后髹漆,再分制成几类不同形状的小甲片,最后拼缀成一套完整的皮甲。在江陵天星观一号墓中还发现过一件木胎皮甲,以木片做内胎,外贴皮甲,髹黑漆。甲片大部分是长方形,少部分形状不规则。复原拼合后,只存身甲(前后身甲),无袖和胄。

在楚简中有关于甲和胄的记载。在天星观一号楚墓中出土的遣策上多次出现“悥胄”,同时,简文还记有“虡”。“行虡”即行甲。仰天湖二十五号墓出土的遣策中有“□之虡衣”,也就是甲衣。曾侯乙墓简中记载人甲主要有“吴甲”“楚甲”“备甲”,马甲主要有“劄甲”“画甲”“彤甲”“索甲”。墓中出土有完整的甲胄。

曾国受楚文化影响很深,曾侯乙墓中的甲胄与楚人所用的甲胄应该差异不大。其中完整的一套甲胄由胄、身甲、裙甲、袖甲四部分组成,经过整理,甲胄已经复原。胄是拱形顶,前高后低,分别由顶片、前额片、垂缘片缀联而成。整个胄较为宽大,胄的下缘片落在人的肩上,胄顶与戴胄的人头顶还有一定的空隙。这种设计与今天的钢盔、安全帽十分相似,对于增强防护力量无疑是十分有利的。身甲由胸片、背片、肋片和领片组成。领甲呈弧状,缀联在肩背甲片之上。裙甲的上部与身甲下部相系连。袖甲片均呈弧形,每 4 片为一组,成为近似圆形,各组上下相缀连成筒状。复原后,从领部至裙下缘高 84、肩宽 48、胸围 119、袖长 40、裙下边围径 156 厘米。

从遣策服饰名物和出土实物来看,楚人的服饰形式多样,具有很明显的地域特征。就目前战国中小型楚墓发掘超过 5 000 座而其中少有遣策出土的实际情况分析,战国时期使用遣策在楚中等贵族以上阶层是较为通行的,而楚国低等士阶层可能与普通庶民一样,不用遣策,或限用遣策。那么,遣策中的服饰名物代表的也只是楚国中等以上贵族而已。

三、楚地"郣"及"奉昜(阳)"

望山二号墓 63 号简有"奉昜(阳)公",学者认为是"奉阳"县公。包山177 号简有"郣昜(阳)司败鄗覾",此"郣昜(阳)"应即望山简之"奉昜(阳)"。

湖南省博物馆藏有一件战国中期的楚戈,铭文共两行四字:"郣之新部(造)。"(《殷周金文集成》11042)铭文"新造"又见于楚新造矛、曾侯乙墓竹简、包山楚简等,应为机构名或职官名。"新造"在传世文献中见于《战国策·楚策一》:"梦冒勃苏对曰:臣非异,楚使新造蟄梦冒勃苏。"鲍彪注以"新造蟄"为楚官。从铭文格式来看,"新造"前之"郣"应为县名。"郣"加邑旁,应为奉地之奉的专字。

有学者认为"郣"与"奉(或郣)阳"应即一地。出土文献及传世文献中地名某即某阳者甚多。如传世文献中楚之鲁县即鲁阳,秦之栎邑即栎阳。出土文献也不乏其例。湖南长沙南郊仰天湖二十五号墓 2 号简有"中君",为赗赠者。包山 71 号简有"审昜(阳)司败黄戢(勇)"。湖南桃源出土有"审昜(阳)王鼎"。"中"应即审昜(阳),其地或在出土"审昜(阳)王鼎"的今湖南桃源附近。三晋直刀、方足布面文"言(圜)阳""言(圜)"均常见,学界多认为二者为一地。

关于"郣"与"奉(或郣)阳"之地望,学界有不同看法。何琳仪先生说在今湖北江陵南,刘信芳先生认为"奉阳"疑读为"丰阳",地望在弘农析县附近。周波先生根据里耶秦简中有关"蓬"县的资料,怀疑楚之"奉""郣"与"郣阳"即洞庭郡所辖之"蓬"县,认为此地或作"奉(或郣)",或作"蓬",属于战国文字各国各系用字之差异,其地望综合出土及传世文献等线索,或在洞庭湖周围地区(环洞庭陂一线),此说较胜。

四、聵与遣

望山二号墓出土遣策记有"奉阳公"和"长王孙"二人,整理者疑同为赗赠者之名。赗赠为古代丧葬礼仪之一,即指亲朋好友至丧家致奠时赠送货财之礼。丧礼不是由主丧之家单独完成的,在主丧者之外,还有吊丧和助丧者。根据文献记载,助丧有禭、赗、赠、含、赙、奠等多种名目:

车马曰赗,货财曰赙,衣被曰禭。(《公羊传·隐公元年》)

赗,犹覆也;赙,犹助也。皆助生送死之礼。禭,犹遗也,遗是助死之礼。知生者赗、赙,知死者赠、禭。(《公羊传·隐公元年》何休注)

乘马曰赗,衣衾曰禭,贝玉曰含,钱财曰赙。(《谷梁传·隐公元年》)

货财曰赙,舆马曰赗,衣服曰禭,玩好曰赠,玉贝曰唅。赙、赗,所以佐生也。赠、禭,所以送死也。(《荀子·大略》)

可知,禭、赗、赠、赙四者虽然都用来助丧,但细分起来,可以分别是指衣衾、车马、玩好、货财而言,且赠(玩好)和禭(衣衾)都是针对死者的,而赗(车马)和赙(货财)都是针对生者的。

丧礼中的一个重要程序是读赗,即由史将参与丧礼的助丧物品列成清单,宣示众人。《仪礼·既夕礼》:"主人之史请读赗,执算从。"史所读之赗的内容,是写在一种方板(竹或木制)上的,这种方板,叫作赗方。《仪礼·既夕礼》:"书赗于方,若九,若七,若五。"郑注:"方,板也。书赗奠赙赠之人名与其物于板,每板若九行,若七行,若五行。""书赗于方"下贾疏:"以宾客所致,有赙、有赗、有赠、有奠,直云书赗者,举首而言,但所送有多少,故行数不同。"赗书并非只书写所赗的车马,禭、赙、赠和奠都被统计在内。之所以仅以"书赗"来加以概括,不过是"举首而言"而已。考古发掘也证明,赗方所记并非只限于车马,还包括衣、食、住等多种生活用具。

在丧礼中,紧接着读赗之后,还要"读遣"。《仪礼·既夕礼》:"书遣于策。"注:"策,简也,遣犹送也。"此类随葬物品的登记册,由竹木简编联而成,故称"遣策",它随死者一同入葬。

遣策(登记随葬物品)与赗书(登记助丧物品)是两种不同性质的物品清单,"书赗于方"是宾客赠送物品的记录,而"书遣于策"则是死者下葬物品的清单,二者可能有所重合,但不完全相同。

通过楚地出土的大量丧葬类文书简,学者认为赗方和遣策的判定,并不完全取决于其长宽形制,而应当据其内容来认定。在形制较宽的木牍中,既有赗方又有遣策。而竹简也有可能用来记录赗赠器具。

楚墓出土简牍所见致赗的内容多出自天星观简与包山简。赗赠的物品主要是车马,遣策详细记录了车上部件、饰物的名称和质地等。包山二号墓简277载"苛郢受",牍1正载"大司马悼滑救郙之岁享月丙戌之日,舒寅受一鞁正车"。所谓"受"即"授",为赗赠之意。277号简记载苛郢所赗赠的物品,包括车马器、兵器等。而牍1所记,也全为舒寅所赗赠的鞁车及附属物品。所以陈伟先生将简277和牍1称为"赗方",认为简277大概是由墓主卲𰯼家人所记,而牍1的主要内容或是由赗赠人舒寅或其家人所书。

参 考 文 献

安徽大学汉字发展与应用研究中心(2019) 《安徽大学藏战国竹简》(一),中西书局,2019 年。

白于蓝(1998) 《包山楚简考释(三篇)》,《吉林大学古籍整理研究所建所十五周年纪念文集》,吉林大学出版社,1998 年。

白于蓝(1999) 《〈包山楚简文字编〉校订》,《中国文字》新二十五期,(台湾)艺文印书馆,1999 年。

邴尚白(1999) 《楚国卜筮祭祷简研究》,暨南国际大学硕士学位论文,1999 年。

邴尚白(2007) 《葛陵楚简研究》,台湾大学博士学位论文,2007 年。

邴尚白(2009) 《葛陵楚简研究》,(台湾)台湾大学出版中心,2009 年。

邴尚白(2012) 《楚国卜筮祭祷简研究》,(台湾)花木兰文化出版社,2012 年。

包山墓地竹简整理小组(1988) 《包山 2 号墓竹简概述》,《文物》1988 年第 5 期。

蔡丽利(2012) 《楚卜筮简综合研究》,吉林大学博士学位论文,2012 年。

蔡运章(1983) 《郫王蘸剑乃偪阳国史初探》,《中原文物》1983 年第 3 期。

曹锦炎(1999) 《望山楚简文字新释(四则)》,《东方博物》第四辑,浙江大学出版社,1999 年。

陈剑(2004)　《据楚简文字说"离骚"》,《新出土文献与古代文明研究》,上海大学出版社,2004 年;收入氏著《战国竹书论集》,上海古籍出版社,2019 年。

陈剑(2010)　《试说战国文字中写法特殊的"兂"和从"兂"诸字》,《出土文献与古文字研究》第三辑,复旦大学出版社,2010 年;收入氏著《战国竹书论集》,上海古籍出版社,2019 年。

陈斯鹏(2005)　《战国简帛文学文献考论》,中山大学博士学位论文,2005 年。

陈斯鹏(2006)　《论周原甲骨和楚系简帛中的"囟"与"思"——兼论卜辞命辞的性质》,《文史》2006 年第 1 辑;收入氏著《卓庐古文字学丛稿》,中西书局,2018 年。

陈斯鹏(2007)　《简帛文献与文学考论》,中山大学出版社,2007 年。

陈斯鹏(2011)　《楚系简帛中字形与音义关系研究》,中国社会科学出版社,2011 年。

陈伟(1994)　《包山楚司法简 131～139 号考析》,《江汉考古》1994 年第 3 期;收入氏著《燕说集》,商务印书馆,2011 年。

陈伟(1996)　《包山楚简初探》,武汉大学出版社,1996 年。

陈伟(1997)　《望山楚简所见的卜筮与祷祠——与包山楚简相对照》,《江汉考古》1997 年第 2 期;收入氏著《新出楚简研读》,武汉大学出版社,2010 年。

陈伟(2003)　《新蔡楚简零释》,《华学》第六辑,紫禁城出版社,2003 年。

陈伟(2004)　《葛陵楚简所见的卜筮与祷祠》,《出土文献研究》第六辑,上海古籍出版社,2004 年;收入氏著《新出楚简研读》,武汉大学出版社,2010 年。

陈伟(2006)　《读新蔡简札记(四则)》,《康乐集——曾宪通教授七十寿庆论文集》,中山大学出版社,2006 年;收入氏著《新出楚简研读》,武汉大学出版社,2010 年。

陈伟(2010)　《车舆名试说(二则)》,《古文字研究》第二十八辑,中华书局,2010 年。

陈伟(2012)　《楚简册概论》,湖北教育出版社,2012 年。

陈伟等著(2009)　《楚地出土战国简册[十四种]》,经济科学出版社,2009 年。

陈伟武(1997)　《战国楚简考释斠议》,《第三届国际中国古文字学研讨会论文集》,香港中文大学中国文化研究所、中国语言及文学系,1997 年;收入氏著《愈愚斋磨牙集——古文字与汉语史研究丛稿》,中西书局,2014 年。

陈伟武(2004)　《说"貘"及其相关诸字》,《古文字研究》第二十五辑,中华书局,2004 年;收入氏著《愈愚斋磨牙集——古文字与汉语史研究丛稿》,中西书局,2014 年。

陈昭容(2000)　《从古文字材料谈古代的盥洗用具及相关问题——自淅川下寺春秋楚墓的青铜水器自名说起》,《"中研院"历史语言研究所集刊》第七十一本第四分,2000 年。

陈振裕(1980)　《望山一号墓的年代与墓主》,《中国考古学会第一次年会论文集》,文物出版社,1980 年。

陈振裕(2018)　《天下第一剑:越王勾践剑》,湖北教育出版社,2018 年。

程燕(2002)　《望山楚简文字研究》,安徽大学硕士学位论文,2002 年。

程燕(2003)　《望山楚简考释六则》,《江汉考古》2003 年第 3 期。

程燕(2004)　《〈战国古文字典〉订误》,《战国古文字典》,中华书局,1998 年版,2004 年重印本。

程燕(2007)　《望山楚简文字编》,中华书局,2007 年。

程燕(2012)　《"坐"、"跪"同源考》,《古文字研究》第二十九辑,中华书局,2012 年。

董莲池(2004)　《释战国楚系文字中从 的几组字》,《古文字研究》第二十五辑,中华书局,2004 年。

董珊(2007)　《楚简中从"大"声之字的读法(一)》,简帛网,2007 年 7 月 8 日,http://www.bsm.org.cn/show_article.php?id=592,又《楚简中从"大"声之字的读法(二)》,简帛网,2007 年 7 月 8 日,http://www.bsm.org.cn/show_article.php?id=594,收入氏著《简帛文献考释论丛》,上海古籍出版社,2014 年。

董珊(2008)　《出土文献所见"以谥为族"的楚王族——附说〈左传〉"诸侯以字为谥因以为族"的读法》,《出土文献与古文字研究》第二辑,复旦大学出版社,2008 年。

董珊(2010)　《内蒙古卓资县城卜子古城遗址出土陶文考》,复旦大学出土文献与古文字研究中心网,2010 年 10 月 28 日,http://www.fdgwz.org.cn/Web/Show/1295。

杜迺松(2015)　《青铜匕、勺、斗考辨》,《文物》1991 年第 3 期;收入氏著《古文字与青铜文明论集》,故宫出版社,2015 年。

范常喜(2014)　《〈望山楚简〉遣册所记名物词"𦂀衣"补释》,《说文论语》第一辑,2014 年。

范常喜(2015)　《楚简"🗻"及相关之字述议》,《简帛》第十一辑,上海古籍出版社,2015 年;收入氏著《简帛探微——简帛字词考释与文献新证》,中西书局,2016 年。

范常喜(2016)　《楚墓出土瑟座用途与名称重探》,《出土文献研究》第十五辑,中西书局,2016 年。

范常喜(2017)　《〈包山楚简〉遣册所记"旌旐"新考》,第二届古文字与出土文献语言研究学术研讨会论文,西南大学汉语言文献研究所与四川外国语大学中国语言文学系,2017 年 10 月 27—30 日。

范常喜(2018)　《望山楚简遣册所记"彤尖"新释》,《江汉考古》2018 年第 2 期。

冯胜君(2002)　《读上博简〈缁衣〉札记二则》,《上博馆藏战国楚竹书研究》,上海书店,2002 年。

冯胜君(2005)　《战国楚文字"黾"字用作"龟"字补议》,《汉字研究》,学苑出版社,2005 年。

高智(1996)　《〈包山楚简〉文字校释十四则》,《于省吾教授百年诞辰纪念文集》,吉林大学出版社,1996 年。

工藤元男撰,陈伟译(2002)　《包山楚简"卜筮祭祷简"的构造与系统》,《人文论丛》2001 年卷,武汉大学出版社,2002 年。

古敬恒(1998)　《〈望山楚简〉札记》,《徐州师范大学学报(哲学社会科学版)》1998 年第 2 期。

古敬恒(2001A)　《楚简遣策车类字词考释》,《徐州师范大学学报(哲学社会科学版)》2001 年第 2 期。

古敬恒(2001B)　《望山楚简文字考释三则》,《中国文字研究》第二辑,广西教育出版社,2001 年。

古敬恒(2002)　《楚简遣策丝织品字词考辨》,《徐州师范大学学报(哲学社会科学版)》2002 年第 2 期。

古敬恒(2009)　《楚简遣策器具类字词考辨》,《于安澜先生纪念集》,河南大学出版社,2009 年。

广濑薰雄(2010)　《释"卜缶"》,《古文字研究》第二十八辑,中华书局,2010 年;收入氏著《简帛研究论集》,上海古籍出版社,2019 年。

广濑薰雄(2012)　《释卜鼎——〈释卜缶〉补说》,《古文字研究》第二十九辑,中华书局,2012 年;收入氏著《简帛研究论集》,上海古籍出版社,2019 年。

郭成磊(2016)　《楚国神灵信仰与祭祀若干问题考论》,西北大学博士学位论文,2016 年。

郭沫若(1958)　《关于鄂君启节的研究》,《文物参考资料》1958 年第 4 期。

郭沂(2001)　《郭店竹简与先秦学术思想》,上海教育出版社,2001 年。

郭永秉(2015)　《从战国文字所见的类"仓"形"寒"字论古文献中表"寒"义的"沧/凔"是转写误释的产物》,《出土文献与古文字研究》第六辑,上海古籍出版社,2015 年;收入氏著《古文字与古文献论集续编》,上海古籍出版社,2015 年。

韩织阳(2017) 《獬豸冠小考》,《珞珈史苑》2016 年卷,武汉大学出版社,2017 年。

何家兴(2009) 《释望山楚简中的"衔"》,简帛网,2009 年 4 月 7 日,http://www.bsm.org.cn/show_article.php?id=1015。

何琳仪(1988) 《长沙铜量铭文补释》,《江汉考古》1988 年第 4 期。

何琳仪(1993) 《包山竹简选释》,《江汉考古》1993 年第 4 期。

何琳仪(1998A) 《战国古文字典——战国文字声系》,中华书局,1998 年。

何琳仪(1998B) 《楚书琐言》,《书法研究》1998 年第 4 期。

何琳仪(2003) 《战国文字通论(订补)》,江苏教育出版社,2003 年。

何琳仪、程燕(2005) 《郭店楚简〈老子〉校记(甲篇)》,《简帛研究二〇〇二、二〇〇三》,广西师范大学出版社,2005 年。

河南省文物研究所(1986) 《信阳楚墓》,文物出版社,1986 年。

河南省文物考古研究所(2003) 《新蔡葛陵楚墓》,大象出版社,2003 年。

后德俊(1995) 《楚国的矿冶髹漆与玻璃制造》,湖北教育出版社,1995 年。

侯乃峰(2006) 《说楚简"氻"字》,简帛网,2006 年 11 月 29 日,http://www.bsm.org.cn/show_article.php?id=470;附录于氏著《〈周易〉文字汇校集释》,(台湾)台湾古籍出版有限公司,2009 年;收于氏著《逐狐东山——先秦两汉出土文献与古文字论集》,上海古籍出版社,2020 年。

侯乃峰(2009) 《楚竹书〈周易〉释"盈"之字申说》,《周易研究》2009 年第 1 期;收于氏著《逐狐东山——先秦两汉出土文献与古文字论集》,上海古籍出版社,2020 年。

湖北省博物馆(1989) 《曾侯乙墓》,文物出版社,1989 年。

湖北省荆沙铁路考古队(1991A)　《包山楚简》,文物出版社,1991年。

湖北省荆沙铁路考古队(1991B)　《包山楚墓》,文物出版社,1991年。

湖北省荆州地区博物馆(1982)　《江陵天星观1号楚墓》,《考古学报》1982年第1期。

湖北省荆州地区博物馆(1985)　《江陵马山一号楚墓》,文物出版社,1985年。

湖北省文化局文物工作队(1966)　《湖北江陵三座楚墓出土大批重要文物》,《文物》1966年第5期。

湖北省文物考古研究所(1996)　《江陵望山沙冢楚墓》,文物出版社,1996年。

湖北省文物考古研究所、北京大学中文系(1995)　《望山楚简》,中华书局,1995年。

湖北省文物考古研究所、北京大学中文系(2000)　《九店楚简》,中华书局,2000年。

湖北省文物考古研究所、武汉大学简帛研究中心(2020)　《湖北荆门严仓1号楚墓出土竹简》,《文物》2020年第3期。

胡雅丽(2001)　《楚人宗教信仰刍议》,《江汉考古》2001年第3期。

胡雅丽(2002)　《楚人卜筮概述》,《江汉考古》2002年第4期。

胡雅丽(2003)　《楚人祭祀勾沉》,《楚文化研究论集》第五集,黄山书社,2003年。

胡雅丽(2007)　《"秦"之名实考》,"中国简帛学国际论坛2007"论文,台湾大学中文系,2007年11月10—12日。

黄德宽主编(2020)　《清华大学藏战国竹简(拾)》,中西书局,2020年。

黄德宽、徐在国(1999)　《郭店楚简文字续考》,《江汉考古》1999年第2期。

黄凤春、黄婧(2012)　《楚器名物研究》,湖北教育出版社,2012年。

黄盛璋(1982)　《再论鄂君启节交通路线复原与地理问题》,《楚史研究专辑》,1982年。

　　黄文杰(2004)　《说色》,《古文字研究》第二十五辑,中华书局,2004年。

　　黄锡全(1991A)　《"蔵郢"辨析》,《楚文化研究论集》第二集,湖北人民出版社,1991年;收入氏著《古文字论丛》,(台湾)艺文印书馆,1999年。

　　黄锡全(1991B)　《古文字中所见楚官府官名辑证》,《文物研究》第7期,黄山书社,1991年;收入氏著《古文字论丛》,(台湾)艺文印书馆,1999年。

　　黄锡全(1992)　《〈包山楚简〉部分释文校释》,《湖北出土商周文字辑证》,武汉大学出版社,1992年。

　　蒋瑞(2008)　《楚简"大水"即水帝颛顼即〈离骚〉"高阳"考》,《湖北大学学报(哲学社会科学版)》2008年第3期。

　　蒋伟男(2019)　《〈楚世家〉文献辑证及相关问题研究》,安徽大学博士学位论文,2019年。

　　金琳、吕继熔(2011)　《战国楚简遣策中的染织名物》,《中原文物》2011年第3期。

　　荆门市博物馆(1998)　《郭店楚墓竹简》,文物出版社,1998年。

　　孔仲温(1996)　《望山卜筮祭祷简文字初释》,《第七届中国文字学全国学术研讨会论文集》,(台湾)万卷楼图书公司,1996年。

　　孔仲温(1997A)　《望山卜筮祭祷简"瘥祡"二字考释》,《第一届国际训诂学研讨会论文集》,台湾中山大学中文系,1997年。

　　孔仲温(1997B)　《楚简中有关祭祷的几个固定字词试释》,《第三届国际中国古文字学研讨会论文集》,香港中文大学中国文化研究所、中国语言及文学系,1997年。

　　孔仲温(1997C)　《再释望山卜筮祭祷简文字兼论及其相关问题》,《第八届中国文字学全国学术研讨会论文集》,彰化师范大学国文系,1997年。

　　来国龙(2011)　《论楚卜筮祭祷简中的"与祷"——兼说楚简中的"册告"和甲骨卜辞中的"曶"祭》,《简帛》第六辑,上海古籍出版社,2011年。

　　赖怡璇(2011)　《〈楚地出土战国简册[十四种]〉校订》,(台湾)中兴大学中国文学研究所硕士学位论文,2011 年。

雷黎明(2009)　《论楚简合文》,《宁夏大学学报(人文社会科学版)》2009年第 6 期。

李春桃(2018)　《从斗形爵的称谓谈到三足爵的命名》,《"中研院"历史语言研究所集刊》第八十九本第一分,2018 年。

李家浩(1979)　《释"弁"》,《古文字研究》第一辑,中华书局,1979 年。

李家浩(1983)　《信阳楚简"浍"及从"朱"之字》,《中国语言学报》第一期,商务印书馆,1983 年;收入氏著《著名中年语言学家自选集·李家浩卷》,安徽教育出版社,2002 年。

李家浩(1993)　《包山楚简研究(五篇)》,"第二届国际中国古文字学研讨会"论文,香港中文大学,1993 年。

李家浩(1994)　《包山二六六号简所记木器研究》,《国学研究》第二卷,北京大学出版社,1994 年;修改补正后收入氏著《著名中年语言学家自选集·李家浩卷》,安徽教育出版社,2002 年。

李家浩(1995)　《包山楚简的旌旆及其他》,《第二届国际中国古文字学研讨会论文集续编》,香港中文大学中文系,1995 年;收入氏著《著名中年语言学家自选集·李家浩卷》,安徽教育出版社,2002 年。

李家浩(1997)　《包山竹简"籁"字及其相关之字》,《第三届国际中国古文字学研讨会论文集》,香港中文大学中国文化研究所、中国语言及文学系,1997 年 10 月;收入氏著《著名中年语言学家自选集·李家浩卷》,安徽教育出版社,2002 年。

李家浩(1998A)　《包山楚简中的"枳"》,《徐中舒先生百年诞辰纪念文集》,巴蜀书社,1998 年;收入氏著《著名中年语言学家自选集·李家浩卷》,安徽教育出版社,2002 年。

李家浩(1998B)　《信阳楚简"乐人之器"研究》,《简帛研究》第三辑,广西教育出版社,1998 年。

李家浩(1999)　《楚墓竹简中的"昆"字及从"昆"之字》,《中国文字》新二十五期,（台湾）艺文印书馆,1999 年;收入氏著《著名中年语言学家自选集·李家浩卷》,安徽教育出版社,2002 年。

李家浩(2001A)　《包山祭祷简研究》,《简帛研究二〇〇一》,广西教育出版社,2001 年。

李家浩(2001B)　《谈春成侯盉与少府盉的铭文及其容量》,《华学》第五辑,中山大学出版社,2001 年。

李家浩(2002)　《楚大府镐铭文新释》,《语言学论丛》第二十二辑,商务印书馆 1999 年;收入氏著《著名中年语言学家自选集·李家浩卷》,安徽教育出版社,2002 年,有补记。

李家浩(2003)　《包山遣册考释（四篇）》,《古籍整理研究学刊》2003 年第 5 期;收入氏著《安徽大学汉语言文字研究丛书·李家浩卷》,安徽大学出版社,2013 年。

李家浩(2005)　《包山卜筮简 218—219 号研究》,《长沙三国吴简暨百年来简帛发现与研究国际学术研讨会论文集》,中华书局,2005 年。

李家浩(2006)　《望山遣策车盖文字释读》,《中国文字学报》第一辑,商务印书馆,2006 年。

李家浩(2007)　《仰天湖楚简剩义》,《简帛》第二辑,上海古籍出版社,2007 年。

李家浩(2010)　《楚简所记楚人祖先"娽（鬻）熊"与"穴熊"为一人说——兼说上古音幽部与微、文二部音转》,《文史》2010 年第 3 辑;收入氏著《安徽大学汉语言文字研究丛书·李家浩卷》,安徽大学出版社,2013 年。

李家浩(2015)　《战国楚简"乑"字补释》,《汉语言文字研究（第一辑）》,上海古籍出版社,2015 年。

李均明、刘国忠、刘光胜、邬文玲(2020)　《当代中国简帛学研究（1949—2019）》,中国社会科学出版社,2020 年。

李零(1986)　《楚国铜器铭文编年汇释》,《古文字研究》第十三辑,中华书局,1986 年。

李零(1987)　《楚国铜器类说》,《江汉考古》1987 年第 4 期。

李零(1993)　《包山楚简研究(占卜类)》,《中国典籍与文化论丛》第一辑,中华书局,1993 年。

李零(1996)　《古文字杂识(两篇)》,《于省吾教授百年诞辰纪念文集》,吉林大学出版社,1996 年。

李零(1999)　《读〈楚系简帛文字编〉》,《出土文献研究》第五辑,科学出版社,1999 年。

李零(2002)　《郭店楚简校读记(增订本)》,北京大学出版社,2002 年。

李零(2006A)　《中国方术正考》,中华书局,2006 年。

李零(2006B)　《中国方术续考》,中华书局,2006 年。

李守奎(1998)　《古文字辨析三组》,《吉林大学古籍整理研究所建所十五周年纪念文集》,吉林大学出版社,1998 年。

李守奎(2000)　《出土简策中的"轩"和"圆轩"考》,《古文字研究》第二十二辑,中华书局,2000 年。

李守奎(2003)　《楚文字编》,华东师范大学出版社,2003 年。

李天虹(1993)　《〈包山楚简〉释文补正》,《江汉考古》1993 年第 3 期。

李天虹(2000)　《释楚简文字"𪠽"》,《华学》第四辑,紫禁城出版社,2000 年。

李天虹(2003)　《郭店竹简〈性自命出〉研究》,湖北教育出版社,2003 年。

李天虹(2005)　《楚简文字形体混同、混讹举例》,《江汉考古》2005 年第 3 期。

李天虹(2012)　《楚国铜器与竹简文字研究》,湖北教育出版社,2012 年。

李天虹(2014)　《严仓 1 号墓墓主、墓葬年代考》,《历史研究》2014 年第 1 期。

李天虹(2016)　《出土战国楚简及其研究价值》,《中国社会科学报》2016 年 3 月 1 日第 007 版。

李学勤(1989)　《竹简卜辞与商周甲骨》,《郑州大学学报》1989 年第 2 期;收入氏著《当代名家学术思想文库·李学勤卷》,万卷出版公司,2010 年。

李学勤(2006)　《包山楚简"鄸"即巴国说》,《四川师范大学学报(社会科学版)》2006 年第 6 期。

李学勤(2008)　《文物中的古文明》,商务印书馆,2008 年。

李学勤(2010)　《清华大学藏战国竹简(壹)》,中西书局,2010 年。

李运富(1997)　《楚国简帛文字构形系统研究》,岳麓书社,1997 年。

连劭名(1986)　《望山楚简中的"习卜"》,《江汉论坛》1986 年第 11 期。

连劭名(2001)　《包山简所见楚地巫祷活动中的神灵》,《考古》2001 年第 6 期。

连劭名(2003)　《考古发现与先秦易学》,《周易研究》2003 年第 1 期。

林清源(2004)　《简牍帛书标题格式研究》,(台湾)艺文印书馆,2004 年。

林素清(1997)　《从包山楚简纪年材料论楚历》,《中国考古学与历史学之整合研究》,台湾学生书局,1997 年。

凌宇(2014)　《楚地出土人俑研究——早期中国墓葬造像艺术的礼制考察》,武汉大学出版社,2014 年。

刘彬徽(1991)　《从包山楚简纪时材料论及楚国纪年与楚历》,《包山楚墓》附录二一,文物出版社,1991 年;收入氏著《早期文明与楚文化研究》,岳麓书社,2001 年。

刘彬徽(2001A)　《江陵望山沙冢楚墓论述》,收入氏著《早期文明与楚文化研究》,岳麓书社,2001 年。

刘彬徽(2001B)　《论东周青铜缶》,收入氏著《早期文明与楚文化研究》,岳麓书社,2001 年。

刘彬徽(2001C)　《湖北出土两周金文补记》,收入氏著《早期文明与楚文化研究》,岳麓书社,2001 年。

刘刚(2017)　《〈诗·秦风·小戎〉"蒙伐有苑"新考》,《中原文化研究》

2017 年第 5 期。

　　刘刚(2020)　《释战国文字中的"缝"》,《古文字研究》第三十三辑,中华书局,2020 年。

　　刘国胜(1997)　《曾侯乙墓 E61 号漆箱书文字研究——附"瑟"考》,《第三届国际中国古文字学研讨会论文集》,香港中文大学中国文化研究所、中国语言及文学系,1997 年。

　　刘国胜(2000)　《楚简文字杂识》,《奋发荆楚探索文明——湖北省文物考古研究论文集》,湖北科学技术出版社,2000 年。

　　刘国胜(2002)　《信阳长台关楚简〈遣策〉编联二题》,《江汉考古》2001年第 3 期。

　　刘国胜(2003)　《楚丧葬简牍集释》,武汉大学博士学位论文,2003 年。

　　刘国胜(2005)　《楚遣策制度述略》,《楚文化研究论集》第六集,湖北教育出版社,2005 年。

　　刘国胜(2007)　《楚简文字中的"绣"和"緅"》,《江汉考古》2007 年第 4 期。

　　刘国胜(2010)　《望山遣册记器简琐议》,《考古与文物》2010 年第 3 期。

　　刘国胜(2011A)　《谈望山遣册所记的"龙杸"》,简帛网,2011 年 10 月 10 日,http://www.bsm.org.cn/show_article.php?id=1561。

　　刘国胜(2011B)　《楚丧葬简牍集释》,科学出版社,2011 年。

　　刘国胜(2012)　《楚简车马名物考释二则》,《古文字研究》第二十九辑,中华书局,2012 年。

　　刘国胜(2013)　《望山楚简名物考释(二则)》,《楚简楚文化与先秦历史文化国际学术研讨会论文集》,湖北教育出版社,2013 年。

　　刘洪涛(2007)　《上博竹书〈慎子曰恭俭〉校读》,简帛网,2007 年 7 月 6 日,http://www.bsm.org.cn/show_article.php?id=591。

　　刘乐贤(2005)　《从出土文献看楚、秦选择术的异同及影响——兼释楚系选择术中的"危"字》,芝加哥"中国古文字：理论与实践"国际研讨会会议论文,2005 年 5 月。

刘乐贤(2006)　《楚秦选择术的异同及影响——以出土文献为中心》,《历史研究》2006 年第 6 期。

刘炼(2006)　《望山楚简补释一则》,简帛网,2006 年 11 月 5 日,http://www.bsm.org.cn/show_article.php?id=452。

刘信芳(1987)　《释"𫎣郢"》,《江汉考古》1987 年第 1 期。

刘信芳(1992)　《二天子为何方神祇》,《中国文物报》1992 年 6 月 21 日。

刘信芳(1993)　《包山楚简神名与〈九歌〉神祇》,《文学遗产》1993 年第 5 期。

刘信芳(1996A)　《包山楚简近似之字辨析》,《考古与文物》1996 年第 2 期。

刘信芳(1996B)　《楚简文字考释五则》,《于省吾教授百年诞辰纪念文集》,吉林大学出版社,1996 年。

刘信芳(1997A)　《战国楚历谱复原研究》,《考古》1997 年第 11 期;收入氏著《楚系简帛释例》,安徽大学出版社,2011 年。

刘信芳(1997B)　《楚简器物释名(上)》,《中国文字》新二十二期,(台湾)艺文印书馆,1997 年;收入氏著《楚系简帛释例》,安徽大学出版社,2011 年。

刘信芳(1997C)　《楚简器物释名(下)》,《中国文字》新二十三期,(台湾)艺文印书馆,1997 年;收入氏著《楚系简帛释例》,安徽大学出版社,2011 年。

刘信芳(1998)　《望山楚简校读记》,《简帛研究》第三辑,广西教育出版社,1998 年。

刘信芳(2003)　《包山楚简解诂》,(台湾)艺文印书馆,2003 年。

刘信芳(2006)　《信阳楚简 2-04 号所记车马器研究》,《古文字研究》第二十六辑,中华书局,2006 年。

刘信芳(2011A)　《楚系简帛释例》,安徽大学出版社,2011 年。

刘信芳(2011B)　《楚简帛通假汇释》,高等教育出版社,2011 年。

刘信芳、王箐(2012)　《战国简牍帛书标点符号释例》,《文献》2012 年第

2 期。

刘信芳（2014）　《出土简帛宗教神话文献研究》，安徽大学出版社，2014 年。

刘信芳（2015）　《〈系年〉"屎伐商邑"与〈天问〉"载尸集战"》，《江汉考古》2015 年第 3 期。

刘钊（1998）　《包山楚简文字考释》，《东方文化》1998 年 1、2 期合刊；收入氏著《出土简帛文字丛考》，台湾古籍出版有限公司，2004 年。

刘钊（1999）　《释楚简中的"纏"（缪）字》，《江汉考古》1999 年第 1 期；收入氏著《出土简帛文字丛考》，台湾古籍出版有限公司，2004 年。

刘钊（2001、2002）　《释"僓"及相关诸字》，简帛研究网，2001 年 8 月 7 日，http://www.bamboosilk.org/Wssf/liuzhao.htm；"香港大学第一届中国语言文字国际学术研讨会"论文，2002 年 3 月 11—14 日；《中国文字》新二十八期，（台湾）艺文印书馆，2002 年；收入氏著《出土简帛文字丛考》，台湾古籍出版有限公司，2004 年。

刘钊（2020）　《关于〈吴越春秋〉一段疑难文意的解释》，《文献》2020 年第 1 期。

罗家湘（2001）　《〈逸周书·器服解〉是一份遣策》，《文献》2001 年第 4 期。

罗小华（2013）　《楚简札记三则》，《出土文献研究》第十二辑，中西书局，2013 年。

罗小华（2016）　《试论望山简中的"彤开"——兼论战国简册中的旗杆》，《出土文献》第九辑，中西书局，2016 年。

罗小华（2017）　《战国简册中的车马器物及制度研究》，武汉大学出版社，2017 年。

罗运环（2007）　《论先秦两汉时期的荆楚巫术文化》，《鄂州大学学报》2007 年第 4 期。

罗运环（2011）　《出土文献与楚史研究》，商务印书馆，2011 年。

罗振玉(2010) 《丁戊稿》,罗继祖主编:《罗振玉学术论著集·第十集上》,上海古籍出版社,2010 年。

吕亚虎(2015) 《战国秦汉时期的祠"行"信仰——以出土简牍〈日书〉为中心的考察》,《长安学术》第七辑,商务印书馆,2015 年。

马国权(1980) 《战国楚竹简文字略说》,《古文字研究》第三辑,中华书局,1980 年。

聂菲(2004A) 《楚式漆木豆研究》,《南方文物》2004 年第 2 期。

聂菲(2004B) 《楚系墓葬出土漆木几研究》,《中国历史文物》2004 年第 5 期。

彭浩(1984) 《信阳长台关楚简补释》,《江汉考古》1984 年第 2 期。

彭浩(1991A) 《包山二号楚墓〈卜筮祭祷〉竹简的初步研究》,《楚文化研究论集》第二集,湖北人民出版社,1991 年。

彭浩(1991B) 《包山二号楚墓卜筮和祭祷竹简的初步研究》,《包山楚墓》附录二三,文物出版社,1991 年。

彭浩(1996A) 《楚人的纺织与服饰》,湖北教育出版社,1996 年。

彭浩(1996B) 《战国时期的遣策》,《简帛研究》第二辑,法律出版社,1996 年。

彭浩(2012) 《望山二号墓遣册的"緟"与"易马"》,《江汉考古》2012 年第 3 期。

鹏宇(2010) 《曾侯乙墓竹简文字集释笺证》,华东师范大学硕士学位论文,2010 年。

浅原达郎(2001) 《望山一号墓竹简の复原》,《中国の礼制と礼学》,(京都)朋友书店,2001 年。

裘锡圭(2006) 《释战国楚简中的"虐"字》,《古文字研究》第二十六辑,中华书局,2006 年;收入氏著《裘锡圭学术文集》第二卷《简牍帛书卷》,复旦大学出版社,2012 年。

裘锡圭、李家浩(1989) 《曾侯乙墓竹简释文与考释》,《曾侯乙墓》附录一，文物出版社，1989年。

饶宗颐（1998）　《"贞"的哲学》，《华学》第三辑，紫禁城出版社，1998年。

饶宗颐、曾宪通（1985）　《楚帛书》，中华书局香港分局，1985年。

任慧峰（2010）　《先秦旌旆考》，《中华文史论丛》2010年第2期。

单育辰（2007）　《谈战国文字中的"兔"》，简帛网，2007年5月26日，http://www.bsm.org.cn/show_article.php?id=572；收入《简帛》第三辑，上海古籍出版社，2008年。

单育辰（2012）　《楚地遣策"宛"字的用法》，《湖南省博物馆馆刊》第八辑，岳麓书社，2012年。

单育辰（2014）　《楚地战国简帛与传世文献对读之研究》，中华书局，2014年。

商承祚（1995）　《战国楚竹简汇编》，齐鲁书社，1995年。

沈从文（2002）　《中国古代服饰研究》，上海书店出版社，2002年。

沈培（2005）　《周原甲骨文里的"囟"和楚墓竹简里的"囟"或"思"》，《汉字研究》第一辑，学苑出版社，2005年。

沈培（2006）　《从战国简看古人占卜的"蔽志"——兼论"移祟"说》，第一届古文字与古代史学术研讨会，台北"中央研究院"历史语言研究所，2006年9月22—24日；收入《古文字与古代史》第一辑，台北"中央研究院"历史语言研究所，2007年。

沈培（2007）　《试释战国时代从"之"从"首（或从'页'）"之字》，简帛网，2007年7月17日，http://www.bsm.org.cn/show_article.php?id=630。

沈颂金（2003）　《二十世纪简帛学研究》，学苑出版社，2003年。

时兵（2008）　《释楚简中的"樫"字》，复旦大学出土文献与古文字研究中心网站，2008年5月24日，http://www.gwz.fudan.edu.cn/Web/Show/440。

石小力（2017）　《东周金文与楚简合证》，上海古籍出版社，2017年。

石小力（2019）　《战国文字"𤇾"形的来源、混同与辨析》，第一届"出土文献与中国古代史"学术论坛暨青年学者工作坊，复旦大学出土文献与古文字研究中心和复旦大学历史系,2019 年 11 月 2—4 日。

　　施谢捷(2002)　《楚简文字中的"㯟"字》,《古文字研究》第二十四辑,中华书局,2002 年。

　　舒之梅(1998)　《包山简遣册车马器考释五则》,《容庚先生百年诞辰纪念文集》(古文字研究专号),广东人民出版社,1998 年。

　　舒之梅、刘信芳(1997)　《望山一号墓竹简校读记》,《饶宗颐学术研讨会论文集》,香港翰墨轩出版有限公司,1997 年。

　　宋华强(2005)　《论新蔡简中的"卒岁"与"集岁"》,简帛网,2005 年 12 月 7 日,http://www.bsm.org.cn/show_article.php?id=126。

　　宋华强(2006A)　《楚简"能(从羽)祷"新释》,简帛网,2006 年 9 月 3 日,http://www.bsm.org.cn/show_article.php?id=412。

　　宋华强(2006B)　《战国楚文字从"黾"从"甘"之字新考》,简帛网,2006 年 12 月 30 日,http://www.bsm.org.cn/show_article.php?id=494;收入《简帛》第十三辑,上海古籍出版社,2016 年。

　　宋华强(2009)　《由楚简"北子""北宗"说到甲骨金文"丁宗""啻宗"》,《简帛》第四辑,上海古籍出版社,2009 年。

　　宋华强(2010)　《新蔡葛陵楚简初探》,武汉大学出版社,2010 年。

　　宋镇豪(1987)　《殷代"习卜"和有关占卜制度的研究》,《中国史研究》1987 年第 4 期。

　　苏建洲(2006)　《楚简文字考释一则》,简帛网,2006 年 12 月 19 日,http://www.bsm.org.cn/show_article.php?id=487。

　　苏建洲(2010)　《望山楚简"述瘥"考释》,复旦大学出土文献与古文字研究中心网站,2010 年 4 月 20 日,http://www.gwz.fudan.edu.cn/Web/Show/1132;收入氏著《古文字论集》,(台湾)万卷楼图书股份有限公司,2011 年;又收入《华学》第十一辑,中山大学出版社,2014 年。

　　苏建洲(2011)　《〈葛陵楚简〉甲三 324"函"字考释》,《出土文献与古文字研究》第四辑,上海古籍出版社,2011 年。

孙机（2008）　《汉代物质文化资料图说（增订本）》，上海古籍出版社，2008 年。

谭生力（2018）　《楚文字形近、同形现象源流考》，中国社会科学出版社，2018 年。

汤余惠（1993A）　《包山楚简读后记》，《考古与文物》1993 年第 2 期。

汤余惠（1993B）　《鄂君启节》，《战国铭文选》，吉林大学出版社，1993 年。

汤余惠（2001）　《战国文字编》，福建人民出版社，2001 年。

汤余惠、吴良宝（2001）　《郭店楚简文字拾零（四篇）》，《简帛研究二〇〇一》，广西教育出版社，2001 年。

唐钰明（1998）　《战国文字资料释读三题》，《容庚先生百年诞辰纪念文集》，广东人民出版社，1998 年。

汤漳平（2004）　《出土文献与〈楚辞·九歌〉》，中国社会科学出版社，2004 年。

滕壬生（1995）　《楚系简帛文字编》，湖北教育出版社，1995 年。

滕壬生（2008）　《楚系简帛文字编（增订本）》，湖北教育出版社，2008 年。

田成方（2016）　《东周时期楚国宗族研究》，科学出版社，2016 年。

田河（2006）　《楚墓遣册所记"大房"再议》，《平顶山学院学报》2006 年第 1 期。

田河（2007）　《出土战国遣册所记名物分类汇释》，吉林大学博士学位论文，2007 年。

田河（2018A）　《出土遣策与古代名物研究》，《社会科学战线》2018 年第 10 期。

田伟（2018B）　《匜鼎研究》，《古代文明（第 12 卷）》，上海古籍出版社，2018 年。

王从礼、郑梅（2019）　《"龙首车辕"浅识》，《湘鄂豫皖楚文化研究会第十六次年会会议论文汇编》,湘鄂豫皖楚文化研究会,2019 年 11 月 23—24 日。

王化平(2018)　《〈易经〉"贞"字疏释》,《孔子研究》2018 年第 2 期。

王进锋(2013)　《商周时期邶国的地望与迁封》,《历史地理》第二十八辑,上海人民出版社,2013 年。

王凯博(2019)　《望山楚简"欨"字释义》,第一届"出土文献与中国古代史"学术论坛暨青年学者工作坊,复旦大学出土文献与古文字研究中心和复旦大学历史系,2019 年 11 月 2—4 日。

王坤鹏(2013)　《清华简〈芮良夫毖〉篇笺释》,简帛网,2013 年 2 月 26日,http://www.bsm.org.cn/show_article.php?id=1832。

王明钦(1989)　《湖北江陵天星观楚简的初步研究》,北京大学硕士学位论文,1989 年。

王宁(2015)　《"赴缶"别议》,简帛网,2015 年 1 月 4 日,http://www.bsm.org.cn/show_article.php?id=2124。

王青(2004)　《门外释读"𠬝"》,《南京师范大学文学院学报》2004 年第1 期。

王庆卫(2004)　《试析战国楚系文字中的"吁"》,《考古与文物》2004 年第 3 期。

王育成(1993)　《楚"几"研究——从包山二号楚墓拱形足几谈起》,《中国历史博物馆馆刊》1993 年第 1 期。

王泽强(2005)　《战国楚墓出土竹简所见神祇"大水"考释》,《湖北教育学院学报》2005 年第 6 期。

王泽强(2006)　《楚墓竹简所记神祇与〈九歌〉神祇之异同及其在楚辞学上的意义》,《天水师范学院学报》2006 年第 4 期。

王祖龙(2016)　《楚简帛书法论稿》,湖北美术出版社,2016 年。

武汉大学简帛研究中心、湖北省文物考古研究所、黄冈市博物馆(2019)《楚地出土战国简册合集(四)　望山楚墓竹简・曹家岗楚墓竹简》,文物出版社,2019 年。

邬可晶(2010)　《说古文献中以"坐"为"跪(诡)"的现象》,原作为《马王堆汉墓帛书〈十大经〉补释二则》外一篇刊于《简帛》第五辑,上海古籍出版社,2010 年;后以单篇刊于《出土文献与古典学重建论集》,中西书局,2018 年;又收入氏著《战国秦汉文字与文献论稿》,上海古籍出版社,2020 年。

邬可晶(2014)　《谈谈所谓"射女"器铭(附:释"韇")》,《出土文献》第五辑,中西书局,2014 年。

吴良宝(2006)　《平肩空首布"卬"字考》,《中国钱币》2006 年第 2 期。

吴良宝(2010)　《战国楚简地名辑证》,武汉大学出版社,2010 年。

吴郁芳(1996)　《包山楚简卜祷简牍释读》,《考古与文物》1996 年第 2 期。

夏小寒(2020)　《读曾侯乙墓竹简、望山楚墓竹简杂记》,复旦大学出土文献与古文字研究中心网,2020 年 1 月 6 日,http://www.fdgwz.org.cn/Web/Show/4522。

萧圣中(2011)　《曾侯乙墓竹简释文补正暨车马制度研究》,科学出版社,2011 年。

萧毅(2010)　《楚简常见合文分析》,《出土文献》第一辑,中西书局,2010 年。

徐在国(1997)　《楚简文字拾零》,《江汉考古》1997 年第 2 期。

徐在国(1998)　《读〈楚系简帛文字编〉札记》,《安徽大学学报(哲学社会科学版)》1998 年第 5 期。

许道胜(2005A)　《望山楚简研究述评》,《楚文化研究论集》第六集,湖北教育出版社,2005 年。

许道胜(2005B)　《江陵望山楚简研究述评》,《湖南大学学报(社会科学版)》2005 年第 5 期。

许道胜(2007)　《望山一号楚墓新识签牌集释》,《湖南大学学报(社会科学版)》2007 年第 1 期。

许道胜(2009)　《读〈望山楚简文字编〉札记》,《湖南大学学报(社会科学版)》2009 年第 2 期。

禤健聪（2006）　《楚文字新读二则》,《江汉考古》2006 年第 4 期。

禤健聪（2016）　《楚简用字习惯与文献校读举例》,《简帛研究二〇一六春夏卷》,广西师范大学出版社,2016 年。

禤健聪（2017A）　《战国楚系简帛用字习惯研究》,科学出版社,2017 年。

禤健聪（2017B）　《战国简帛读本》,凤凰出版社,2017 年。

晏昌贵（2005A）　《秦家嘴“卜筮祭祷”简释文辑校》,《湖北大学学报（哲学社会科学版）》2005 年第 1 期；收入氏著《简帛数术与历史地理论集》,商务印书馆,2010 年。

晏昌贵（2005B）　《天星观“卜筮祭祷”简释文辑校》,丁四新主编:《楚地简帛思想研究（二）》,湖北教育出版社,2005 年；收入氏著《简帛数术与历史地理论集》,商务印书馆,2010 年；又《巫鬼与淫祀——楚简所见方术宗教考》,武汉大学出版社,2010 年。

晏昌贵（2006）　《楚卜筮简所见神灵杂考（五则）》,《简帛》第一辑,上海古籍出版社,2006 年。

晏昌贵（2007A）　《楚卜筮祭祷简的文本结构与性质》,《楚文化研究论集》第七集,岳麓书社,2007 年；收入氏著《简帛数术与历史地理论集》,商务印书馆,2010 年。

晏昌贵（2007B）　《楚简所见地祇通考》,《石泉先生九十诞辰纪念文集》,湖北人民出版社,2007 年；收入氏著《简帛数术与历史地理论集》,商务印书馆,2010 年。

晏昌贵（2010A）　《楚卜筮简所见诸司神考》,《江汉论坛》2006 年第 9 期；收入氏著《简帛数术与历史地理论集》,商务印书馆,2010 年。

晏昌贵（2010B）　《巫鬼与淫祀——楚简所见方术宗教考》,武汉大学出版社,2010 年。

颜世铉（2000）　《郭店楚简散论（一）》,《郭店楚简国际学术研讨会论文集》,湖北人民出版社,2000 年。

颜世铉(2009)　《楚简"恒贞吉"解》,《古文字与古代史》第二辑,"中研院"历史语言研究所,2009 年。

颜世铉(2014)　《说楚简从"能"诸字的读法及其对古书的校读》,《承继与拓新——汉语语言文字学研究》,香港商务印书馆,2014 年。

杨华(2003)　《襚·赗·遣——简牍所见楚地助丧礼制研究》,《学术月刊》2003 年第 9 期;收入氏著《古礼新研》,商务印书馆,2012 年。

杨华(2004)　《"五祀"祭祷与楚汉文化的继承》,《江汉论坛》2004 年第 9 期;收入氏著《新出简帛与礼制研究》,台湾古籍出版有限公司,2007 年;又收入氏著《古礼新研》,商务印书馆,2012 年。

杨华(2007)　说"举祷"——兼论楚人祭祖礼的时间频率》,《传统中国研究集刊》第三辑,上海人民出版社,2007 年;收入氏著《古礼新研》,商务印书馆,2012 年。

杨华(2009)　《楚简中的"上下"与"内外"——兼论楚人祭礼中的神灵分类问题》,《简帛》第四辑,上海古籍出版社,2009 年;收入氏著《古礼新研》,商务印书馆,2012 年。

杨华(2017)　《楚国礼仪制度研究》,湖北教育出版社,2017 年。

杨英杰(1988)　《战车与车战》,东北师范大学出版社,1988 年。

殷涤非、罗长铭(1958)　《寿县出土的"鄂君启金节"》,《文物参考资料》1958 年第 4 期。

尹弘兵(2019)　《楚都纪南城探析:基于考古与出土文献新资料的考察》,《历史地理研究》2019 年第 2 期。

于成龙(2004)　《楚礼新证——楚简中的纪时、卜筮与祭祷》,北京大学博士学位论文,2004 年。

虞万里(2004)　《由简牍字形的隶定分析形声字通假的背景——以"常""尝"为中心》,《新出土文献与古代文明研究》,上海大学出版社,2004 年。

袁国华(1994)　《包山楚简研究》,香港中文大学博士学位论文,1994 年。

袁国华(2001)　《江陵望山楚简"青帝"考释》,《华学》第五辑,中山大学出版社,2001 年。

袁国华(2002)　《〈望山楚简〉考释三则》,《古文字研究》第二十四辑,中华书局,2002 年。

袁国华(2003A)　《望山楚墓卜筮祭祷简文字考释四则》,(台湾)《中央研院历史语言研究所集刊》第 74 本第 2 分,2003 年。

袁国华(2003B)　《楚简疾病及相关问题初探——以包山楚简、望山楚简为例》,"中国南方文明"学术研讨会论文,台北"中研院"历史语言研究所,2003 年。

袁金平(2007)　《新蔡葛陵楚简字词研究》,安徽大学博士学位论文,2007 年。

袁金平(2013)　《从楚文字资料看先秦时期的杀狗习俗》,《古代文明》2013 年第 3 期。

袁珂(1978)　《〈山海经〉写作的时地及篇目考》,《中华文史论丛》第七辑(复刊号),上海古籍出版社,1978 年;收入氏著《神话论文集》,上海古籍出版社,1982 年。

曾宪通(1981)　《楚月名初探——兼谈昭固墓竹简的年代问题》,《古文字研究》第五辑,中华书局,1981 年。

曾宪通(1993)　《包山卜筮简考释(七篇)》,《第二届国际中国古文字学研讨会论文集》,香港中文大学中文系,1993 年。

曾宪通(2005)　《战国楚地简帛文字书法浅析》,《长沙三国吴简暨百年来简帛发现与研究国际学术研讨会论文集》,中华书局,2005 年。

张崇礼(2009)　《释"瘟气"》,复旦大学出土文献与古文字研究中心网,2009 年 1 月 16 日,http://www.fdgwz.org.cn/Web/Show/664。

张峰(2016)　《楚文字讹书研究》,上海古籍出版社,2016 年。

张光裕、陈伟武(2006)　《战国楚简所见病名辑证》,《中国文字学报》第一辑,商务印书馆,2006 年。

张光裕、袁国华(2004)　《望山楚简校录附文字编》,(台湾)艺文印书馆,2004 年。

张光裕、滕壬生、黄锡全(1997)　《曾侯乙墓竹简文字编》,(台湾)艺文印书馆,1997 年。

张桂光(1994)　《楚简文字考释二则》,《江汉考古》1994 年第 3 期;收入氏著《古文字论集》中华书局,2004 年。

张桂光(1996)　《古文字考释六则》,《于省吾教授百年诞辰纪念文集》,吉林大学出版社,1996 年;收入氏著《古文字论集》,中华书局,2004 年。

张静(2002)　《郭店楚简文字研究》,安徽大学博士学位论文,2002 年。

张闻捷(2011)　《略论东周用豆制度》,《考古与文物》2011 年第 1 期。

张闻捷(2013)　《荆楚光华:青铜器》,《大众考古》2013 年第 2 期。

张闻捷(2015)　《楚国青铜礼器制度研究》,厦门大学出版社,2015 年。

赵平安(1990)　《金文"碬䮰"解》,《中山大学学报(哲学社会科学版)》1990 年第 4 期;收入《金文释读与文明探索》,上海古籍出版社,2011 年。

赵平安(1997)　《共的形义和它在楚简中的用法——兼释其他古文字资料中的共字》,《第三届国际中国古文字学研讨会论文集》,香港中文大学中国文化研究所、中国语言及文学系,1997 年。

赵平安(2001)　《从楚简"娩"的释读谈到甲骨文的"娩妫"——附释古文字中的"冥"》《简帛研究二〇〇一》,广西师范大学出版社,2001 年;收入氏著《新出简帛与古文字古文献研究》,商务印书馆,2009 年;又收入氏著《文字·文献·古史:赵平安自选集》,中西书局,2017 年。

赵平安(2003)　《战国文字中的"宛"及其相关问题研究——以与县有关的资料为中心》,《第四届国际中国古文字学研讨会论文集》,香港中文大学中国语言及文学系,2003 年;又《战国文字中的"宛"及其相关问题研究(附补记)》,简帛网,2006 年 4 月 10 日,http://www.bsm.org.cn/show_article.php?id=322;收入氏著《文字·文献·古史:赵平安自选集》,中西书局,2017 年。

赵平安(2006)　《释曾侯乙墓竹简中的"緈"和"桿"——兼及昆、黾的形体来源》,《简帛》第一辑,上海古籍出版社,2006 年;收入氏著《新出简帛与古文字古文献研究》,商务印书馆,2009 年。

赵平安(2008)　《关于夃的形义来源》,《中国文字学报》第二辑,商务印书馆,2008 年;收入氏著《新出简帛与古文字古文献研究》,商务印书馆,2009 年;又收入氏著《文字·文献·古史:赵平安自选集》,中西书局,2017 年。

赵晓斌(2019)　《荆州枣林铺楚墓出土卜筮祭祷简》,《简帛》第十九辑,上海古籍出版社,2019 年。

郑曙斌(2005A)　《马王堆三号汉墓遣策之“明童”问题研究》,《考古与文物》2005 年第 1 期。

郑曙斌(2005B)　《遣策的考古发现与文献诠释》,《南方文物》2005 年第 2 期。

中山大学古文字研究室楚简整理小组(1977)　《战国楚简研究(三)》,油印本,1977 年。

周波(2012)　《战国时代各系文字间的用字差异现象研究》,线装书局,2012 年。

周波(2017)　《说楚地出土文献中的“邿”与“蓬”》,复旦大学出土文献与古文字研究中心编:《战国文字研究的回顾与展望》,中西书局,2017 年;收入氏著《战国铭文分域研究》,上海古籍出版社,2019 年。

周波(2019)　《说上博简〈容成氏〉的“冥”及其相关诸字》,《出土文献与中国经学、古史研究国际学术研讨会论文集》,(台中)高文出版社,2019 年。

周凤五(1992)　《包山楚简考释》,中国古文字研究会第九届学术讨论会论文,1992 年。

周凤五(1993)　《包山楚简文字初考》,《王叔岷先生八十寿庆论文集》,(台湾)大安出版社,1993 年。

周凤五(1999)　《读郭店简〈成之闻之〉札记》,《古文字与古文献》试刊号,(台湾)楚文化研究会筹备处,1999 年。

朱德熙(1985)　《战国文字资料里所见的厩》,《出土文献研究》,文物出版社,1985 年。

朱德熙(1989)　《望山楚简里的"敞"和"简"》,《古文字研究》第十七辑,中华书局,1989 年;收入氏著《朱德熙古文字论集》,中华书局,1995 年;又收入氏著《朱德熙文集》第五卷《古文字论文》,商务印书馆,1999 年。

朱德熙、裘锡圭(1973)　《信阳楚简考释(五篇)》,《考古学报》1973 年第 1 期;收入氏著《朱德熙古文字论集》,中华书局,1995 年;又收入氏著《朱德熙文集》第五卷《古文字论文》,商务印书馆,1999 年。

朱德熙、裘锡圭、李家浩(1995)　《一、二号墓竹简释文与考释》,《望山楚简》,中华书局,1995 年。

朱德熙、裘锡圭、李家浩(1996)　《望山一、二号墓竹简释文与考释》,《江陵望山沙冢楚墓》附录二,文物出版社,1996 年。

朱仁星(1993)　《有流鼎初探》,《故宫学术季刊》1993 年第 4 期。

朱晓雪(2011)　《包山楚墓文书简、卜筮祭祷简集释及相关问题研究》,吉林大学博士学位论文,2011 年。

邹濬智(2005)　《从楚简〈周易〉"亡""丧"二字谈到包山简的"丧客"与望山简的"祭丧"》,"第十二届政治大学中文系系所友学术研讨会"论文,(台湾)政治大学中文系,2005 年。

后　　记

　　2019 年下半年的某一天，凡国栋先生找到我，提到馆里准备出一套馆藏简牍丛书，问我愿不愿意参与编撰其中一部。听了他的介绍之后，我未多考虑就答应了。一来我本身是学出土文献专业的，对简牍比较感兴趣，有这样一个机会能够亲近简牍，心里自然高兴；二来凡先生在文献学和考古学领域都很有造诣，对二重证据法的运用颇有所得，能跟他一起从事这项工作，是很好的学习机会。于是，我便接受了编撰《望山楚简普及本》的任务。

　　自毕业之后，我的工作内容与简牍全无关系，专业荒废已久，好在基础尚在，花费一点时间捡拾起来还不算困难。按照已经确定好的编撰原则和框架，内容侧重普及性，我于 2020 年下半年完成了书稿并交稿，由于某些缘故，延宕至今方得出版。

　　编撰、出版这本小书的目的在于知识普及，故全书内容无甚发明，撮录而已。在小书即将付刊之时，我要向曾经给予我帮助和支持的人表示衷心的感谢：感谢馆领导能立此项目，感谢凡国栋先生信任，感谢保管部蔡路武主任支持，感谢保管部翁蓓女士、信息中心田晴女士、陈列部曾攀主任热心提供相关图片，感谢责编余念姿女士细心编校。没有他们的助力，也不可能有这本书。最后特别要感谢杨嵘生兄，结识十三年，交谊弥笃，即使我与出土文献古文字日渐疏离，浑噩度日，仍然对我"不抛弃、不放弃",时加激励,辱荷隆情,匪言可布。

囿于识见,书中错漏在所难免,敬祈读者批评指正。

2022 年寒露之日罗恰识于武昌东湖西畔湖北省博物馆